Y Byd Mawr Crwn

Dylan Llewelyn

Gwasg
Gwynedd

Argraffiad Cyntaf — Tachwedd 2002

© Dylan Llewelyn 2002

ISBN 0 86074 192 3

*Cyhoeddwyd ac argraffwyd
gan Wasg Gwynedd, Caernarfon*

I
NICOLA, ALAW A CIAN

MI FYDDA I ADRA CYN BO HIR!

Cynnwys

Dyled a Pharch 11

Treialon Bywyd 21

Twll o Le 29

Y Rhyfel Øer 46

Ffwtbol mewn Ffrogiau 68

Trên Olaf i Tirana 76

Diwrnod i'r Brenin 88

Colled 103

Nyth y Condor 109

O Rivellino i River Plate 128

Helo, Moldofa – Tarâ Galilor 144

Sori, Moldofa 157

Real Madrid 1 Swreal Madrid 2 173

Gorau Chwarae, Cydchwarae 183

Y Gwir 194

Teigrod Lepatoa 206

Tiwna mewn Tuniau 214

Diwedd y Daith 231

Cyflwyniad

Mae byd Dylan Llewelyn wastad wedi bod yn grwn – fuo fo rioed yn sgwâr, ac yn *sicir* fuo fo rioed yn hirgrwn!

Rwyf yn ei adnabod o ers dros ddeng mlynedd bellach, ers i chwiban gynta' rhaglen 'Ar y Marc' gael ei chwythu ar Radio Cymru ym mis Ionawr, 1992. Yn wahanol i lawer sy'n gwirioni ar un pwnc yn arbennig, nid anorac mohono – yn hytrach, siaced fraith sy'n ffynnon ddiwaelod o wybodaeth am bêl-droed.

Yn ystod y degawd diwethaf mae 'na chwyldro wedi digwydd o fewn y gêm yng Nghymru, Prydain a thu hwnt. Erbyn hyn mae cefnogi Manchester United plc a phrynu tocyn tymor a llwyddiant am gannoedd o bunnau yn Old Trafford bob tymor wedi mynd yn beth dosbarth canol trendi i'w wneud. Nid felly roedd hi flynyddoedd yn ôl, ac fel y gwelwch chi wrth ddarllen y llyfr yma, mae Dylan Llewelyn yn gefnogwr yng ngwir ystyr y gair – o'r blynyddoedd cynnar pan oedd o'n teithio mewn steil i weld sêr Harry Catterick ym Mharc Goodison yn fan Morris Marina ei dad, i'r cyfnod diweddar pan fu'n ei slymio hi'n hedfan o un cyfandir i'r llall yng nghwmni Rhys Owen a Rhys Williams i holi Rivellino a'i debyg ar gyfer S4C! (Gyda llaw, diolch i Charlie George cafodd Dylan droedigaeth ysbrydol flynyddoedd lawer cyn iddo weld cerflun o Grist y Gwaredwr ar fynydd Corcovado yn Rio!)

Mae pob cefnogwr gwerth ei halen yn gorfod dioddef – wedi'r cwbwl, sut medrwch chi fwynhau a gwerthfawrogi unrhyw lwyddiant fel arall? Yn y cyswllt yma, fel cefnogwr Cymru gellir dadlau bod Dylan yn dipyn o fasocist! Ond yng nghanol yr holl ddioddefaint, eilbeth yw canlyniad y gêm fel rheol wrth i'r tripiau 'awê' ddod â'r hogia hyd yn oed yn nes at ei gilydd, a phrofi bod yr hen ddywediad 'Gorau Cymro, Cymro oddi cartref' yn un hollol wir. A phan ddaw Dylan adre o'i wahanol deithiau mae'r seiadau yr ydym yn eu cael, cyn ac ar ôl rhaglen 'Ar y Marc' ar fore Sadwrn, yn werth eu clywed ond nid eu darlledu! Dros baned yn y *boot room* ar yr adegau hynny yr ydym yn cael clywed beth ddigwyddodd go iawn dros y dŵr... Coeliwch fi, er mor ddifyr yw cynnwys y llyfr yma, mi fyddai 'Y Byd Mawr Crwn *Uncut*' yn un difyr tu hwnt!

Un gair sydd yna i ddisgrifio Dylan – gwreiddiol – ac mae'r gwreiddioldeb hwnnw'n cael ei amlygu dro ar ôl tro yn y llyfr hwn, o'r lleddf i'r llon. Anghofiwch yr ystadegau a'r canlyniadau, a mwynhewch yr hanesion a'r atgofion.

DYLAN JONES

Dyled a Pharch

Asiffeta. Trio dysgu adnod hirach na 'Duw cariad yw' bob dydd Sul. Golchi 'ngwallt. Black Jacks. Mynd i'r gwely'n gynnar. Codi'n gynnar. Fy chwaer. Ffrindiau fy chwaer. Gwynnwy ŵy. Blas y sdwff uffernol 'na, 'Stop and Grow', oedd i fod i'ch perswadio chi i beidio cnoi'ch gwinadd. Haslet. Llnau dannadd fora a nos. Rwdan. Bod y cynta i wisgo trowsus byr bob gwanwyn yn Ysgol Troedyrallt. Molchi. Hadog. Gwisgo crys-T 'Popeth yn Gymraeg', efo'r hen hogyn a hogan bowld 'na yn swsian yn afiach (ych a fi). Ready Brek. Daleks. Fig Rolls. Doctor Who. Ogla Hai Karate yn y car, pan oeddan ni'n cychwyn i rwla ben bora...O ia, a Charles Frederick George.

Rhai o'r toreth o bethau sydd wedi cyrraedd 'rhestr fer' o gas-bethau fy mhlentyndod i oedd y rheina. Rhai yn fwy amlwg na'i gilydd, dybiwn i, ac yn ddigon tebygol o ymddangos ar restr fer sawl un arall. Ond i mi, haws oedd llyncu llond llwy o asiffeta na gwylio Charlie George yn gorweddian ar ei gefn ar welltglas Wembley yn dathlu sgorio'r gôl fuddugol i Arsenal yn erbyn Lerpwl 'nôl yn 1971; codi cyfog oedd canlyniad y ddau ddigwyddiad, ond o leiaf roedd yr asiffeta i fod i 'neud i chi deimlo'n well wedyn!

Eiliad gymrodd y llipryn hipi i sgorio; mi gymrodd hi lai na hynny i mi ddechrau beichio crïo. Ymateb rhyfeddol, a deud y gwir, gan nad oeddwn i'n sylweddoli cyn yr eiliad dyngedfennol honno 'mod i'n cefnogi cochion Bill Shankly. A byth *ers* yr eiliad emosiynol honno, er gwell, er gwaeth, Lerpwl fu'r tîm i mi.

Mae hyn oll wedi arwain at deimladau cymysg iawn am y Bonwr George. Ar un llaw, rhaid imi gyfaddef imi fwynhau darllen am ei ddamwain dra anffodus o ryw bymtheg mlynedd yn ôl – y creadur yn colli (neu o leia'n honni'i fod o wedi colli) ei fys tra'n ceisio trwsio'i Flymo. Nid stori ddoniol mohoni, wrth gwrs, ond ces drafferth i beidio â gwenu!

Yn ei anterth, roedd o angen pladur i dwtio'i wallt, heb sôn am ei ardd. Bellach roedd o'n feidrol, yn foel ac angen cyfrif faint o fysedd gwyrdd oedd ganddo ar ôl. Malais afresymol, plentynnaidd a phathetig ar fy rhan i, tybed? Siwr iawn. Ond be goblyn oeddach chi'n ei ddisgwyl?

Ond wir, os ydi'r parch yn brin, waeth i mi gyfaddef rwan hyn bod arna' i ddyled fawr i Charlie George. Wedi'r cwbwl, ei gôl o wnaeth fy achub i o grafangau'r diafol, a bywyd llawn artaith ac anobaith.

* * *

Ychydig flynyddoedd yn ôl, clywais sôn bod cefnogwyr pybyr Stoke City wedi darganfod ffordd wych i sicrhau ymddygiad angylaidd gan eu plant. Yn hytrach na bytheirio a waldio, tacteg syml y tadau craff i warantu plant bach da oedd bygwth y byddai Alan Ball yn dychwelyd i'r Potteries i fod yn reolwr ar Stoke. A wyddoch chi be? Fe weithiodd y dacteg yn berffaith! Roedd y posibilrwydd o gael y gwichiwr pengoch yn ôl wrth y llyw yn ormod o risg i'r plant, o gofio'r effaith andwyol gafodd ei deyrnasiad blaenorol ar iechyd meddwl eu rhieni druan.

Mi fydda i'n amau weithiau bod fy nhad wedi bod yn un eithaf arloesol yn y maes disgyblaeth plant 'ma. Fe welodd o botensial amlwg yn Alan Ball ymhell bell cyn rhieni Stoke-on-Trent. Bu'r bygythiad i gael eich rhoi ar 'long plant drwg' wastad yn ddigon o wialen seicolegol i'r rhan fwyaf o blant ardal Pwllheli, ond yn amlwg roedd Nhad eisiau gwneud yn gwbwl siwr na faswn i'n meiddio camymddwyn. Pa reswm arall fasa ganddo fo dros lusgo hogyn pump oed i Barc Goodison yng nghanol gaeaf i weld Everton dan gapteiniaeth y corach coch? Wedi'r cwbwl (pencampwyr ar y pryd neu beidio), fedra i ddim coelio heddiw mai *plesar* oedd yn denu'r ddau ohonom i Goodison.

Nid felly ro'n i'n ei gweld hi bryd hynny, cofiwch. Mi fasa'n ddigon o antur i fachgen bach pump oed gael mynd i weld unrhyw gêm bêl-droed, ond i gael mynd i ddinas fawr fel Lerpwl a chael aros ar fy nhraed tan yr oriau mân, wel... yr unig ffordd y medra i ei ddisgrifio fo ydi rhyw fath o nefoedd mewn uffern, am wn i!

* * *

Byddai Mam yn fy nôl o Ysgol Troedyrallt, cyn dreifio'r Ford Corsair i gwrdd â Dad yn ei waith ym Mhenrhyndeudraeth. Roedd o'n gorffen ei waith am bump o'r gloch ac wedyn i ffwrdd â ni mewn fan fach lwyd Morris Marina am Lannau Merswy – y fi yn fy nillad ysgol a Nhad, yn llwch a sment drosto, yn ei ddillad gwaith.

Anodd credu bod y fan fach lwyd wedi gallu mynd â ni o iard ym Mhenrhyndeudraeth i'n seddi ar Barc

Goodison mewn llai na dwyawr a hanner; anos fyth ydi credu y gellid gwneud yr un siwrna heddiw mewn llai o amsar na hynny. Er bod y lonydd yn well a'r ceir yn fwy nerthol y dyddiau hyn, yn ôl yn 1970 roedd cryn dipyn yn llai o geir ar y ffordd, a doedd yr awdurdodau cyfraith-a-threfn ddim wedi meddwl am gamerâu cyflymder i sybsideiddio'u cyllidebau.

Mewn Morris Marina, megis seren wib, drwy'r Bala a Llandegla felly, cyn ymuno â thraffic trymach tua Dobbs Hill a Phenarlâg. Cymaint oedd brys fy nhad i gyrraedd yn ddigon cynnar un tro fel y collais bâr o sgidiau rywle o gwmpas Coed Talon ger Pontybodcyn. Roedd o wedi stopio'r fan i mi bipî ar ochor y ffordd, a manteisiais ar y cyfle i dynnu'r sgidiau ysgol a rhoi pâr o bymps mwy cyffordus am fy nhraed. Cefais orchymyn i frysio a neidiais i mewn i'r fan yn o handi. A ninnau'n sgrialu lawr y lôn am Lerpwl, gadawyd pâr o sgidiau gorau yn daclus ar ochor y ffordd fawr. (Trueni nad oedd yna 'tag' enw arnyn nhw – roedd Mam wedi gwnïo un ar bob affliw o ddilledyn arall oedd gen i!)

Atgof poenus arall o'r anturiaethau cynnar hyn oedd cyrraedd adra'n gleisiau drostaf. Cofiwch, nid rhyw arbrawf blaen-troed cynnar ym myd sinistr yr hwliganiaid a achosodd fy nghleisiau, a naddo – peidiwch â phoeni – ches i ddim cweir gan fy nhad ar ôl i'r Gleision golli chwaith. Doedd o, mwy na finnau, ddim yn gefnogwr Everton, dim ond manteisio ar Yncl Gerallt yr oeddan ni – hynny yw, manteisio ar ei haelioni ac ar ei docynnau tymor. Yn hytrach, gyrru gwyllt Nhad oedd yn gyfrifol am y cleisiau enbyd ar fy nghorff. Ro'n i wastad yn llusgo fy hun i gefn y fan ar y ffordd adra er mwyn cysgu rywfaint ar wely caled wedi ei greu o hen sachau lapio powlia' toilet a basns molchi a baths cwmni Armitage Shanks. A ninnau'n rhuthro adra tua phentra'r Ffôr (neu Fourcrosses, fel roedd o ers dalwm) roeddwn i mewn trwmgwsg ac yn breuddwydio am West a Wright, Husband a Harvey, a Kendall a Kenyon tra'n bownsio o gwmpas cefn y Morris Marina.

Tydw i rioed wedi derbyn unrhyw fath o asesiad cynhwysfawr ar soffa unrhyw seiciatrydd, ond diddorol fyddai cael barn arbenigol ynglyn â'r ffaith na fedraf gofio unrhyw beth o gwbwl am y gemau pêl-droed a welais gyda Nhad dan lifoleuadau llachar Parc Goodison. Mae gweddill manylion y teithiau ar-ôl-ysgol wedi glynu yn y cof ers dros ddeng mlynedd ar hugain, ond does 'na ddim golwg o'r holl gemau yn yr archif ymenyddol. Yn syml iawn, dwi'n cofio diawl o ddim am bethau y pen arall i dwnnel Penbedw. Effaith yr holl ergydion hegar i 'mhen i yng ngefn y Morris Marina, efallai? Neu beth am *post traumatic stress disorder*? 'Ta ryw fath o ataliad teimladau sy'n gyfrifol heddiw am yr amnesia, 'dwch?

Efallai, wir, fod cadernid Brian Labone, triciau Johnny Morrissey a goliau Joe Royle i'w canfod yn nyfnderoedd fy isymwybod yn rhywle, ond am ryw reswm maen nhw'n dal yn angof – diolch byth!

* * *

Fe gymrodd hi gôl Charlie George i bethau ddechrau newid i mi – wel, hynny ac effaith Meseianaidd Bill Shankly. Cefais fy llusgo am Goodison yn achlysurol am dipyn wedyn, ond pylu'r oedd apêl a llwyddiant y gleision wrth i Shankly greu chwip o dîm ym mhen arall Parc Stanley. Ac eithriadau od yn unig oedd *ddim* yn dilyn Lerpwl ym mhentref Y Ffôr yn ystod dyddiau fy mhlentyndod. Yn naturiol ddigon, roedd nifer wedi dechrau dilyn oherwydd y llwyddiannau; eraill wedi'u denu gan bresenoldeb 'sêr' fel John Toshack a Steve Heighway, a 'chymeriadau' megis Tommy Smith ac Emlyn Hughes – ac, wrth gwrs, yr Archseren ei hun, Kevin Keegan. Efallai'n wir mai David Beckham ydi George Best y mileniwm newydd, ond Kevin Keegan heb os oedd George Best y saithdegau. Roedd Best ei hun yn dal yn ddigon ifanc i fod yn George Best y saithdegau (os 'dach chi'n dallt be 'sgen i), ond roedd hi'n well ganddo fo erbyn hynny chwysu mewn clwb nos – neu wely – nag ar gae pêl-droed.

Camodd Keegan i mewn i'r bwlch, a chyn pen dim roedd o'n siwpyrstar go iawn. Ac fel bonws i hogia'r Ffôr, nid yn unig roedd o'n rhannu partneriaeth anhygoel o lewyrchus ar y cae gyda'r cawr o Gymro, John Toshack, ond roedd o'n byw yng Nghymru hefyd ar ôl prynu tŷ ffarm jyst y tu allan i'r Wyddgrug! Cymaint oedd apêl y dyn bach â'r gwallt mawr fel ei fod o byth a beunydd ar y teledu – un ai'n hysbysebu *Brut* efo Henry Cooper, yn cystadlu'n ddygn ar raglen *Superstars*, neu'n canu 'Head Over Heels in Love' ar *Top of the Pops*. (Roedd Nia, fy chwaer, ymysg y miloedd wnaeth brynu copi o honno. Wnes *i* ddim, wir yr! Doedd 'na ddim pwynt cael dau gopi ohoni yn yr un tŷ, nag oedd?)

Felly, tra oedd Manchester United, Man City, Everton, Leeds a Chelsea yn ennyn cefnogaeth gref ledled Gogledd Cymru, roedd hi'n ymddangos fel 'tasa 'na ryw fath o unffurfiaeth lethol o fewn pentra'r Ffôr acw. A'r rheswm dros hynny, heb os, oedd penderfyniad Huw

Iestyn, y dyn drws nesa, a thad un o'm ffrindiau gorau, Arwel, i ddechrau 'gwneud tripiau' i weld Lerpwl yn chwarae yn Anfield.

Doedd o ddim yn trefnu trip i *bob* gêm gartra bryd hynny, ac o'r herwydd roedd y daith yn teimlo hyd yn oed yn fwy hudolus. Roedd 'na hen edrych ymlaen am wythnosau pan ddeuai'r cadarnhad fod y tocynnau wedi cyrraedd o Anfield. Rhaid i chi gofio bod Anfield, ac yn enwedig y Kop, yn lleoliad mytholegol bron i fechgyn bach fel Arwel, Dewi Rhys a minnau. Wir i chi, sawl gwaith mi wnes i dreulio mwy o amser yn gwylio'r cefnogwyr yn canu, sgyrnygu, cofleidio, bloeddio ac ymdonni ar y Kop nag a wnes i'n gwylio'r gêm ei hun. Roedd 'na dros ugain mil o bobol yn sefyll ar y Kop, ac roedd pob un o'r llanciau hirwalltog fyddai'n casglu reit yn y canol yn arwyr mawr iawn i mi. Y fath ddewrder. Y fath sŵn. Y fath liw. Dyna lle'r o'n *i* isio bod, ond 'mod i'n rhy ifanc, yn rhy fach ac yn rhy betrusgar. Un dydd, ryw ddydd, meddyliwn...

Nid taith frysiog i wylio gêm ac yna am adra oedd tripiau Huw Iestyn, cofiwch – roeddan nhw'n benwythnos cyfan wedi'i gywasgu i un diwrnod hir. Un peth oedd rhuthro trwy Gwm Prysor yn fan fach fy nhad fin nos, peth arall oedd siwrna mewn bws Clynnog & Trefor ar hyd yr arfordir ar fora Sadwrn. Roedd cychwyn cyn saith o'r gloch y bora yn beth braidd yn wrthun i mi, ond roedd rhaid dihuno cyn y wawr os oeddach chi am weld arwyr.

Y broblem fawr oedd bod y daith yn gyfle hefyd i rai o ddethol-ferched y pentra fynd i wario'n wyllt yn siopau mawr y ddinas. Syndod mawr i mi bryd hynny oedd clywed merched yn swnian cyn cyrraedd Caernarfon nad oeddan nhw'n dallt, wir, sut gallai'r dynion wastraffu eu holl amser yn gwylio'r rwtsh ffwtbol 'na. Am ryw reswm doeddan nhw ddim yn gweld treulio saith awr yn cerdded o amgylch siopau Lerpwl hyd yn oed fymryn yn wastraffus!. A doedd saith awr, hyd yn oed, ddim yn ddigon i rai. Sawl gwaith y buo'r hogia'n ista (yn ddigon difynadd, hefyd) ar y bws yn disgwyl i ambell un gael ei lluchio allan o C&A, Marks and Spencer's neu George Henry Lee er mwyn i'r staff gael mynd adra?

Roedd hi'n homar o daith fws i Lerpwl bryd hynny – drwy ganol Caernarfon, Y Felinheli, Bangor, Llanfairfechan, Penmaenmawr, Conwy, Cyffordd Llandudno, Mochdre, Bae Colwyn a Hen Golwyn, cyn stopio am baned a brecwast yng nghaffi'r 'Halfway' ym Modelwyddan. Gyda llaw, ar y daith adra buom yn stopio yn siop sglodion Enoch Hughes yng Nghyffordd Llandudno am gyfnod, ond mae'n rhaid fod Ken, y gyrrwr, wedi cael cynnig pryd rhad-ac-am-ddim mwy swmpus gan rywun arall gan i ni drosglwyddo'n llwgfa a'n harian wedyn i siop sglodion fach y drws nesa i dŷ tafarn yn Hen Golwyn. Plesio pawb, felly – ond Enoch Hughes, ynde!

Roedd hi'n ddwyawr o daith i Fodelwyddan, hyd yn oed ar ddiwrnod da, a phleserau Treffynnon, Llaneurgain a Queensferry yn disgwyl amdanom wedyn. Ond byddai pob blinder yn diflannu mewn amrantiad wrth i ni gyrraedd ceg Twnnel Merswy. I blant bach y wlad, roedd cael mynd trwy dwnnel anferth, nid unwaith ond dwywaith yr un diwrnod, yn ychwanegu'n arw iawn at fawredd yr achlysur. Byddai un o'r oedolion wastad yn cyfeirio at ryw graciau yn nho'r twnnel, a byddai Ken wastad yn dechrau defnyddio'i weipars. Gor-chwerthin oedd ein hymateb *ni* bob tro, wrth gwrs – cyn taro golwg slei ac ansicir i wneud yn siwr bod ffenestri to'r bws wedi'u cau yn sownd.

★ ★ ★

Roedd 'na batrwm pendant i'r diwrnod – parcio'r bws ger y 'Seamen's Mission' a phawb fel defaid yn mynd i nôl cinio cynnar i Lewis's neu British Home Stores. Ro'n i yn f'arddegau cyn imi ddallt y byddai ambell i ddihiryn wedi sleifio o'r bws ar ei ben i dŷ tafarn bryd hynny i dorri'i sychad. Roedd y bws wedi'i weddnewid yn llwyr erbyn i ni deithio i fyny i'r cae ryw ddwyawr yn ddiweddarach. Diolch i gynnwys y tafarndai, ac absenoldeb y 'merchaid', roedd lefel y lleisiau'n uwch a'r gwynebau'n fflamgoch, ac roedd hi fel 'tasa'r dynion wedi dysgu iaith gwbwl newydd dros ginio. Roedd 'na rywbeth yn ffiaidd ag eto'n gyffrous ynglyn â'r rhegfeydd oedd bellach i'w clywed o'r rhes gefn.

Roedd Huw Iestyn wastad yn llwyddo i gael tocynnau da i'r criw yn rhes ucha'r brif eisteddle, oedd yn ei gwneud hi'n bosib i ni sefyll drwy'r gêm i gael gweld yn well. Reit y drws nesa i'n seddi ni roedd caetsh haearn yng nghornel y Kop – y *Boys' Pen* enwog. Dyma lle'r oedd hogia mawr canol y Kop yn bwrw'u swildod pêl-droed. Fan hyn roedd y Sgowsars bach powld yn mynd, tan iddyn nhw fod yn ddigon tal a hen i fentro i ffau'r llewod. (Dwi'n amau mai'r hogia bach yma ddysgodd ddynion bws ni sut i regi!) Roeddan nhw'n treulio'r holl amser yn smocio, rhegi a cheisio dianc i mewn i ferw gwyllt y Kop mawr. A hithau'n rhatach cael mynediad i'r

Boys' Pen roedd nifer o 'blant' eithaf barfog yr olwg wedi sleifio i mewn am fargen o bris cyn ceisio ymuno â'u mêts dros y ffens. Roedd ambell un yn llwyddo i ddringo fel mwnci i nenfwd y Kop, gan wylio'r gêm tra'n eistedd ar un o'r trawstiau metal enfawr yn beryglus o uchel uwchlaw'r dyrfa wallgo. Darpar hwliganiad ynteu cymeriadau hoffus oeddan nhw, wn i ddim, ond fe wn i fod yr ychydig oriau yna'n gwylio'r Kopites (ac, weithiau, ein harwyr) yn gwbwl gyfareddol.

★ ★ ★

Mae gen i ddyled enfawr i Nhad am roi i mi flas ar wylio pêl-droed, ac i Charlie George am fy nghynorthwyo i sylweddoli pwy o'n i'n eu cefnogi go iawn. Ychwanegwch Huw Iestyn a'i fysus ffwtbol, ac mae'n rhoi rhyw syniad i chi o'r sylfaen gynnar a chadarn a gefais ar gyfer bywyd o deithio i wylio pêl-droed. Clwy ffwtbol a chlwy teithio – clwy traed ac enaid, efallai? Joban ddrud, beth bynnag! Ond un werth chweil.

Treialon Bywyd

'Pam wyt ti 'di gadael ei henw *hi* yn fan'na?' gofynnodd Britney yn haerllug o ymosodol wrth i mi orffen sdwffio'r Ddraig Goch fawr i racsyn o fag chwaraeon *Head*, gan adael digon o le'n weddill i drôns glan, brwsh dannedd, hanner tiwb o Colgate, can o Adidas Sports Spray Deodorant *('for the serious athlete')* a dau grys pêl-droed Cymru. Un coch cartra ac un gwyn oddi cartra, wrth gwrs.

Roeddwn i'n barod i fynd i wasanaethu fy ngwlad. Roedd Britney, ar y llaw arall, yn barod am ffrae.

Nid Britney oedd *gwir* enw'r slasan-yn-fy-mywyd-ar-y-pryd, wrth gwrs, ond ymlaen â'r stori... Be oedd wedi corddi Britney oedd gweld enw a chyfeiriad Jennifer yng nghefn fy mhasport fel un o'r bobol y dylid cysylltu â nhw petawn i'n digwydd bod ar awyren oedd newydd daro yn erbyn ochor mynydd. Roedd hi wedi bod yn eithaf anfodlon ei byd ers Mehefin y pumed, a deud y gwir. Oedd, roedd y strop yma wedi bod yn ffrwtian ers y noson fythgofiadwy honno pan gododd Paul Bodin y bêl i lwybr Ian Rush ar garlam. Cymru 1 Pencampwyr y Byd 0. Nefoedd ar y ddaear, a llond bws o Bwllheli a Phort yn bownsio o amgylch Maes yr Arfau. Roedd trwyn Paul Shaw yn gwaedu'n drwm ar ôl taro yn erbyn braich Chris Collins. Roedd o, Chris, wedi hyrddio'i hun i lawr dros bedair rhes o gefnogwyr gwallgof – a thros ein pennau ni – mewn dathliad anarferol o beryglus.

Unig biti'r noson honno oedd bod rhaid inni deithio adra ar fws Caelloi yn syth bin ar ôl y gêm. Hyd yn oed ar ôl canlyniad mor wych â hwn roedd hi'n anodd cynnal yr ysbryd dathlu yr holl ffordd ar hyd yr A470. Byth ers hynny dwi wedi gwrthod teithio 'nôl a blaen i gêm Cymru heb aros am o leiaf un noson; gwaetha'r modd, tydw i ddim wedi cael achos i ddathlu cymaint byth wedyn (hynny yw, tan i'r Eidalwyr alw heibio i'n prifddinas yn ddiweddar!).

Ond y noson honno roedd llond bws ar dân i gael teithio ymhellach. Roedd pawb isio mynd i Nürnberg i weld Cymru yn rhoi chwip din arall i'r Jyrmans. Fel trefnydd y bws i Gaerdydd, dyma finna'n rêl ffwl yn addo y baswn i'n gwneud ymholiadau pellach. Haws oedd cael addewid gan feddwyn hapus wrth basio drwy Cwmbach Llechryd na chael siec ganddo'n sobor dri mis yn ddiweddarach ar y stryd ym Mhwllheli, ond rywsut neu'i gilydd llwyddais i gael pris digon atyniadol i fedru denu llond bws arall i ddod efo ni i Gatwick, cyn hedfan i Munich i weld Byddin Goch-a-Gwyn Terry Yorath yn symud gam yn nes at rowndiau terfynol Pencampwriaethau Ewrop yn Sweden yn 1992.

Diolch i hogia'r Bala oedd am deithio efo ni, cawsom fargen o fws o Fetws Gwerfyl Goch i'n cludo i Gatwick. Y bwriad oedd cychwyn o Bwllheli am ddau o'r gloch y bora ar y dydd Llun, gan fod rhai ohonom yn hedfan amser cinio ddydd Llun tra roedd y gweddill yn mynd efo Dan Air ganol y pnawn.

Ryw unarddeg o'r gloch nos Sul oedd hi pan welodd

Britney enw Jennifer yng nghefn y pasport. 'Os wyt ti'n fy ngharu i, dyro f'enw *i* yn fan'na, yn lle'i henw hi', meddai – ac roedd y ffordd y deudodd hi o yn awgrymu nad oedd gwrthod gwneud hynny'n opsiwn o gwbwl. Doedd 'na ddim rheswm yn y byd i gadw enw Jennifer ar y pasport, a deud y gwir – roedd y berthynas honno wedi hen orffan cyn i ni orffan go iawn (os 'dach chi'n dallt be dwi'n feddwl), a hynny fwy na blwyddyn ynghynt.

Felly, a finnau ar fin ffarwelio â Britney am dridiau o hwyl a sbri efo'r hogia, dyma estyn darn o bapur melyn, beiro a Pritt Stick cyn dechrau sgwennu. O leiaf, petai'r awdurdodau'n ffonio efo newyddion drwg rwan, fasan nhw ddim yn cael sioc o glywed ymateb Jennifer:

> Plismon: 'Helo, Ms Lopez. Newyddion drwg, mae gen i ofn. Dylan wedi'i ladd mewn damwain eroplên yn Timbuktu.'
>
> Ms Lopez: 'Be 'dach chi isio'i fi neud? Crïo?'

Roedd Jennifer bellach yn rhan o 'ngorffennol, a'r garwriaeth efo Britney wedi cael sêl bendith swyddogol. Pawb yn hapus, felly, ac i ffwrdd â fi i'r Maes ym Mhwllheli i ddisgwyl am y bws i Bafaria. Yn rhyfeddol, roedd pawb yno mewn da bryd, ac yn fwy rhyfeddol byth roedd gan bawb basport. Tynnwyd coes Eirion druan yn ddidrugaredd – mae o'n cael ei atgoffa hyd heddiw am y daith pan oedd bag bach chwaraeon yn hen ddigon i ddal dillad sbâr pawb arall, tra'i fod o wedi pacio siwtcês, fel 'tasa fo'n mynd ar ei fis mêl!

* * *

Roedd rhai o'r hogia yn y sêt gefn wedi sylwi bod 'na fan wedi bod yn ein dilyn ni ers pan aethon ni drwy'r Bala, gan fflachio'i goleuadau'n annifyr. Pan gyrhaeddon ni bentra Glan yr Afon, jyst cyn cwrdd â'r A5, fe ruthrodd y fan heibio cyn arafu a stopio'n sydyn o'n blaenau. 'Plisman mewn car cudd' oedd barn rhai, a thra'u bod nhw'n rhuthro i guddio unrhyw beth na ddylsai fod ar un o fysus bach y wlad, arafodd y bws yn herciog. Agorwyd y drws a chamodd Granville i'r golwg.

'Diolch am blydi cofio amdana i'r diawliad' oedd bwrdwn ei neges agoriadol. Nefoedd yr adar! Roeddwn i wedi llwyr anghofio am ei alwad ffôn y pnawn hwnnw yn gofyn os oedd hi'n iawn iddo fo ddwad ar y funud ola yn lle rhyw foi o Bwllheli oedd wedi canslo, ond a oedd eisoes wedi talu! Roedd o wedi gweld y bws yn pasio heibio tua hanner awr wedi dau, ac wedi gwylltio cymaint nes iddo fo neidio i'w fan a'i bomio hi am Y Bala cyn cael cyfle i ystyried aros adra a mynd yn ôl i'w wely. Doedd gan yr adeiladwr o Bentrefelin ddim tocyn awyren, ond fe ddywedodd gyda winc ddireidus: 'Paid â phoeni. Mi ga'i air efo nhw yn Gatwick, 'sdi'. Heb oedi ymhellach, parciodd ei fan ar ochor y lôn fawr tan nos Iau, ac i ffwrdd â ni.

Mi gymrodd hi ddeng awr inni gyrraedd Gatwick – yn bennaf gan fod y gyrrwr penstiff yn gwrthod defnyddio'r M40 newydd sbon rhwng Birmingham a Llundain. Dyn yr M1 oedd o, gwaetha'r modd. Pan ymunon ni â'r M25, nid gyrru roedd o ond ymlusgo.

Roedd y rheiny oedd yn hedfan am un o'r gloch wedi bod yn aflonyddu ers arwyddion St Albans, ac wrth gropian heibio arwyddion Heathrow roeddan nhw ar fin taflu'r dreifar drwy'r ffenast. Ond roedd gen i broblem ddigon annifyr fy hun – y ddanno'dd fwya' poenus imi rioed ei diodda.

Petaen ni wedi cyrraedd eiliadau yn hwyrach mi fasa'r hogia wedi colli'r ffleit. 'Amseru blydi perffeth wa' oedd ymateb y dreifar diedifar! Felly, tra oeddan nhw'n paratoi i hedfan am fariau Munich, a thra oedd Granville yn mynd i seboni merched Dan Air, Boots oedd fy nghyrchfan gyntaf i yn Gatwick i brynu tabledi lleddfu poen. (Dim ond dwy dabled wnes i ddefnyddio mewn pedwar diwrnod, cofiwch, ar ôl darganfod bod cwrw Almaenig yn gwneud joban tipyn gwell o ladd y boen.)

Fasach chi ddim isio i mi fanylu gormod ar rai o brif ddigwyddiadau'r daith – lot o feddwi, lot o ganu a lot o chwdu, mae gen i ofn. Dros ddegawd yn ddiweddarach efallai bod hyn yn swnio'n blentynnaidd braidd, ond hyd heddiw daw gwên i'r wyneb wrth gofio gweld un o hogia ifanc mwyaf parchus Pwllheli yn cael ei daflu allan o fwth mewn *peep-show*. Roedd 'rhen greadur wedi mynd i gysgu ar ei draed, ganol y diwrnod – ac yn waeth fyth ar ganol sioe go egsotig yn ôl pob sôn. Roedd un o'r bownsars wedi gorfod torri clo'r bwth er mwyn lluchio'r creadur cysglyd i'r stryd!

* * *

Wedi dwy noson hynod waraidd yn Munich, wele gwawriodd y diwrnod mawr. Wele wedyn daith drên bedair awr i Nürnberg. Ac wele filoedd wedi heidio o Gymru i weld yr hogia'n ceisio codi cywilydd ar yr Almaenwyr am yr eilwaith o fewn ychydig fisoedd. Roedd 'na awyrgylch wych yng nghanol y ddinas, a thua pum mil o Gymry sychedig yn paratoi am gêm a allai beri inni weld Cymru'n cyrraedd y rowndiau terfynol.

Roedd rhai wedi teithio drwy Munich fel ni, eraill wedi dod drwy Frankfurt, tra oedd ambell un dewr a/neu

25

dwl wedi teithio i Dde'r Almaen mewn bysus. (Neb wedi bod yn ddigon dwl i fentro'r holl ffordd efo un o fysus Betws Gwerfyl Goch, chwaith!) Dwi'n amau'n fawr os oedd yna unrhyw un wedi teithio cyn belled â'm rhieni i. Ym mis Medi roeddan nhw wedi gyrru i lawr i arfordiroedd heulog Sbaen am wyliau hir. Eu bwriad oedd teithio 'nôl yn hamddenol ganol Hydref, gan fod adra mewn da bryd i wylio'r gêm. Ond cymaint oedd apêl a phwysigrwydd y gêm, heb sôn am yr optimistiaeth hurt ers gôl Rushie, fel y penderfynon nhw wyro'n o arw oddi ar eu taith arfaethedig. Gyrrodd fy Nhad o'r Costa Blanca i Bwllheli drwy Barcelona, Perpignan, Grenoble, Genefa, Zurich a Stuttgart cyn cyrraedd Nürnberg, ac wedi noson yn y ddinas roedd 'na daith hunllefus o hir arall yn eu hwynebu – Frankfurt, Köln, Brwsel, Ostend, Llundain, Birmingham a Glyndyfrdwy – cyn cyrraedd adra. (Wrth gwrs, petai Cymru'n curo, pwy goblyn fasa'n poeni...?)

Bob bora roedd y boen yn fy ngheg yn f'atgoffa fod y ddanno'dd yn gwaethygu, ond nid diwrnod i gadiffan gwangalon oedd hwn. Biti na ddeudodd neb hynny wrth dîm Cymru. Roeddan ni'r tu allan i'r stadiwm pan gyrhaeddodd y bws oedd yn cario ein harwyr, ac roedd hi'n hawdd gweld ar eu hwynebau eu bod nhw ofn drwy'i tinau. Roedd hi fel petaen nhw newydd sylweddoli, wrth nesau at y Frankenstadion, mai cam annoeth iawn oedd i'r Cymry feiddio curo'r Almaenwyr ym Mehefin. Roedd y Jyrmans am ddial, doed a ddelo.

Er gwaetha'r gefnogaeth oddi cartra orau rioed, ac er gwaethaf ymddangosiad cynta'r athrylith dwy ar bymtheg oed o Manchester United, Ryan Giggs, sgubwyd Cymru o'r neilltu gan Almaenwyr a oedd am brofi pwynt i'r wlad fach bowld 'na. Yn anffodus, rhoddwyd help llaw (neu o leiaf help troed) iddyn nhw gan y Bonwr Gavin Maguire o glwb Queens Park Rangers. Un o'r 'Cymry drws cefn' rheiny â chysylltiadau amwys iawn gyda'r henwlad oedd Maguire. O'i wylio'n rhoi gôl ar blât i Rudi Voller a'r Almaenwyr, mi fasach chi'n taeru mai Wolfgang oedd ei enw canol, a bod ei Nain o'n chwaer i Marlene Dietrich. Chwaraeoedd o byth wedyn 'dros ei wlad', a'r tro diwethaf i mi glywed amdano mi oedd o'n gweithio fel gyrrwr tacsi yn Hammersmith yn Llundain. Wyt ti isio tip, Gavin bach? Paid ti *byth* â mentro i Gymru eto.

Gyrrwyd Dean Saunders o'r maes am roi cic yn nhin un o'r Almaenwyr ond, y noson honno, ni'r Cymry gafodd chwip din a hanner, gan golli o bedair gôl i un. Siom arall mewn rhestr ddibendraw o fethiannau. Ar adegau fel hyn mae rhywun yn ysu am gael mynd adra cyn gynted â phosib.

Felly, gyda 'mhen, 'y nghalon a'm dannedd yn brifo, rhaid oedd ei chychwyn hi'n ôl am Munich. Braf o beth oedd cael trên yn syth 'nôl i brifddinas Bafaria. Brafiach o beth coblyn fasa meddu ar hyd yn oed y mymryn lleiaf o Almaeneg! Mi fyddai hynny wedi golygu y basa 'na o leiaf un ohonon ni, griw pathetig yr olwg fel roeddan ni, wedi dallt nad oedd y drên ola' i Munich yn *mynd* i Munich.

Roedd pawb yn ceisio bachu mymryn o gwsg pan stopiodd y trên yng Ngorsaf Augsburg. Nid stopio ac yna ailgychwyn, o naci. Yn hytrach, stopio'n stond a *'guten nacht'* gan y gyrrwr. Doedd y drên hon ddim yn mynd fodfedd ymhellach heno. Bu'n rhaid i ni lyffanta o gwmpas gorsaf drên rynllyd Augsburg am bedair awr yng nghanol y nos yn disgwyl am y drên nesaf i Munich. Bu rhai o'r hogia'n yfed, cysgodi a gwastraffu amser mewn bar y drws nesaf i'r orsaf. Yn anhygoel, roedd y rheolwraig wedi byw yn Machynlleth am gyfnod, ac ar sail hyn fe gadwodd y bar yn agored nes oedd hi'n hwyr iawn. Ond doeddwn i ddim isio na diod na sgwrsio am blydi Machynlleth. Be o'n i isio oedd paracetamols, awyren a Britney. Cymaint oedd y cyfuniad o flinder a phoen nes i mi addo i mi fy hun ar blatfform stesion oer yn Augsburg y baswn i'n rhoi'r gorau i wastio f'arian a'm hamser prin yn gwylio Cymru oddi cartra.

★ ★ ★

A deud y gwir, fe barodd yr addewid yna bron cyhyd â'r berthynas â Britney! Wedi cyrraedd adra'n hwyr iawn ar y nos Iau, erbyn y nos Wener roeddwn wedi colli un o'm dannedd oherwydd *'abscess'*, ac roedd Britney wedi cwrdd â rhywun arall.

Twll o Le

Roedd 'na ddigonedd o rai pethau ym Mwcarest. Jam mefus, siampên rhad, merched rhatach a'r tlodi mwyaf torcalonnus welsoch chi erioed. O ia, a llond trol o goliau yng nghefn rhwyd Neville Southall.

★ ★ ★

Roeddan nhw wedi bod yn ein dilyn ni ers Minffordd, cyn pasio ar wib wrth i'r XR3i ddechrau dringo gallt Maentwrog. '*STOP! POLICE,*' meddai'r golau llachar.

'Iawn hogia, lle 'dach chi'n mynd yr adag yma o'r nos?' Hynna'n cael ei ofyn yn hannar clên, hannar cyhuddgar.

'Rwmania', medda' finna'n ddigon swta.

'O ia, da iawn rwan', medda' fonta'n ôl, yn or-gyfeillgar braidd. Dyma fo'n trio eto:

'Lle 'dach chi'n mynd go *iawn?*' ymbiliodd, fel 'tasa fo'n dechrau difaru'n dilyn ni yn y lle cyntaf.

'Rwmania', cadarnhaodd rhywun yn y cefn.

'Pam?' oedd cwestiwn nesa Clouseau.

'I watshad Cymru, de?' meddwn innau wedyn, yn llawn o'r math o hyder sy 'mond yn perthyn i berchnogion XR3i's cwbwl sobor, pan mae 'na blisman yn eu stopio nhw am ddau o'r gloch y bora.

'Be? Rygbi?'

'Paid â bod mor blydi dwl, 'nei di?' oedd cyfraniad Chris o'r cefn. Roedd ein *stopio* ni'n un peth. Roedd ein cyhuddo ni o fod yn mynd i weld gêm rygbi'n enllibus, myn uffarn i!

Wedi egluro i'r twmffat twp mai mynd i wylio tim pêl-droed Cymru'n herio Rwmania ym Mwcarest oeddan ni, dyma fonta'n gofyn perl o gwestiwn i gloi:

'Faint gymrith hi ichi ddreifio yno, 'ta?'

★ ★ ★

Cychwyn oriau mân fora Sul o Bwllheli, cyn cwrdd â phererinion pêl-droed Port ar ôl stop-tap yn y Stesion. Roeddan nhw wedi bod allan drwy'r nos, ond ro'n i'n sobor fel sant ac yn barod am y daith drawsgwlad i faes awyr Stansted.

Nid mater o ddewis ffleit handi a gwesty go lew ydi tripiau ffwtbol dramor. Yn wir, mi ddylsa 'Rhata'n byd, gora'n byd' fod gyfochrog â 'Gorau Chwarae, Cydchwarae' ar grysau replica cefnogwyr Cymru. Dyna pam roeddan ni wedi teithio dros nos i Stansted, siwr iawn – noson yn llai o gostau gwesty. Ond pam Stansted, 'ta? Wel, y ffleit rata' bosib i Fwcarest, ynde!

Ymhell bell cyn i'r Stelios graff 'na hyd yn oed feddwl am Easyjet, roedd cwmni awyrennau cenedlaethol Rwmania, TAROM, yn arloesol ym maes teithio rhad. Yr unig wahaniaeth, efallai, ydi bod Easyjet a'u tebyg wedi dewis lefel y gwasanaeth – gorfodaeth economaidd oedd tu cefn i ddiffyg dewis TAROM druan.

Yn naturiol, rywsut, gan nad oedd 'na ddiwydiant yn Rwmania wedi'r chwyldro doedd 'na ddim sôn am fusnes clàs ar y ffleit rhwng Stansted a Bwcarest ym mis Mai 1992. Doedd 'na fawr o gop ar yr economi clàs chwaith – rhyw *'Third World economy class'* oedd unig ddewis TAROM, mae gen i ofn.

Yn gyntaf, roedd y seddi fel 'tae nhw wedi cael eu prynu ar wahanol ymweliadau â sêls cist car. Cymysgedd cyflwr, lliw a deunydd – ambell un yn frown, eraill yn las ac ambell un ddethol yn lledar du. Cortyn oedd yr unig beth oedd yn nadu rhai ohonom rhag llithro i gefn yr awyren wrth godi. Bonws oedd cael sedd efo sbrings ynddi.

Yn ail, roedd y stiwardiaid fel 'tasan nhw newydd orffan shifft hwyr mewn tŷ tafarn yn nociau Murmansk. Cwpwl canol oed hynod glên – hi wedi gorddosio ar berocseid, a fonta'n drwchus ei fol a'i fwstash. Renee a Renato, Rwmania, tybed? Neu, fel yr awgrymodd un o'm cyd-deithwyr – rhywun sy'n dallt y pethau hyn yn llawer gwell na fi, gyda llaw – y math o gwpwl y basach chi'n disgwyl eu gweld ar dudalennau amheus *Readers' Wives*. 'Doreen from Leamington Spa' a 'Reg from Ipswich' wedi troi yn 'Constantin o Constanta' a 'Corina o Craiova', fel petai.

Yn Stansted roedd y ddau'n ddigon parchus yr olwg, ond erbyn hannar ffordd drwy'r siwrna roedd o'n gweini yn ei fest, ar ôl baglu dros goes cadair lac gan arllwys gwin coch dros ei grys llwydaidd wyn. Roedd hi wedi tynnu ei sgidiau i gerdded o amgylch yr awyren, i gynnig bwyd a diod.

A beth am y bwyd? Heddiw mae cwmnïau awyrennau yn cynnig dewisiadau lu – cyw iâr, pasta neu sgodyn yn bennaf, ond bellach gellir gofyn hefyd am fwyd babi, bwyd plentyn, bwyd llysieuol, bwyd môr (poeth neu oer), bwyd diabetig, bwyd Kosher, bwyd Moslemaidd, bwyd di-glwten a bwyd isel ei galorïau neu golesterol neu frasder. Ond, 'nôl yn 1992, roedd TAROM yn cynnig dau ddewis: caws neu lwgu.

A chwarae teg, roedd o'n glamp o ddarn o gaws hefyd – yn llenwi plât cyfan – ac yn sicir o lenwi twll yn tshampion! Yn anffodus, roedd o'n edrych, yn ogleuo ac yn blasu fel pacad ail-law o *odour-eaters*.

Cofiwch, ella mai dyna pam y gwna'th Sooty gymaint o lanast diplomyddol pan lanion ni ym Mwcarest. Ddylsech chi byth yfed ar stumog wag. Ac yn reit siwr i chi, ddylsech chi byth yfed potel gyfan o fodca diwti-ffri heb fymryn o gaws yn eich bol.

★ ★ ★

Er i'r chwyldro gael gwared o erchyllterau unbennaeth Ceaucescu, doedd dangos y fisa yn eich pasport ddim yn gwarantu croeso cynnes a gwên glên gan was sifil. Nag oedd wir. Mewn ystafell llawn milwyr arfog ofnadwy o ifanc yr olwg, rhaid oedd ciwio'n amyneddgar mewn llinell hir i weld sgerbwd gwelw mewn iwnifform, yn styc yn ei gwt pren cul. Ei uchafbwynt dyddiol oedd cael gweld lle'r oedd pobol eraill 'di bod.

Roedd ganddo dechneg bendant – fflicio drwy dudalennau'r pasport, cyn edrych ar y llun, cyn edrych arna' i. Yna 'nôl at y llun, cyn codi ei lygaid yn ara' deg unwaith yn rhagor, er mwyn edrych yn oeraidd i fyw fy llygaid eto. Ac yna, jyst fel mae o'n barod i roi'r stamp holl-bwysig yn fy mhasport, dyma sbio'n syn arnaf unwaith eto – jyst rhag ofn.

Tra 'mod i jyst yn gobeithio na fasa fo'n holi gormod am hanes y newid enwau yn y blwch pobol cyswllt, roedd y cynnwrf tu cefn imi'n awgrymu bod y fodca wedi dechrau cael effaith go ddychrynllyd ar Sooty. Roedd o wedi bod yn iawn ar yr awyren – dwi'n amau mai'r awyr iach wna'th ei 'neud o'n wirion bost.

Am ryw reswm, mae pobol feddw yn mynnu sgwrsio â dieithriaid llwyr. Roedd Sooty wedi dechrau siarad â milwr arfog – a hynny mewn iaith newydd sbon, gwbwl annealladwy. Roedd o mewn diawl o stad, ac er mawr gywilydd dyma benderfynu ei adael o'n mwydro yn y ciw pasport, cyn i'r awdurdodau wrthod mynediad i bob un ohonom. Doedd 'na ddim gobaith caneri y basan nhw'n ei adael o i mewn i'r wlad yn y fath gyflwr. Y farn gyffredinol oedd y basa Sooty druan yn sobri 'nôl yn Stansted y noson honno. Felly, gyda Sooty newydd ddechrau sgwrs newydd gyda bocs o sigarets diwti-ffri dyma gamu i mewn i olygfa apocalyptaidd maes awyr Otopeni i chwilio am dacsi i ganol y ddinas.

★ ★ ★

Wir i chi, welais i rioed y fath brysurdeb anhrefnus. Cannoedd o bobol yn heidio o amgylch y giât 'areifals' gan gynnig pob gwasanaeth posib dan haul mewn iaith fyrlymus ag iddi dinc bygythiol. Nid ymgyrch ddiweddaraf Bwrdd Croeso Rwmania mohoni, reit siwr.

Roedd rhai'n ceisio cario'n bagiau ni, eraill yn cynnig newid pres, ond roedd 'na hefyd ddwsinau o bobol a wfftiai unrhyw ymdrech i gyfnewid gwasanaeth am arian parod. Yr unig beth oedd y rhain yn ei gynnig ichi oedd llygaid despret a dwylo nicotinig-felyn, gwag. Roedd hi'n amlwg mai cadw pobol Rwmania rhag dianc oedd gorchwyl y milwyr ifanc, nid ein rhwystro ni rhag cael mynediad i'r wlad – gwlad oedd reit ar y dibyn, yn ariannol, cymdeithasol, ysbrydol a chorfforol.

'*Taxi? Taxi please? Please taxi?*' Diolch am y tacsis.

Dwi'n amau nad oedd busnes yn ffynnu i yrrwyr tacsis Bwcarest, o weld cynifer ohonynt oedd yn loetran yn y maes awyr yn disgwyl am ddyfodiad cyrff, cesys ac arian gorllewinol.

Cofiwch, mi fasach chi wedi talu crocbris i gael gadael y maes awyr y pnawn Sul hwnnw. Ac yn wir, dyna wnaethon ni – mi gawson ni'n blingo gan y gyrrwr diawl. Roedd hi'n daith werth pob doler, cofiwch – fel ras sgïo slalom ar bedair olwyn, ran amlaf pedair olwyn ond weithiau tair. Nid goryrru oedd yn achosi natur igam-ogam y daith, ond yn hytrach y pla o dyllau ar hyd y brif lôn rhwng y maes awyr a chanol y brifddinas – hynny ac ymdrechion y gyrrwr rhadlon i osgoi'r dwsinau o gŵn a chathod oedd yn gorwedd yn farw yng nghanol y ffordd.

★ ★ ★

Ar daith arall i Estonia yn 1994, roedd rhywun wedi dwyn cardiau credyd a phasport Tiny o fewn awr iddo gyrraedd ei westy. Anlwc ac anffawd i'r Monwysyn chwe troedfedd saith modfedd, siwr iawn, ond does bosib nad oedd o wedi profi mymryn o amheuaeth wrth fwcio i mewn i'r Hotel Uganda? Mi fasach chi'n disgwyl gweld Hotel Uganda yn Kampala – ond Tallinn?!

O leiaf roedd gan y gwesty hwnnw enw – nid felly'n llety noson gyntaf ni ger y Gara de Nord ym Mwcarest. Doedd 'na ddim enw nac arwydd o unrhyw fath (wel, heb enw doedd 'na fawr o bwynt cael arwydd, nag oedd?) yn perthyn i'r hofal o hotel yma. Dim gwesteion eraill chwaith, ond roedd 'na dystiolaeth go bendant fod 'na bobol *wedi* defnyddio'r gwesty.

Twll yn y llawr oedd y tŷ bach. Nid twll yn llawr *pob* stafell wely chwaith. Un twll yn llawr ar bob llawr oedd polisi egalitaraidd perchnogion ein gwesty ni'r Cymry. Un twll, un llawr, ond gwaetha'r modd, dim dŵr! Does yna ddim ffordd neis o ddisgrifio sgwadron o bryfaid rheibus yn gwledda ar gefnfor o gachu mewn stafell dywyll, ddrewllyd. Peth gwaraidd oedd piso'n y sinc yn y gwesty gwarthus – roedd y dewis arall yn saith gwaeth.

Mi gymrodd hi dacsi i ganol y ddinas a llond cratsh o gwrw Almaenig ym mar cyhoeddus yr Inter-Continental crand y noson honno, cyn imi fedru meddwl am ddychwelyd i'r gwesty trybeilig heb sôn am gysgu yno.

★ ★ ★

Drannoeth, roedd pawb yn gytûn fod angen dau beth ar fyrder – gwesty arall a brecwast. Dyma ffarwelio â'r dyn di-wên, dienaid (yn nerbynfa'r gwesty di-westai, dienw) cyn croesi'r lôn at brif fynedfa'r Gara de Nord.

Roedd y gwesty eisoes wedi profi nad oedd y dylanwad Ffrengig honedig ar Rwmania wedi ymestyn cyn belled â'r geiriau *en suite*. Profodd arlwy'r orsaf drenau nad oedd *gastronomique* yn golygu rhyw lawer chwaith yn y mannau hynny o Fwcarest yr oeddan ni wedi'u blasu cyn belled. Ond yng nghanol y prysurdeb garw, sylwodd Chris ar gwt ag arwydd cyfarwydd a chysurus arno. 'Mae Duw ym mhobman', medd y Rhodd Mam, ond mae tystiolaeth tripiau ffwtbol yn awgrymu bod Coca Cola wedi ymestyn hyd yn oed ymhellach. Coca-cola a kebabs! Mmmmmmm!

Peth rhyfedd ydi colli chwant bwyd, ynde? Yn gadi-ffanaidd braidd, roeddwn yn gyndyn o fentro gormod mewn gwlad mor estron o estron. Ac ar ôl gweld cyflwr tŷ bach y gwesty, rhaid cyfaddef nad oedd treulio oriau yn y fath le'n apelio'n ormodol. Diolch i'r drefn nad oeddwn wedi bwyta ers cyrraedd Bwcarest – yn hytrach, bu'n rhaid bodloni ar gyfog gwag cyhoeddus wrth weld cyflwr cynhwysion y cwt kebabs. Hyd heddiw, mae Chris yn mynnu'i fod o wedi mwynhau'r kebab, ond dwi'n ei chael hi'n uffernol o anodd coelio'i fod o wedi bwyta'r blydi peth, heb sôn am ei fwynhau o!

I gyrraedd y cwt, rhaid oedd camu dros garthffos gwbwl agored. Roedd yr oglau'n awgrymu nad syniad da fasa ichi edrych i lawr, ond taro golwg sydyn wnaethon ni ar beth wmbredd o wastraff y ddinas yn llifo heibio'n hamddenol. Os oedd hyn heb godi amheuon digonol am y safon arlwyol, wele berchennog y cwt yn hogi homar o gyllell finiog. Golygfa gyfarwydd ar hyd a lled Cymru ar nos Sadwrn, reit siwr, ond welais i rioed neb o'r blaen yn torri cig gyda *bandage* budr ar ei fraich dorri, fel petai. Ac i goroni'r cyfan, roedd gwaed yn dal i ddiferu drwy rwymyn y creadur...

★ ★ ★

Nid y kebabs oedd yr unig beth i godi cyfog arnoch chi yn y Gara de Nord. Puteiniaid. Hwrod. 'Merched y nos', medd rhai mwy diplomataidd. Ond yng nghanol cyflafan economaidd cwymp Ceaucescu, roedd y merched yma'n gorfod chwilio am waith ben bora hefyd.

Roedd bar yr Inter-Continetal wedi bod yn llawn o buteiniaid, hefyd, tan oriau mân y bora – merched syfrdanol o hardd oeddan nhw, fyddai'n siwr o ymddangos ar ffurflenni costau teithio sawl gŵr busnes gorllewinol yn Zurich, Stuttgart a Stockholm cyn bo hir.

Ond roedd 'merched y nos' bar y gwesty'n dra gwahanol o ran edrychiad, gwisg ac ymddygiad i'r rhai oedd yn towtio'n orffwyll am gwsmeriaid – unrhyw gwsmeriaid – yng nghyntedd gorsaf drenau gafodd ei disgrifio yn llyfr *Europe: The Rough Guide* fel: 'the hellish Gara de Nord, a squalid hive with queues for everything...' Disgrifiad addas, a deud y gwir, o le oedd yn llawn gwehilion cymdeithas – yn enwedig y diawl hwnnw a fanteisiodd ar ddiniweidrwydd bachgen bach o Lŷn a aeth i newid pres. Cafodd y twpsyn ei swyno gan gyfradd gyfnewid ffafriol iawn ar gornel stryd dywyll ar ei noson gyntaf ym Mwcarest. Roedd o'n credu'i fod o wedi cael llond dwrn o bres lleol am ei ddoleri Americanaidd, ond yn ddiweddarach yn y bar cafodd sioc drwy'i din pan sylweddolodd fod y giamstar pres wedi rhoi rhyw hanner dwsin o bapurau *lei* go iawn ar ben toman o bapur scrap diwerth. (Dim ond gobeithio'i fod o wedi dysgu'i wers!)

Nid gwehilion mo'r mwyafrif llethol, wrth gwrs – ond yn hytrach trueiniaid oedd wedi gorfod talu pris anhygoel o greulon am ryw fath o ryddid wedi chwarter canrif o unbennaeth anghymedrol Nicolae ac Elena Ceaucescu. Ond tydi tosturi ddim yn hawdd yng nghanol rabsgaliwns ifanc, dynion canol oed llechwraidd a merched hagar mewn *shellsuits* ail law llachar, yn un o ardaloedd peryclaf dinas gwbwl ddiarth.

Chwilio am newid mân oedd y rabsgaliwns bach, cynnig newid *lei* yn slei oedd y teip *mafioso* anniben, tra oedd merched y nos yng nghyntedd y stesion yn... (wel, sut alla i ddeud, 'dwch?) ...yn ceisio'u gorau glas i gynhyrfu gŵr o'r Gorllewin drwy gydio yn ei geilliau. Wir i chi!

Yn amlwg roedd angen dianc cyn i'r biliau cyntaf gyrraedd, ac ys dywed newyddiadurwyr cudd y *News of the World*, ymddiheurais cyn gadael ar garlam. Wel, cymaint o garlam ag oedd yn bosib o ystyried yr anesmwythder trowsuraidd!

★ ★ ★

Ond doedd yr anesmwythder hwnnw'n ddim o'i gymharu â'r hyn gawsom ni ychydig funudau wedyn. Mae lluniau teledu o blant yn cardota yn hen gyfarwydd i ni bellach, ac efallai fod grym y fath ddelweddau wedi pylu wrth i bobol ddod i arfer gwylio'r fath dristwch. Ond coeliwch fi, mae 'na fyd o wahaniaeth rhwng gwylio apêl plant amddifad ar y teledu a gweld, clywed ac ogleuo tlodi go iawn yn y cnawd.

Yn sydyn, dyma ddynes ganol oed yr olwg yn camu tuag atom. Roedd ganddi fabi mewn clytiau budur yn ei dwylo. Dyma hi'n ymestyn ei breichiau a cheisio gosod y creadur bach yn ein dwylo ni. Am wn i, ymateb greddfol unrhyw un fyddai ei ddal o, ond roedd holl awyrgylch bygythiol yr orsaf wedi creu rhyw baranoia a drwg-dybiaeth enbyd yn ein mysg. Wrth i ni wrthod cymryd y babi, aeth y ddynes yn fwyfwy despret a chorfforol ei hymdrechion. Nid *cynnig* y babi oedd hi bellach ond ymbilio'n emosiynol arnom tra'n ei wthio tuag atom.

Yn y diwedd, fe lwyddon ni i ddianc mewn tacsi i ganol y ddinas. Dwi'n gwbwl argyhoeddedig y basa hi wedi gadael y babi efo ni y diwrnod hwnnw; wn i ddim pam, ond roedd hi'n amlwg ei bod hi wedi penderfynu cael gwared o'r creadur bach diniwed. Yn rhyfeddol, ac efallai yn arwydd o gyflwr y wlad a'i phobol, y babi druan oedd yr unig beth oedd i'w gael am ddim ym Mwcarest y bora hwnnw.

Roedd Bwcarest wedi bod yn agoriad llygad difyr a doniol cyn hyn, ond roedd y digwyddiad yna'n wahanol.

Wna i ddim mentro bod mor nawddoglyd â honni 'mod i wedi bod yn meddwl yn gyson am ffawd y babi bach hwnnw ers degawd bellach, ond fel tad erbyn hyn i ddau o angylion bach direidus, mae gen i well syniad o faint aberth cmosiynol y grydures yn y Gara de Nord.

★ ★ ★

Ar ôl erchyllterau'r bora, braf oedd hafan gwesty'r Inter-Continental yng nghanol y ddinas. Llond lle o buteiniaid a *mafioso* unwaith eto, ond o leiaf roedd y rhain yn hwrod a gangsters o'r math mwyaf parchus. Ac yn fama y ces i fy mhryd o fwyd cyntaf yn Rwmania.

Chwarae teg i'r Inter-Continental, roedd y gwesty yma ar flaen y gad yn y frwydr i ffeindio gwaith i bobol Rwmania. Tra mae gwledydd Prydain wedi mynd yn rhy bell i'r pegwn lle mae disgwyl i un person wneud gwaith hanner dwsin – 'amlfedrusrwydd' meddai'r cyflogwr, 'difidend da' meddai'r cyflogai – yn Nwyrain Ewrop cewch hanner dwsin, wastad mewn iwnifform, yn rhannu gwaith un person. A tydi diffyg pethau i'w gwneud ddim i'w weld yn poeni'r gweithwyr. Mae hi fel 'tasa'r Rwmaniaid a phobloedd eraill Dwyrain Ewrop yn feistri corn ar sefyll – neu eistedd – o gwmpas, yn brysur yn gwneud dim.

Lle felly oedd yr Inter-Continental. Roedd 'na o leiaf bedwar aelod o staff y stafell fwyta wedi gweini arnom cyn i ni gael deud be oeddan ni isio. Gymrodd hi dri person arall cyn i ni ddeall mai dim ond brecwast oedd ar gael, er ei bod hi'n bell wedi hanner dydd.

Roedd y fwydlen amlieithog yn cynnig brecwast cyfandirol traddodiadol – a dim yw dim arall! Wrth gymryd yr ordor gofynnwyd i'r wêtar diweddaraf am fanylion y *'selektion freshe frute jus'*. Syllodd ar y fwydlen am eiliad cyn ateb: *'Orange'*. Roedd ei oslef, ac yn wir y fwydlen, yn awgrymu bod 'na ragor o fanylion i ddod... ond na, yr unig ddewis oedd sudd oren. Efo dewis mor gyfyng, efallai y basa hi wedi bod yn gallach rhoi popeth ar fwrdd mawr yng nghanol yr ystafell a gadael i bawb helpu eu hunain i frecwast. Haws dweud na gwneud, wrth gwrs, mewn gwlad oedd wedi byw dan gyfundrefn nad oedd yn or hoff o ysgogi pobol i helpu eu hunain mewn unrhyw ffordd.

O weld maint a nifer y rôls gyrhaeddodd y bwrdd ryw hanner awr yn ddiweddarach, roedd hi'n eithaf amlwg fod 'na brinder bara hyd yn oed yn y gwestai mwyaf moethus. Syndod felly oedd gweld y pentwr jam ddaeth ar ddau blât arall. Mater o roi ychydig o fara ar eich jam oedd hi, felly.

Efallai mai propaganda dant am ddant gwleidyddol oedd tu cefn i'r pentwr jam mefus – mynydd menyn yr Undeb Ewropeaidd gyfalafol, a mynydd mefus comiwnyddol.

★ ★ ★

Roedd hwn yn argoeli i fod yn drip trychinebus – y tlodi a'r twyll, y budreddi a'r begera, a'r diffyg hwyl cyffredinol. Hynny yw, tan i ni ddarganfod y clwb nos dros ffordd. Wnes i rioed feddwl y baswn i'n galw cabaret mewn clwb nos Twrcaidd mewn selar ym Mwcarest yn baradwysaidd, ond wir i chi, welais i rioed gystal!

A hithau'n nos Lun dawel, roedd perchennog y clwb yn falch o'n gweld ni. Gyda photeli siampên lleol am 50 ceiniog yr un, roeddan ninnau hefyd yn falch o'i weld o! Fel colomennod dychwel, mae gan gefnogwyr pêl-droed

Cymru allu anesboniadwy dramor i ddarganfod mannau lle mae 'na adar o'r unlliw, a chyn pen dim roedd oddeutu hanner cant ohonon ni'n swigio siampên rhad o boteli tra oeddan ni'n disgwyl am y cabaret rhyngwladol.

A chawson ni mo'n siomi chwaith – yr uchafbwynt, ag eithrio'r dawnswyr egsotig efallai, oedd cyngerdd Stevie Wonder. Er ei fod o'n wyn, yn gweld ac yn methu â chanu, roedd y Stevie Wonder yma'n grêt.

Roedd Stevie a'r holl berfformwyr eraill wedi gwirioni – cynulleidfa ar nos Lun, ac yn well fyth cynulleidfa frwd ryngweithiol. Sdwffiwch y blydi safon! Am y tro cyntaf mewn diwrnod a hanner, roeddan ni'n cael sbort yn canu, dawnsio a chymeradwyo sêr y cabaret. Yng nghanol y miri, dau Gymro'n dawnsio ar faglau – un o Gaernarfon a'r llall o Borthcawl. Er bod un 'di torri'i goes a'r llall wedi cael llawdriniaeth ar ei benglin, roedd y ffisig llawn swigod wedi perswadio'r ddau i ymuno yn yr hwyl, gan chwifio'u baglau'n beryglus yn yr awyr.

Doedd y Rwmaniaid rioed wedi gweld y fath ymddygiad o'r blaen, ond roeddan nhw wrth eu boddau yn gwylio'r "*craaazy Walesish boys*". Ond dwi'n amau iddyn nhw ddrysu rhywfaint pan ddechreuodd rhai o hogia Caerdydd wneud *conga* o amgylch y clwb. Nid y ddawns oedd yn peri gofid ond geiriau un o brif anthemau answyddogol ac anesboniadwy y cefnogwyr teithiol:

> '*I'm from Norway, yes I am,*
> *I'm from Norway, yes I am,*
> *I shovel snow all day long*
> *And I sing this happy little song.*
> *I'm from Norway, yes I am,*
> *I'm from Norway...*'

Parodd y *conga* a'r canu a'r dryswch daearyddol am dri chwarter awr. Conga Gymreig oedd hi ar y cychwyn, ond cyn bo hir roedd y Rwmaniaid a'r Twrciaid wedi ymuno wrth i'r llinell fynd o amgylch yr adeilad, gan gynnwys y toiledau, y gegin a'r ystafelloedd newid – jyst rhag ofn bod y dawnswyr egsotig yn dal yno.

Roedd hon yn un o'r nosweithiau gorau imi gael ar daith tramor gyda Chymru, ond taflwyd dŵr oer ar y dathliadau a'r cyfeillgarwch wrth i ni adael y clwb am bedwar o'r gloch y bora. Wrth gerdded yn ôl i'n gwesty newydd un seren roedd 'na ddwsinau o blant bach yn hongian o gwmpas yn disgwyl amdanom ni. Roedd hi'n hunllef ceisio cerdded, gyda chymaint o blant bach mor druenus yn begera dan draed. Sobor o beth oedd clywed bachgen pymtheg oed, mewn siaced ledar ddu lot rhy hir iddo, yn cynnig ei wasanaeth fel pimp dros rai o'r plant – gan gynnwys ei chwiorydd iau – oedd yn cerdded y strydoedd efo ni. Afiach. Cwbwl afiach. Plant fel nwyddau mewn gwlad lle roedd pawb a phopeth ar werth.

Wedi noson hir yn yfed fel milionêrs, roedd Rwmania unwaith yn rhagor wedi rhoi ergyd go hegar i'n cydwybod. A deud y gwir, ro'n i mewn andros o benbleth. Ar un llaw roeddach chi isio rhoi pres i'r plant, ond ar y llaw arall roedd hi'n amhosib cynnig rhywbeth i bob un. Un munud roeddwn i'n llawn piti tuag atynt yn eu trueni, a'r munud nesaf roeddwn i wedi cael llond bol o ddwylo dan fy nhrwyn i byth a beunydd. Roeddwn i'n teimlo'n euog – ond pam?

Un noson, roedd criw ohonom wedi darganfod tŷ bwyta crand o'r enw Hanul Manuc, nid nepell o'r gwesty.

Digonedd o fwyd, digonedd o ddiod, a llond bwyty o gangsters mewn siwtiau drud, a gwragedd (neu gariadon) mewn dillad drutach fyth. Doeddan *ni* ddim yn medru fforddio bwyta yno.

Nid fy mai i oedd problemau economaidd a chymdeithasol Rwmania, naci? Yn wir, nid fy mhroblem i oedd problemau Rwmania chwaith. Pam ro'n i'n teimlo mor uffernol ynglŷn â'r peth, 'ta?

★ ★ ★

Chris welodd o gynta'. Cofiwch, mae hi wastad reit hawdd canfod Sooty. Mae un crys yn ddigon i Sooty dramor – crys Celtic. Roedd Chris wedi mynd am dro pan welodd o'r crys gwyrdd a gwyn cyfarwydd yn cerdded yn hamddenol braf i lawr y *Calea Victoriei.*

Ymddengys bod y dyn oedd i fod 'nôl yng Nghymru wedi syrthio i gysgu ar lawr y maes awyr bnawn Sul. Pan ddeffrodd o, roedd 'na foi 'di gofyn os oedd o isio '*hotel*'. Heb feddwl unwaith amdanom ni, na'i ddiogelwch ei hun, fe ddilynodd Sooty y dieithryn.

A thra oeddan ni wedi cael cyfuniad o hwyl a hunllefau roedd Sooty wedi cael triniaeth pum seren yn nhŷ'r dyn diarth a'i deulu. Am deirpunt y noson roedd o wedi cael gwely, brecwast, cinio, swper a thomen o ganiau cwrw. Efallai'n wir ei bod hi'n anodd sefyll ar ôl rhoi clec i botel o fodca, ond o leiaf pan ydach chi'n disgyn mi landiwch ar eich traed!

★ ★ ★

Roedd hi'n ferw gwyllt y tu allan i'r stadiwm; roedd hi'n fedlam tanllyd y tu mewn. Roedd 'na faneri Rwmania ym mhobman – pob un ohonynt efo twll taclus yn y canol, yn dilyn y penderfyniad i gael gwared o'r arfbais o gyfnod Ceaucescu.

Roeddan ni wedi cael ein corlannu hefo'n gilydd, a heddlu a milwyr arfog yn edrych ar ein holau ni. I fod! Hyd yn oed cyn y gêm roedd y dorf loerig wedi dechrau'n pledu ni hefo cerrig, tanwyr sigarets ac arian mân. A'r troseddwyr pennaf, coeliwch neu beidio, oedd y plismyn oedd i fod i'n gwarchod ni!

Petai 'na gystadleuaeth Ewropeaidd o'r fath, mae'n anodd iawn credu y basa unrhyw un yn gallu curo pobol Bwcarest mewn gornest-dwyllo-twristiaid. Yn ystod y gêm roedd rhai o'r lluoedd 'diogelwch' yn cynnig gwerthu hetiau, capiau, bathodynnau a phastynau i'r Cymry dan eu gofal. Arian parod handi i'r milwyr, a swfeniars anarferol i'r hogia – pawb yn hapus.

Ond, nid am y tro cyntaf ar y daith, y Rwmaniaid gafodd y gair olaf. Fel hyn yr oedd y twyll yn gweithio. Byddai'r milwr yn cynnig gwerthu rhywbeth i'r cefnogwr am bris. Byddai hwnnw wedyn yn rhoi doleri i'r milwr ac yn derbyn y geriach priodol. Yna, byddai'r milwr yn estyn am ei wn ac yn mynnu cael ei gap, het, bathodyn neu bastwn yn ôl. Arian? Pa arian?

★ ★ ★

Mae 'y dechrau gwaethaf posibl' wedi troi'n ystrydeb ym myd chwaraeon bellach, ond roedd o'n hynod addas ym Mwcarest y pnawn poeth hwnnw. Sgoriodd Rwmania bum gôl mewn prin hanner awr o bêl-droed swreal, arallfydol dan ddylanwad dewinol ac ysbrydoledig Gheorghe Hagi. Roedd Neville Southall fel Sooty yn y maes awyr, tra oedd yr amddiffyn mor fywiog â'r anifeiliaid oedd yn pydru ar strydoedd Bwcarest.

Wn i ddim pwy oedd fwyaf diniwed, wir, ar y daith i Rwmania – ni'r cefnogwyr 'ta carfan Terry Yorath. Un peth sy'n sicir, gwaetha'r modd – doedd 'na ddim mymryn o ddiniweidrwydd yn perthyn i bobol Bwcarest.

Y Rhyfel Øer

Doedd gen i affliw o ddim i'w golli, felly dyma godi'r ffôn a galw Swyddfa Dwristiaeth Norwy yn Llundain. Ro'n i'n gwybod ei fod o'n gwestiwn eithriadol o ddwl, ond eto roedd hi'n werth holi – jyst rhag ofn! Dyma gyflwyno fy hun ac ymddiheuro am natur anarferol yr ymholiad, cyn gofyn i'r ferch a wyddai hi os oeddan nhw'n chwarae ffwtbol yn Svalbard. Y newyddion da oedd na chlywais i unrhyw un yn chwerthin yn y pen arall; ar y llaw arall, cyfaddefodd y ferch nad oedd ganddi glem gan nad oedd hi wedi bod yno. Ychwanegodd ei fod o'n lle oer gythreulig, cyn awgrymu y dylwn gysylltu â Swyddfa Dwristiaeth Svalbard. Dyma ddeialu unwaith yn rhagor: *'Hello. I know this might sound stupid, but do you play football on Svalbard?'* oedd fy lein agoriadol. Roedd yr ateb a gefais yn syfrdanol, ac eto yn un nodweddiadol Sgandinafiaidd: *'Yes, for sure'*, medd y ferch o'r swyddfa yn Longyearbyen – fel 'taswn i 'mond wedi gofyn faint o'r gloch oedd hi! Mae'r Llychlynwyr, fel pobl yr Iseldiroedd, wedi meistroli'r gamp o greu'r argraff fod popeth dan yr haul yn bosib.

* * *

Grŵp o ynysoedd anial oddeutu'r un maint ag Iwerddon, ond gyda llai na thair mil o boblogaeth, ydi Svalbard y dyddiau hyn. Yr Iseldirwr anturiaethus, Willem Barents, oedd y cyntaf i ddarganfod yr ynysoedd yn ôl pob sôn, ychydig dros bedwar can mlynedd yn ôl. Fel nifer o longwyr eraill, roedd o'n ceisio darganfod llwybr gogleddol i Tseina ac India er mwyn osgoi grym y Sbaenwyr a'r Portiwgeaid ar y llwybrau deheuol.

Spitsbergen oedd yr enw a roddwyd ar yr ynysoedd gan Barents – y mynyddoedd miniog – wedi iddo weld copaon pigog y mynyddoedd ar ochor orllewinol yr ynys. Ond enw swyddogol yr ynysoedd bellach yw Svalbard, sef 'gwlad yr arfordir oer' mewn hen Norwyeg – enw hynod addas i ynysoedd sydd wedi'u lleoli fwy neu lai hanner ffordd rhwng man mwyaf gogleddol tir mawr Norwy a Phegwn y Gogledd. Yn wir, mae trigolion y brif dref yn byw dipyn agosach at Begwn y Gogledd nag ydyn nhw at eu prifddinas, Oslo.

Byth ers dyddiau Barents, mae Svalbard wedi denu pobloedd o amryw wledydd – yn gyntaf fel canolfan hela morfilod ac yna fel lle i hela morloi, walrysod a cheirw, cyn i Americanwr o'r enw John Munroe Longyear agor pwll glo modern yn 1906. Yn naturiol, roedd y pwll glo newydd angen gweithwyr a'r rheiny angen rhywle i fyw; wele felly dyfiant y pentref a alwyd yn Longyearbyen, ar ôl sylfaenydd y cwmni.

Ond pharodd yr Americanwr ddim yn hir cyn gwerthu'r cwmni i ŵr busnes Norwyaidd a greodd y Store Norske Spitsbergen Kull Compani (neu'r SNSK), sydd hyd heddiw yn parhau i dyllu am lo ym mherfeddion du mynyddoedd Svalbard.

Mae'r sefyllfa wleidyddol ar Svalbard yn eithaf od gan fod Norwy wedi bod â sofraniaeth dros yr ynysoedd a'u pobloedd prin ers 1925, ond eto mae 'na fwy o dramorwyr yn byw yno nag o Norwyaid. Y prif reswm am hynny ydi bod y cytundeb a luniwyd 'nôl yn y dauddegau wedi mynnu bod gan bob un o'r 42 o wledydd a arwyddodd y cytundeb gwreiddiol hawl i fasnachu a mwyngloddio yn Svalbard. Yr unig amod ydi na chaiff y gwledydd hynny botsian yn filwriaethus ar gyfyl y lle.

Dyna oedd y bwriad, ta beth – ond nid y galw am lo ym Murmansk sydd wedi cadw'r Rwsiaid ym mhentref unigryw Barentsburg cyhyd. Roedd y Rwsiaid wedi sefydlu dau bentref glofaol arall ar Svalbard, ond roedd cyfuniad o wleidyddiaeth, problemau daearyddol a realiti economaidd wedi'u gorfodi i adael Grumant yn 1961, ac yna Pyramiden yn 1998; adfeilion ac atgofion ydi'r unig bethau sy'n weddill yn y pentrefi hynny bellach. Ond diolch i gysgodion y Rhyfel Oer, fedrai'r Rwsiaid ddim fforddio rhoi'r gorau i Barentsburg. Ystyrid Svalbard gan ddwy ochor y Llen Haearn fel lleoliad strategol allweddol, ymhell bell i fyny ym Môr yr Arctig ac ar y 'ffordd' rhwng Rwsia a Gogledd America. Mae'r Rhyfel Oer wedi hen doddi – i fod – ond mae'r Kremlin yn ei chael hi'n anodd i gau'r pyllau a phacio bagiau'r glowyr ar Svalbard, a deud wrthyn nhw am fynd adra am byth.

* * *

Dyna ddigon o hanes a gwleidyddiaeth Svalbard am y tro, felly ryw fymryn o ddaearyddiaeth rwan, ia? Er gwaethaf neges bositif y Swyddfa Dwristiaeth, o ystyried lleoliad Svalbard ro'n i'n amau'n gryf a fyddai hi'n bosib chwarae pêl-droed yn y fath anialdir. Wedi'r cwbwl, does 'na'r un gymuned barhaol yn byw ymhellach i'r gogledd na fama – 78 gradd i'r gogledd, ac ymhell bell i mewn i'r Cylch Arctig rhynllyd.

Dydi hi ddim yn tywyllu ar Svalbard rhwng mis Mai a mis Awst, ond ar y llaw arall welwch chi mo'r haul o gwbwl rhwng Tachwedd a Mawrth. Prin iawn yw'r glaw sy'n disgyn, ond nid felly'r eira. Gall hwnnw ddisgyn unrhyw adeg trwy gydol y flwyddyn. Ar ben hynny, mae ganddoch chi'r rhew. Mae hwnnw'n gorchuddio dwy ran o dair o holl diroedd yr ynysoedd drwy'r flwyddyn.

Enghraifft wych o oerni Svalbard yw'r fynwent fach ar lethr serth gyferbyn â'r Neuadd Chwaraeon yn Longyearbyen. Yn 1918 lledodd feirws ffyrnig 'Y Ffliw Sbaenaidd' ar hyd cyfandiroedd Ewrop, Asia a Gogledd America, gan ladd oddeutu deugain miliwn o bobl. Prin iawn fu unrhyw ymchwil llwyddiannus i'r feirws, ond yn 1998 penderfynodd tîm o wyddonwyr o Ganada ddatgladdu cyrff saith glöwr ifanc a fu farw o'r feirws afiach yn ardal Longyearbyen 'nôl ym mis Hydref 1918, er mwyn ymchwilio ymhellach a cheisio datblygu brechiadau addas. Oherwydd hinsawdd yr ynysoedd roedd y rhew parhaol (y *permafrost*) tan ddaear yn golygu nad oedd y cyrff wedi pydru o gwbl, hyd yn oed ar ôl wyth deg o flynyddoedd. Felly, tybiai'r gwyddonwyr, os oedd y cyrff yn parhau yn eu cyflwr gwreiddiol mi fasa 'na siawns go dda y basa'r feirws hefyd yn bresennol o hyd. Mae'r ymchwil yn parhau.

* * *

Nid pobol oedd wedi ymadael â'r ddaear hon oedd yn fy mhoeni ym mis Medi 2000, ond yn hytrach y rheiny oedd ar fin cyrraedd. Roedd Nicola'n feichiog, ac roedd disgwyl iddi eni mab – yn ôl y sgan, beth bynnag – yn wythnos gyntaf mis Medi.

Roedd Alaw wythnos yn gynnar pan anwyd hi

49

ddiwedd Medi 1998, ond maen nhw'n deud bod bechgyn a merched yn greaduriaid tra gwahanol felly doeddan ni ddim yn disgwyl ei weld o'n cyrraedd yn brydlon. I gymhlethu pethau'n o arw, penderfynodd Brynle Williams a'i gyfeillion fod pris petrol yn rhy uchel, a mynd ati i bicedu safle purfa Shell yn Stanlow cyn i'r protestiadau ledaenu drwy Brydain gyfan mewn amrantiad. Fasa hyn ddim wedi fy mhoeni'n ormodol 'taswn i'n byw ym Mhenrhosgarnedd ac Ysbyty Gwynedd i'w weld o'r ffenast llofft, ond pan ydach chi'n byw ddeng milltir ar hugain i ffwrdd mae 'na ryw elfen o anesmwytho. Y dyddiau hyn, ymddengys bod disgwyl i chi ffeindio'ch ffordd eich hun i'r ysbyty (oni bai bod 'na argyfwng go iawn) ac felly doedd hi ddim yn sefyllfa braf i weld y nodwydd ar danc petrol y car yn prysur lithro tua'r coch, a diwrnod y disgwyl wedi hen basio.

Diolch i'r drefn, cafwyd cyfaddawd o fath rhwng y llywodraeth a'r protestwyr a chefais innau lond tanc o ddiesel i leddfu pryderon. Ond roedd 'na broblem ym-fflamychol arall yn disgwyl amdanaf…

* * *

Cefais enw a rhif ffôn John Olsen gan Kari Angermo o Swyddfa Dwristiaeth Svalbard. Fo oedd boi pêl-droed yr ynys yn ôl Kari. Dyma ffonio hwnnw ac yna'i ebostio cyn cael cadarnhad bod tîm o hogia lleol yn Longyearbyen wedi cytuno i chwarae gêm gyfeillgar yn erbyn criw o Rwsiaid o bentref Barentsburg. Gwych, meddyliais – cyn gweld mai dyddiad y gêm fyddai'r trydydd ar hugain o Fedi.

Ganwyd Cian Llewelyn ar yr ail ar bymtheg o Fedi, ac roeddwn i fod i hedfan i Oslo ar yr ugeinfed. Ro'n i'n teimlo'n uffernol jyst yn meddwl am fynd, ro'n i'n teimlo'n waeth wrth fynd, a tydw i'n sicir ddim yn teimlo'n dda iawn ar ôl bod. Teg deud nad ydi Nicola wedi anghofio f'absenoldeb yr adeg honno, mor gynnar ar ôl geni Cian. Mi wn i fod yr holl beth wedi'i brifo hi'n eithriadol, ac er nad ydan ni wedi sôn rhyw lawer am y peth, mae'r graith yn dal yno o hyd dan yr wyneb.

Dadl yr amddiffyniad ar y pryd oedd 'mod i mewn andros o benbleth wrth drio blaenoriaethu. Ro'n i newydd ddechrau gweithio 'nôl efo Ffilmiau'r Nant, a hwn oedd y tro cyntaf i mi gael cynhyrchu cyfres deledu. I goroni'r cyfan, yn ôl John Olsen dyma'r unig gyfle fasan ni'n ei gael i ffilmio'r gêm hon yn Svalbard ar gyfer y gyfres. Yn wir, doeddan nhw ddim wedi gallu chwarae'r gêm o gwbwl ers pum mlynadd oherwydd y tywydd garw! Dadl gref yr erlyniad oedd 'mod i'n fastad hunanol.

★ ★ ★

Pan gyhoeddodd capten ffleit BA1696 i Oslo fod raid dychwelyd i Fanceinion ar frys er mwyn sicrhau nad oedd y fellten oedd newydd daro'r awyren wedi niweidio gormod arnom, roeddwn yn dechrau amau bod 'na rywun yn rhywle'n ceisio fy narbwyllo i fynd adra'n o handi! Rhoddwyd ail gynnig llwyddiannus arni, ac wedi noson yn Oslo dyma hedfan yn gyntaf i Tromso, cyn hedfan unwaith yn rhagor i fyd a golygfeydd arallfydol.

Tu allan i brif (ac yn wir unig) fynedfa maes awyr Svalbard, mae 'na arwyddbost yn nodi'r pellteroedd i wahanol lefydd – 6830 cilometr i Tokyo, 4850 i Anchorage yn Alaska, 1185 cilometr rhwng fan hyn a

Murmansk. Yna, ychydig dros fil i'r gogledd, y pegwn ei hun. Doeddach chi ddim yn picio i unrhyw le o fama.

Ar y daith i'r dre ei hun o'r maes awyr, roedd Svalbard yn edrych yn dwll o le go iawn. Roedd o'n eithriadol o flêr, a deud y gwir, efo hen gerbydau glo ym mhobman. Oherwydd y rhew caled parhaol tan ddaear, rhaid oedd gosod y pibellau dwr ar (yn hytrach nag yn) y tir – effeithiol iawn, ond hyll ddiawledig. Am ran helaeth o'r flwyddyn, wrth gwrs, mae'r lle dan eira trwchus ac yn edrych yn hyfryd o lân a ffresh wrth i natur guddio pechodau a blerwch ac, o bryd i'w gilydd, anghenion dyn.

Wn i ddim be o'n i'n ei ddisgwyl mewn gwirionedd, ond doedd o ddim yn lle cyntefig o gwbl. Efallai mai dim ond ryw bedwar cant ar ddeg sy'n byw yno, ond roedd hi'n ymddangos i mi bod eu safon byw llawn cystal â safon byw pobol ar y tir mawr. Yn annisgwyl braidd, mae pris tanwydd yn rhatach ar Svalbard nag yn unman arall yn Ewrop oherwydd nad oes treth llywodraeth arno. Newyddion gwych i yrrwyr, siwr iawn, ond diflasu'n o handi fasach chi wrth drio manteisio ar y pris isel – dim ond 45 cilometr o lôn sydd ar yr holl ynysoedd!

Fasach chi ddim yn disgwyl gwesty Radisson moethus na Body Shop yn Caersws, na fasach? Wel, roedd ganddyn nhw bresenoldeb yn Longyearbyen. Diolch i gysylltiadau John Olsen roeddan ni'n aros mewn gwesty gwell na'r Radisson – y Funken Hotel, oedd reit ar gwr y cae pêl-droed newydd sbon!

Boi hynod ddistaw oedd John Olsen, neu'n hytrach John W. Olsen. Gan fod 'na bump John Olsen arall yn Longyearbyen, roedd hi'n gall gwahaniaethu rhyngddynt. Nid brodor o'r ynysoedd oedd o, ond gŵr yn ei dri degau o dref Drammen ar gyrion Oslo oedd wedi bod yn byw yn Svalbard ers pum mlynedd. Rhaid cyfaddef nad o'n i'n ei goelio fo pan ddeudodd mai rhedeg oriel gelf oedd ei waith o. Oricl gelf? Yn Longyearbyen? Ha ha ha.

Doedd John ddim y teip i ddeud celwydd. Roedd o'n rhy ddwys ynghylch pethau i feddwl tynnu coes. Fo oedd yn rhedeg Galleri Svalbard yn y pentref, lle'r arddangosai waith nifer o arlunwyr. Yn bennaf roedd yn arddangos gwaith anhygoel o drawiadol ar y thema *Svalbard* gan Kåre Tveter, yn ogystal â sioe ysgytwol o luniau a cherddoriaeth ar ffenomen yr *Aurora Borealis* gan Thomas Widerberg.

Faswn i'n disgwyl i luniau o Svalbard dan eira fod yn eithaf diflas. Ydi, mae gweld tir wedi ei orchuddio gan eira yn ddel iawn – ond braidd yn unlliw ac undonog ar ganfas, fasach chi'n meddwl. Ond rywsut neu'i gilydd roedd lluniau Kåre Tveter o eira, mwy o eira, ac yna ychydig mwy o eira eto yn drawiadol iawn. Yn wir, yn ôl John, roedd nifer o Norwyaid cyfoethog yn fwy na pharod i deithio i Svalbard o'r tir mawr yn unswydd i brynu lluniau Kveter oedd yn costio miloedd o kroner.

Roedd yr oriel ei hun yn lle anhygoel. Fel lluniau Kveter, roedd yr adeilad yn chwarae triciau gweledol arnoch chi. O'r tu allan edrychai fel hen gwt blêr, ond tu mewn roedd o'n lle modern, glân, llawn golau – a llawn lluniau drud hefyd. Hen ystorfa fwyd wedi'i addasu oedd yr oriel. Cyn dyfodiad y maes awyr, rhaid oedd i drigolion Longyearbyen baratoi am fywyd caled drwy dywyllwch maith y gaeaf, heb unrhyw gyswllt â'r byd mawr tua'r de. Bob hydref, cyn i'r fjords rewi'n gorcyn, byddai llong o Norwy'n galw heibio efo digon o fwyd i bara'r gaeaf hir. Roedd hi'n eironig fod yr adeilad plaen yr olwg hwn, oedd yn gyfrifol am gadw glowyr caled yn fyw hanner can mlynedd yn ôl, bellach yn gyrchfan celf a chyfoeth. Rywsut neu'i gilydd roedd y cyferbyniad hwn yn crisialu bywyd du a gwyn Svalbard – y glo a'r eira, y caledi a'r cyfoeth, y gaeaf heb olau dydd a'r haf heb nos. Ac, wrth gwrs, y Rwsiaid a'r Norwyaid...

★ ★ ★

Maen nhw'n ystyried bywyd cymdeithasol yn rhywbeth mor hanfodol â chôt go drwchus neu bâr o sgidiau go solet ar ynysoedd Svalbard. Yn syml iawn, gall gweithgareddau cymunedol eich rhwystro rhag gwallgofrwydd unig ac oer. Mae'n rhaid ichi wneud rhywbeth heblaw bwyta, gweithio a chysgu. Gellir ymarfer sawl camp wahanol yn y neuadd chwaraeon, dangosir y ffilmiau diweddaraf yn y sinema, ac mae 'na wastad bwyllgor yn cwrdd i drefnu rhyw ddigwyddiad neu'i gilydd. Er enghraifft, bob mis Mawrth mae trigolion Longyearbyen yn cynnal y Solfest, sef wythnos o gyngherddau, sioeau ac arddangosfeydd i ddathlu dyfodiad yr haul wedi pedwar mis o dduwch du. Ym mis Ionawr mae 'na wythnos Arctic Jazz, tra ym Mehefin cynhelir ras marathon Spitsbergen. A phob mis Medi ers 1961, roedd y Norwyaid wedi bod yn estyn croeso i'w cymdogion Rwsiaidd o bentref Barentsburg i chwarae gêm bêl-droed ryngwladol – y gêm bêl-droed fwyaf gogleddol yn y byd!

Yn y bôn, mae pobol Longyearbyen yn rhy brysur yn trefnu pethau i sylweddoli eu bod nhw'n byw mewn lle mor eithafol. Ond fasach chi byth yn gallu cyhuddo John

W. Olsen o fod yn rhy brysur, achos dyma amseroedd
agor yr oriel gelf:

Dydd Mawrth i Ddydd Sul: 16.00 – 18.00
Dydd Llun: Wedi Cau

Yn sicir, nid symud i Svalbard i weithio wnaeth John
W. Olsen! Efallai'n wir mai'r holl amser hamdden a gâi
John oedd y rheswm iddo gael ei apwyntio'n rheolwr ar
dîm pêl-droed Svalbard Turn. Rheswm arall posib oedd
ei honiad fod ei frawd, Trond B., wedi chwarae yn erbyn
Lerpwl yng Nghwpan Ewrop yn 1974. (O'i holi
ymhellach, cyfaddefodd mai ei frawd oedd golwr
Stromgodset a gollodd o un gôl ar ddeg i ddim yn
Anfield!)

Roedd John wedi deud ar y ffôn bod yr hogia'n
chwarae pêl-droed dan do bob wythnos, ond y gêm yn
erbyn y Rwsiaid fyddai eu gêm iawn gyntaf nhw ers pum
mlynedd. Oherwydd y tywydd garw, doeddan nhw ddim
wedi gallu chwarae un gêm lawn yn yr awyr agored. Yn
hytrach, roeddan nhw wedi gorfod bodloni ar ryw gêm
ddwy a dima yn y ganolfan hamdden.

Roedd hi'n anodd deud os oedd y Norwyaid yn edrych
ymlaen at y gêm ai peidio! Doeddan nhw ddim yn
groesawgar iawn, ond doeddan nhw ddim yn anghroes-
awgar chwaith. Doeddan nhw ddim yn hapus, ond
doeddan nhw ddim yn flin... Cawsom gyfle i fynd draw
i'r ganolfan hamdden i weld y garfan yn ymarfer dan ofal
gofalus John. Welis i rioed y fath sesiwn ymarfer – mi
fasach chi'n taeru mai gwylio criw o fynachod Trapaidd
oeddach chi. Neb yn siarad, neb yn gweiddi, neb yn
ysgogi, neb yn gwenu, a neb yn hyfforddi chwaith. Mi
feddylis i am eiliad fod pob un ohonynt, fel John

Toshack a Kevin Keegan gynt, yn seicig ac yn gallu darllen meddyliau'i gilydd. Am eiliad arall bryderus mi feddylis ein bod wedi'n denu i mewn i senario nid annhebyg i Edward Woodward fel Sarjant Howie yn y *Wicker Man*!

Wrth gwrs, doedd dim raid i mi boeni o gwbl – pobol eithaf di-emosiwn yw'r rhan fwyaf o'r Norwyaid. Pobol sydd ddim yn mynd dros ben llestri, yn enwedig mewn lle mor ddiarffordd â Svalbard. Fel y deudodd John yn ddiweddarach y noson honno, ar Svalbard rydach chi'n g'neud be sydd angen ei 'neud. Os na fedrwch chi'i 'neud o, oherwydd y tywydd neu bod yr adnoddau ddim ganddoch chi, wel fedrwch chi mo'i 'neud o! Gwastraff amser ac emosiynau fyddai poeni neu wironi'n ormodol am unrhyw beth.

★ ★ ★

Dydi Valerij Umanskij ddim yn poeni'n ormodol am bethau chwaith. Fedrith o'm fforddio poeni na meddwl gormod, neu mi fasa'n torri'i galon. Fasach chi ddim isio cyfnewid bywyd â Valerij. Glöwr caled, cyhyrog o Rwsia ydi o, sy'n crafu bywoliaeth yn rheibio perfedd du y ddaear ymhell bell o bobman. Mae o, fel ei gydweithwyr ym mhentref di-liw a dienaid Barentsburg, yn arwyddo cytundeb dwy flynedd gyda'r cwmni glo, a dim ond ar derfyn y ddwy flynedd hynny y cânt eu talu.

Dim ond unwaith y flwyddyn y daw mymryn o liw i fywyd Valerij pan gaiff o, ynghyd â gweddill tîm pêl-droed Barentsburg, wahoddiad i deithio rhwng tair a phedair awr i lawr y fjord ar hen long bysgota i chwarae gêm bêl-droed ryngwladol. Am un pnawn bydd Valerij, Nikolai, Sergei a gweddill y tîm yn cael anghofio am galedi'r pwll glo a'r hiraeth a'r cyflogau tila, er mwyn cael mynd i gicio pêl ar gae Norwyaidd, di-welltyn.

★ ★ ★

Ar ôl cwrdd â charfan y Norwyaid, roedd hi'n amser i ni ymweld â phentref y Rwsiaid, sef Barentsburg. Cyn teithio o Gymru, roeddwn wedi ceisio trefnu hawl ffilmio a ballu, ond am bob 'for sure' Norwyaidd cefais 'niet' gan y Rwsiaid. Tra mae dylanwad y cwmnïau glo ar economi ardal Norwyaidd yr ynysoedd wedi pylu, nid felly Barentsburg. Mae cwmni Trust Artikugol wedi bod yn rheoli popeth yn y pentref Rwsiaidd ers prynu'r hawliau mwyngloddio yn 1932. Chwalwyd y lle yn 1941, yn gyntaf gan y Llynges Brydeinig er mwyn rhwystro'r Natsïaid rhag cael gafael ar y lle, ac yn ddiweddarach y flwyddyn honno fe gwblhaodd y Natsïaid y dasg eu hunain. Byth ers ailadeiladu'r gymuned a'r pyllau glo yn 1948, mae Trust Artikugol wedi bod yn cyflogi, bwydo a chadw llygaid barcud ar eu glowyr mewn rhyw fath o arbrawf cymdeithasol Sofietaidd. Hynny yw, tan gwymp Comiwnyddiaeth – i fod! Does 'na fawr o ysbryd glasnostaidd yn perthyn i Barentsburg hyd heddiw. Yn syml, fedrwch chi ddim gwneud unrhyw beth yn Barentsburg heb gael caniatâd Trust Artikugol.

Roedd hi'n edrych yn addawol iawn pan ddechreuais i wneud ymholiadau. Gyrru ffacs at eu swyddfa ac, er mawr syndod, cael galwad ffôn un bora gan Nikolai Tkachev ar ran y cwmni yn deud nad oedd o'n rhagweld y byddai unrhyw broblem i ni ffilmio yn Barentsburg a chyfweld ambell un o'r chwaraewyr. Grêt, meddyliais, tan imi dderbyn ffacs gan Nikolai ar y pymthegfed o Fedi (bum diwrnod cyn gadael Cymru) yn deud:

You will have an opportunity to film interviews with our football team members in Longyearbyen before or after the match. Trust Artikugol will have no opportunity to help you in Barentsburg.

Ffacs swta, ond y neges yn gwbwl glir – doedd 'na ddim cydweithrediad na chroeso cynnes i'w gael yn Barentsburg. Ffoniais Nikolai i ofyn pam ei fod o wedi newid ei feddwl, ond ei unig ymateb oedd deud *'operational matters'*, cyn rhoi'r ffôn i lawr!

Roedd ganddon ni ddau ddewis ar ôl cyrraedd Svalbard, felly. Anghofio am Barentsburg, gan obeithio cael sgwrs efo rhywun pan oeddan nhw yn Longyearbyen ar gyfer y gêm, neu ddynwared James Bond am ddiwrnod. Stwffiwch y ffurflenni iechyd a diogelwch – roedd Rhys Williams a minnau yn mynd i ffau'r llewod!

A deud y gwir, doedd hi ddim cweit cymaint o antur â hynny. Mae 'na gychod twristaidd yn teithio'n ddyddiol i Barentsburg yn yr haf. Hyd yn oed ar ddiwedd mis Medi, roedd y Langøysund yn teithio bob yn ail diwrnod.

Yn ddaearyddol, dim ond rhyw bum milltir ar hugain sy'n gwahanu Longyearbyen a Barentsburg. Ond yn wleidyddol, economaidd a chymdeithasol, waeth iddyn nhw fod ar blanedau gwahanol ddim. Glo yw unig ffynhonnell arian y Rwsiaid yn Barentsburg; mae'r eira'n denu kroner a doleri'r twristiaid i Longyearbyen bellach. Y du a'r gwyn ar waith unwaith yn rhagor.

Roedd hi'n andros o fore braf wrth i ni adael harbwr Longyearbyen. Roedd hi'n tywallt y glaw wrth i ni weld pentref Barentsburg am y tro cyntaf, wedi taith fendigedig i lawr yr Isfjorden. Roedd y golygfeydd o'r rhewlifau a'r mynyddoedd serth yn gwbwl anhygoel, hyd yn oed heb gymaint â hynny o eira. Braf oedd bod mewn lle oedd yn edrych mor lân, mor ffresh ac mor ddifrycheulyd. Allan ar y fjord, doedd 'na ddim awgrym o lygredd nac ymyrraeth dyn – tan i Barentsburg ymddangos yn llechwraidd drwy'r niwl oedd yn ei amgylchynu.

Be oedd yn eich taro chi gyntaf am Barentsburg oedd y seren o gerrig gwyn, ac arwydd enfawr ar ochor y mynydd tu cefn i'r pentref yn datgan mewn Rwseg: 'Heddwch i'r Byd'. Doedd dim modd cyrraedd y pentref Rwsiaidd ar dir Norwyaidd heb wybod eich bod chi'n camu'n ôl mewn amser. Yr ail beth i ddenu'ch sylw oedd cofgolofn Lenin reit yng nghanol y pentref. A'r trydydd peth trawiadol oedd y distawrwydd byddarol.

Doedd 'na ddim sŵn ceir, cerddoriaeth, anifeiliaid, na phobol na phlant chwaith yn Barentsberg. Do, fe welson ni bobol, wrth gwrs, yn cerdded mewn parau neu fesul tri, ond doedd affliw o neb yn siarad â'i gilydd. Roeddan nhw'n union fel sombiaid, yn cerdded yn ôl a blaen rhwng shifft yn y pwll a'u cartrefi. Ac nid cartrefi clyd mohonynt chwaith, ond yn hytrach stafelloedd sengl o fewn adeiladau llwm a digon cyntefig yr olwg.

Nid byw mae rhywun yn Barentsburg ond bodoli, a chyda lwc, ennill digon o arian i helpu'r teulu bach 'nôl yn Rwsia neu'r Wcrain. Cofiwch, nid carchar Siberaidd comiwnyddol mo Barentsburg – mae'r glowyr yn dewis dod yma ar gytundeb o ddwy flynedd, oherwydd bod y tâl yn well na hwnnw fasan nhw'n ei dderbyn ar stepan drws yn Donetsk neu Saratov. Ond pan ydach chi'n byw mewn pentref anghysbell ar ynys mor anial, heb unrhyw gyfle i deithio 'nôl adra i weld eich teuluoedd, dwi'n siwr ei bod hi'n bosib teimlo ryw fymryn yn gaeth yno.

Yn ôl ein tywysydd swyddogol, Tamara, roedd 'na broblemau cymdeithasol dybryd yn Barentsburg. Deilliai hynny'n bennaf o'r diffyg bywyd cymdeithasol. Yn y bôn, mae yno ddigonedd o fodca ond prinder dychrynllyd o ferched. Am bob merch sy'n gweithio yn swyddfeydd y cwmni, neu'n cloddio dan ddaear, mae 'na bedwar dyn despret.

Golygai hyn fod y disgos misol yn achlysuron hunllefus i ferched a dynion Barentsburg. Mae'r merched ofn mynd allan, gan eu bod yn gwybod y bydd neuadd y pentref yn llawn o ddynion meddw a rhwystredig, ac mae'r dynion yn yfed mwy wrth weld nad yw'r merched am ddod i ddawnsio wedi'r cwbwl. Anodd gwybod os mai doniol 'ta trist oedd disgrifiad Tamara o neuadd llawn dynion mawr, cryf, meddw yn dawnsio gyda'i gilydd i gerddoriaeth Iwrodisgo dengmlwydd oed, tra oedd yr ychydig ferched dewr oedd wedi mentro allan yn eistedd yn betrusgar yn sownd i'r wal.

Ymddengys bod Trust Artikugol wedi sylweddoli bod angen gwareiddio'r gymuned ar fyrder, er mwyn cael gweithlu sobor yn ogystal â chael gwared â'r tueddiadau bwystfilaidd a oedd wedi cael rhwydd hynt i ffynnu dros y blynyddoedd diwethaf. Maen nhw wedi penderfynu ceisio denu mwy o ferched i fyw a gweithio yn Barentsburg, ond i wneud hynny fel rhan o deulu yn hytrach na dod ar eu pennau eu hunain.

Elfen bwysig o hyn fyddai ailagor yr ysgol a gaewyd yn

1996 wedi damwain drychinebus. Tarodd awyren Tupolev 154 Air Vnukovo fynydd Operafjellet yng nghanol niwl trwchus, brin chwe milltir o faes awyr Longyearbyen. Lladdwyd pob un o'r 141 o deithwyr, ac ymysg y meirw roedd nifer o blant ifanc a'u rhieni. Byth ers hynny, chaiff plant a theuluoedd ddim cadw cwmni i'r glowyr yn Barentsburg. Y gobaith rwan ydi denu ysbryd teuluol i'r pentref, a'i wneud yn lle mwy gwaraidd o beth coblyn.

★ ★ ★

Ar ôl croeso digon oeraidd ac amheus gan Tamara ar y cychwyn, roedd hi'n dechrau meddalu ryw fymryn ac mi fentrodd esbonio pam nad oeddan ni wedi cael cyd-weithrediad y cwmni.

Ro'n i'n gwybod eisoes bod y gweithwyr yn gweithio dan delerau fyddai'n synnu perchennog yr hen ffatri Ferodo yng Nghaernarfon, neu'r Arglwydd Penrhyn hyd yn oed. Rhaid oedd ymrwymo i gytundeb o ddim llai na dwy flynedd gyda Trust Artikugol, a dim ond ar ddiwedd y ddwy flynedd y basa'r cwmni'n talu ichi. Petaech chi'n rhoi'r gorau i'ch gwaith cyn diwedd y cytundeb, fasach chi ddim yn cael yr un sentan. Rhyfeddol – ond eto roedd y gweithwyr wedi bod yn eithaf bodlon ar hyn. Wedi'r cwbwl, mi *fasan* nhw'n cael eu talu ar ôl dwy flynedd, a doedd 'na ddim sicrwydd o gwbwl y basan nhw'n gallu ffeindio gwaith yn ôl adra heb sôn am waith fyddai'n talu cyflog cyson. O leiaf roedd y sefyllfa yma'n rhoi cyfle iddyn nhw gynilo digon o arian i fedru dychwelyd i Rwsia neu'r Wcrain, a phrynu fflat i'r teulu.

'*Ex-KGB*,' sibrydodd Tamera, gan ysgwyd ei phen yn drist, pan holais i hi am bennaeth newydd Trust

Artikugol. Efallai fod y disgrifiad cryno hwn yn ddigon ynddo'i hun, ond ychwanegodd fod y dyn newydd, Konstantin I. Kosachev, wedi dechrau newid pethau er gwaeth. Cyn iddo fo gyrraedd, roedd hi'n system galed ond un eithaf teg. Na, doeddach chi ddim yn cael tâl wythnosol na misol, ond doedd dim raid ichi dalu unrhyw gostau byw. Yn syml iawn, doeddach chi ddim angen pres yn Barentsburg.

Nid felly roedd y rheolwr newydd yn gweld pethau. Efallai, wir, ei fod o dan bwysau ariannol o bencadlys y cwmni ym Moscow, ond o hyn ymlaen roedd y cyn was Comiwnyddol yn benderfynol o weithredu cyfalafiaeth bur a gorfodi'r gweithwyr i dalu am eu llety, bwyd a thrydan. Ar ddiwedd y ddwy flynedd, mi fasan nhw'n tynnu'r gost allan o'u cyflog terfynol. Roedd elw cwmni'n bwysicach nag amodau byw y glowyr.

Yn ffodus i'r glowyr (ond yn anffodus i ni!) roedd y rhifyn diweddaraf o'r papur newydd wythnosol y *Svalbard Posten* yn Longyearbyen wedi crybwyll 'anfodlonrwydd y glowyr'/'ysbïo ar rywbeth nad oedd a wnelon nhw ddim ag o'* (*dilëer yn unol â'ch daliadau gwleidyddol). O'r herwydd, roedd Mr Kosachev wedi troi'n ôl i'r hen ffordd draddodiadol KGBaidd o ddelio â phroblem. Cyfrinachedd a drwgdybiaeth llwyr. Dyna pam, yn ôl Tamara, nad oeddan ni'n cael croeso swyddogol gan y cwmni. Yn wir, cael a chael fyddai hi os câi'r tîm pêl-droed deithio i Longyearbyen ai peidio. Ond diolch i'r drefn, doedd hyd yn oed y dyn mwyaf amhoblogaidd yn y Cylch Arctig ddim am warafun i ddynion uchafbwynt eu blwyddyn.

★ ★ ★

Roedd treulio diwrnod yn Barentsburg yn agoriad llygad gwirioneddol. Roedd hi fel petaen ni wedi camu i tardis Doctor Who, ac yn sicir fel petaen ni wedi camu'n ôl hanner canrif. Dwi'n amau'n gryf nad oedd cwrs croeso ymwelwyr ymysg blaenoriaethau pobl sydd wedi byw'r rhan helaethaf o'u bywydau dan gyfundrefn gaëedig cyn symud i weithio yn un o bentrefi mwyaf anial y byd. Heb lôn i mewn nac allan o'r lle, rydach chi'n styc yn Barentsburg, felly waeth ichi roi'ch pen i lawr ddim, a gweithio'n galed ac edrych ymlaen at gael mynd adra ryw ddydd.

Mae 'na ddau beth sy'n aros yn y cof o'n hymweliad ag amgueddfa Barentsburg. Y cyntaf oedd camu drwy'r fynedfa a gweld dynes ganol oed yn eistedd tu ôl i ddesg yn disgwyl am ei harian ni. Roedd 'na saith ohonon ni i gyd yn talu hanner can ceiniog yr un, ond yn ôl Tamara roedd disgwyl i'r ddynes druan eistedd tu ôl i'r ddesg yma drwy'r dydd *'just in case someone comes…'*! Pwy? Sut?

A'r ail atgof oedd *piece de resistance* yr arddangosfa – dwy arth wen wedi'u stwffio. Roedd un yn edrych yn hynod beryglus, wedi'i gosod ar ei thraed ôl, ac yn sgyrnygu'n gas gan edrych fel 'tasa hi ar fin ymosod arnach chi. Roedd y llall wedi disgyn i'r llawr yn union fel 'tasa rhywun wedi'i dad-stwffio. Roedd o'n un o'r pethau tristaf i mi rioed ei weld – yr arth, fel Barentsburg, yn rhy wan i sefyll ar ei thraed ei hunan.

Tra'n disgwyl am ginio, cawsom gysgodi o'r glaw yn y bar yn un o westai mwyaf digalon y bydysawd, y Barentsburg Hotel. Tristach hyd yn oed na'r Nordpolhotellet a agorwyd yng nghymuned wyddonol Ny Alesund ar Svalbard. Agorwyd y gwesty hwnnw ar y trydydd o Fedi, 1939 – cyn cau y diwrnod canlynol pan gychwynnodd y rhyfel. Tydi o byth wedi ailagor!

Roedd y Barentsburg Hotel ar agor, ond doedd 'na neb yn aros yno a doedd 'na neb yn yfed yno. Wel, doedd hynny ddim cweit yn wir, gan i mi sylweddoli bod disgwyl i ni brynu diod yno. Fe ddaeth hi'n amlwg na fasa'r bwyd yn barod tan inni wario mymryn yn y bar.

Gair o gyngor i chi. Os ydach chi'n digwydd pasio heibio Barentsburg, peidiwch â chymryd coffi yn y Barentsburg Hotel. Neu i fod yn fanwl gywir, peidiwch â chymryd llefrith efo'r baned os nad ydach chi isio cyfogi. Chwarae teg i drigolion Barentsburg, oherwydd eu lleoliad ac oherwydd y cyfyngiadau ariannol maen nhw wedi ceisio troi yn fwy hunangynhaliol gan sefydlu'r fferm fwyaf gogleddol ar wyneb daear. O'r herwydd, maen nhw'n tyfu tatws, nionod, bresych a thomatos ar y fferm, yn ogystal â magu moch, ieir a gwartheg i gael cig a llefrith.

Mae'n anodd gen i gredu y byddai buwch yn Chernobyl yn gallu cynhyrchu llefrith mwy afiach na hwnnw roddwyd yn fy nghoffi yn Barentsburg. Ac o weld y llygredd yn tarddu o'r pyllau glo gerllaw, doedd hi'n fawr o syndod fod 'na flas cynddrwg ar eu cynnyrch.

Wedi cinio elfennol iawn o datws a chabaitsh yn y cantîn, roedd hi'n amser dychwelyd i'r porthladd, gan ffarwelio â Tamara, a hwylio'n ôl am lendid, moethus-rwydd a *capuccinos* Longyearbyen. Fory oedd diwrnod y gêm fawr!

★ ★ ★

Awr yn hwyr, fe gyrhaeddodd tîm Barentsburg harbwr Longyearbyen ar hen long 'sgota. Roedd ambell un i'w weld ar flaen y llong wrth iddi gael ei chlymu, ond daeth dwsinau ohonynt i'r golwg pan agorwyd yr hatsh mawr du yn y cefn. Roedd hi'n anodd credu bod llong mor fach wedi gallu cario cymaint o lwyth, ac yn anos fyth amgyffred bod cymaint o bobol wedi dioddef am bedair awr mewn stafell orlawn heb ffenast er mwyn cael cicio pêl.

Dyna oedd bwriad y mwyafrif ohonynt, ond fe ddaeth hi'n amlwg nad oedd gan rai o'r grŵp unrhyw fwriad i chwarae na gwylio'r gêm. Nid yn gwbwl annisgwyl, efallai, rhain oedd rhai o benaethiaid y cwmni glo – oedd wedi dod yma'n unswydd i gael siopa! Cyn i'r llong wagio, roedd y rhain wedi'i heglu hi i ganol Longyearbyen i wario.

Problem! Â hithau'n bwrw glaw, roedd rhai o fechgyn Norwy wedi awgrymu i John W. Olsen y byddai'n well ganddyn nhw chwarae dan do. Ac yng nghanol y cyfieithu brys oedd yn mynd yn ei flaen ar y stryd wlyb, dyma finna'n penderfynu deud fy neud. Esboniais ein bod ni wedi dod yma'n unswydd i ffilmio gêm bêl-droed go iawn yn yr awyr agored, gan ychwanegu y basa hi'n bosib chwarae dan do yn unrhyw fan yn y byd. Doedd y Norwyaid ddim yn hapus, ond diolch byth am y Rwsiaid. Holodd Tatjana, ein cynorthwyydd tair-ieithog, gapten tîm Barentsburg be'n union oedd ei farn o. A'i ateb perffaith oedd: 'Russia not scared. Rain doesn't kill you. We play outside'.

Rhwng datganiad y Rwsiaid a gair o gyngor gan John (oedd yn teimlo braidd yn anesmwyth efo agwedd ei dîm cwynfanllyd), cytunwyd i gynnal y gêm fawr yn yr awyr agored. Haleliwia! Gwobr Tatjana am ei gwaith diplomataidd gwych oedd cael cynnig mynd i mewn i stafell newid y Rwsiaid gyda Rhys a'i gamera. Roedd hi drwy'r drws cyn i mi orffen y frawddeg!

Yn naturiol i Rwsiaid, am wn i, coch fyddai eu lliwiau nhw, ond welsoch chi erioed y fath fwngral o git pêl-droed. Bu Aleksej Kaposjenko am oes yn trio gwthio darn o gortyn drwy dyllau pâr o sgidiau oedd yn hen pan giciodd Billy Meredith bêl am y tro cynta' rioed.

Roedd y glaw wedi cilio erbyn i'r ddau dîm gamu allan ar gae pêl-droed Idrettsplassen. Adeiladwyd y cae yn 1997, ond oherwydd y tywydd drwg doedd 'na 'run gêm go iawn wedi cael ei chwarae arno – tan heddiw. Nid cae gwellt mohono, cofiwch, nac astroturf na choncrit chwaith, ond cae o gerrig mân miniog fyddai'n gorfod gwneud y tro, gan nad oes 'na wellt yn tyfu'n unlla'n agos i dwndra Svalbard.

Gyda John W. Olsen yn ceisio swnio'n llawn cynnwrf ar y meic, dyma ysgwyd llaw a chyfnewid anrhegion bach cyn dechrau cicio peli o gwmpas i gynhesu. Munud y clywson nhw'r chwiban gyntaf, roedd y Rwsiaid fel milgwn oedd newydd weld cwningen yn rhuthro heibio am y tro cyntaf rioed. Roedd 'na fwy o awch yn eu chwarae nhw, mwy o weiddi ac ysgogi. Mwy o fwynhad hefyd. Yn syml iawn, roedd o'n fwy o ddigwyddiad iddyn nhw, yn doedd, ar ôl misoedd di-dor o fywyd tu mewn i ffiniau'r pentref llwm yng nghanol nunlla.

Gyrrwr tacsi, peiriannydd, darlithydd, dau fyfyriwr, peintiwr, cogydd, disgybl ysgol, capten llong, perchennog siop – ac un glöwr yn unig – oedd yn nhîm Longyearbyen. Glowyr oedd pob un o garfan Barentsburg, ac eithrio un. Saer coed oedd Sergei Bondarenko! Yn y pwll glo, wrth gwrs.

Paratoi bwyd ar gyfer awyrennau Braathens oedd gwaith Stig Gøran Lund, capten y tîm cartref. Tyllu dair milltir i mewn i grombil y mynydd oedd gwaith Valerij Umanskij, capten pymtheg mlwydd ar hugain oed y Rwsiaid. Byd o wahaniaeth o fewn pum milltir ar hugain! Y du a'r gwyn ar waith eto.

Dim ond ers pedwar mis yr oedd Valerij wedi bod ar Svalbard, ond roedd o'n mynnu'i fod o'n mwynhau'r lle. Doedd o ddim yn meddwl bod Barentsburg yn *wych*, cofiwch – jyst *iawn*. 'O leiaf mae o'n well na Krasnodar,' meddai'n ddamniol am ei dref enedigol.

Synnwch chi ddim darllen, felly, mai'r Rwsiaid oedd yn fuddugol o dair gôl i un. A diolch byth am hynny, gan nad ydw i'n credu y byddai'r Norwyaid wedi dathlu rhyw lawer. I'r Rwsiaid, roedd o'n ddiwrnod gwerth chweil – roedd ennill gêm yn erbyn eu cymdogion cyfoethog yn felys iawn, wrth gwrs, ond roedd cael awr a hanner o ryddid o ddiflastod eu bywyd beunyddiol yn amhrisiadwy i'r rhain.

Ac wedi'r swper swyddogol, a welodd yr ymwelwyr yn llowcio powliad ar ôl powliad o gawl llawn cig a llysiau ffresh, sut oedd y Rwsiaid am ddathlu'r fuddugoliaeth? Sesh go iawn rownd Longyearbyen? Disgo? Parti? Wel na, ddim cweit. Rhaid oedd mynd yn ôl i'r harbwr yn o handi, a chychwyn ar daith bedair awr arall yn ôl i baradwys Barentsburg. Pedair awr i feddwl am y gêm nesaf; pedair awr i feddwl am deuluoedd pell; pedair awr i feddwl am fywydau breintiedig pobol eraill; pedair awr i feddwl am y shifft ddeg awr dan ddaear drannoeth. A blwyddyn gyfan i feddwl am yr ail gymal.

Ffwtbol mewn Ffrogiau

'Rargian fawr, sbia ar honna', medda' Rhys Williams, 'mae hi 'run sbit â Jerry Hall, myn uffarn i.' Anghytunodd Rhys Owen – roedd o o'r farn ei bod hi'n debycach i Sharon Stone. A finna'? Wel, eistedd ar y ffens wnes i, mae gen i ofn, gan syllu'n syn ar y flondan a'i ffrindiau yn prancio rownd y cae mewn lycra pinc ac yn deud wrth bawb o'i chwmpas:

'Dwi'n gwisgo'r colur gorau posib. A diolch i'r drefn, tydw i ddim yn un o'r teips chwysu chwartiau 'na. Coeliwch fi, os 'dach chi'n defnyddio colur da ac yn gwybod sut i'w ddefnyddio'n iawn, wneith o ddim rhedeg yn hyll yn ystod y gêm. Wyddoch chi be? Mae edrych yn dda'n bwysicach na dim byd arall.'

Rhys Owen oedd yn iawn. Enw'r bêl-droedwraig benfelen oedd Sharon, ar ôl ei harwres di-flwmar. Sharon Tavares oedd hon, i fod yn fanwl gywir. Wel na, os ydw i am fod yn fanwl gywir, waeth i chi wybod yn y fan a'r lle mai gwir enw'r gracar ar gae pêl-droed oedd Jose Carlos Lopes da Silva. Wir yr!

Anghofiwch am fantesion systemau 5-4-1, 3-5-2, 4-4-2. Hidiwch befo am drwyddedau hyfforddi neu drapiau camsefyll. Wna'th Sharon na'i cholur ddim rhedeg o gwbwl, ond roedd hi/fo wedi taro'r hoelen ar ei phen, yn doedd? Onid ei chydwladwr, Pele, ddisgrifiodd bêl-droed fel *'O Jogo Bonito'* – y gêm brydferth?

★ ★ ★

Tydi rhyw a rhywioldeb byth yn bell o feddyliau pobol Brasil. Dyma ichi un wlad eithriadol grefyddol sydd ddim yn credu bod raid i chi ddiffodd golau'r stafell wely i fod yn dduwiol. Un o sêr buddugoliaethus Cwpan y Byd 1994 yn Yr Unol Daleithiau oedd Jose Roberto Gama da Oliveira. Fe gofiwch chi o'n well fel Bebeto – chwaraewr eiddil a diniwed yr olwg, oedd wastad yn wên o glust i glust ac yn dathlu goliau drwy siglo babi dychmygol yn ei freichiau. Chwaraewr fyddai byth a beunydd yn cyflwyno pob pas, pob tacl a phob gôl i Dduw. Mewn cyfweliad gydag Amanda Protheroe-Thomas ar *Sgorio*, llwyddodd i gynnwys Duw yn ei atebion i bob un o'r deg cwestiwn ofynnwyd iddo!

Gwariodd Endyara, ein cyfieithydd, ffortiwn yn ffonio tŷ Bebeto i drio trefnu cyfweliad. Cyn i ni lanio ym Mrasil, roedd o wedi cytuno i wneud cyfweliad yn rhad ac am ddim fel ffafr i ffrind – ffrind Endyara. Cynnig hael a deniadol, o ystyried bod ei gyn-bartner ymosodol, Romario, wedi gofyn am 'gyfraniad' o ddeng mil o ddoleri cyn cytuno i agor ei geg.

Ond ofer fu ymdrechion Endyara i drefnu amser a lleoliad. Roedd o heb gyrraedd yn ei ôl o gêm gynghrair yn Recife fora Llun. Roedd o angen gorffwys ar ôl dychwelyd o gêm gynghrair yn Recife drwy gydol y pnawn Llun. Bora Mawrth? Ymarfer gyda'i glwb, Vasco da Gama. Beth am y pnawn, 'ta? Na. Roedd o'n gorfod nôl ei blant o'r ysgol.

Ychydig ar ôl cinio ar y dydd Mercher, roeddan ni'n

eistedd mewn fan o fewn canllath i dŷ crand Bebeto yn ardal Barra. Roeddan ni eisoes wedi diystyru'r syniad o wneud rhyw fath o *Daz Doorstep Challenge*, felly rhoddodd Endyara un cynnig arall arni. Wedi pum munud o barablu efo rhywun, trodd aton ni gan ysgwyd ei phen, cyn deud: *'His brother says that Bebeto is not available at the moment, because he has just gone to bed with his wife for the afternoon'.*

★ ★ ★

Sao Paulo yw dinas fwyaf Brasil, o bell. Mae yna bron i ugain miliwn o *Paulistas* yn byw yno – oddeutu dwywaith yn fwy na Rio de Janeiro, dinas enwoca'r wlad. Ond fel Sharon, mae trigolion Rio wedi dallt y dalltings yn berffaith. Mae'r *Cariocas* wedi gadael i Sao Paulo gael y boblogaeth a'r diwydiant – a'r tagfeydd traffig gwaethaf welwch chi yn unrhyw le.

Dyw'r Cariocas ddim yn poeni rhyw lawer wrth glywed y Paulistas yn clochdar mai eu dinas nhw ydi'r injan sy'n gyrru Brasil, gan gyhuddo'r Cariocas o fod yn ddiog. Ymddengys mai 'Da iawn chi, daliwch ati' ydi ymateb arferol pobol Rio. Ac wedi llongyfarch y Paulistas, bydd y Cariocas yn canolbwyntio ar gryfderau pobol Rio de Janeiro – cael hwyl a sbort a sbri tra'n llyffanta ar draethau Ipanema, Leblon a Copacabana. Y merched yn gwisgo'r nesa' peth i ddim. A'r dynion? Gwisgo'r dillad nad yw'r merched am eu defnyddio, siwr iawn!

Nhw sydd galla, mae'n siwr, er bod hynny'n dibynnu i raddau helaeth ar eich diffiniad o 'galla'. I fod yn gwbwl onest, tydi'r Cariocas ddim yn bobol llawn llathen. Ac ymhlith y gwallgofrwydd gorchestol yng nghysgod y

70

Corcovado, roedd aelodau clwb pêl-droed Roza'n disgleirio. Tipyn o gamp. Wel, llond trol o gamp, a deud y gwir!

★ ★ ★

Clwb pêl-droed trawswisgol oedd Roza F.C. – clwb oedd yn llwyddo i gyplysu dau o brif obsesiynau dynion Rio de Janeiro. Hynny yw, cicio pêl a gwisgo dillad merched!

Roedd Raimundo, sylfaenydd Roza, yn gweithio ym maes cysylltiadau cyhoeddus ac yn deall yn berffaith sut i gael sylw i'w dîm. Ers sefydlu'r tîm yn 1997 roedd o wedi llwyddo i drefnu gemau i Roza ledled Brasil. Gofynnodd am gyfraniad ganddom i gynnal y gêm – roedd o angen hurio cae a threfnu bws i gasglu'r garfan. A prynu llwyth o falŵns lliwgar hefyd, wrth gwrs! A diolch i'r haelioni Cymreig, cafodd Raimundo a Roza fodd i fyw wrth i ohebwyr a chamerâu Rio de Janeiro heidio draw i wylio'r sioe (sioe, nid gêm, sylwer) er mwyn paratoi eitemau ar gyfer 'ac yn olaf...' i'w gorsafoedd lleol.

Y sioe fawr. Roza FC yn erbyn tîm o wetars o gaffi lleol, ar gae artiffisial (be arall?) reit ar y cei yn ardal Botafogo. A dyna oedd un o brif broblemau Raimundo – cael rhywun oedd yn fodlon chwarae yn erbyn criw o ddynion oedd wrth eu boddau yn gwisgo dillad merched, yn enwedig ar ôl iddynt glywed bod y camerâu teledu lleol am fod yn ffilmio'r gemau. Sori, ffilmio'r sioeau.

Dyna pam roedd Raimundo 'di bod yn ffrwtian y pnawn hwnnw – roedd y wêtars gwreiddiol o gaffi ar draeth Copacabana wedi cael traed oer pan glywson nhw fod camerâu GLOBO – fersiwn Brasil o BSkyB – am ffilmio'r digwyddiad. Wn i ddim os mai swildod 'ta ofn

71

cael cweir gan ddynion mewn sgerti oedd y tu ôl i'r traed oer munud olaf.

Ac yntau wedi cynhyrfu'n lan, llwyddodd Raimundo i berswadio criw arall o wêtars o fwyty Lamas i chwarae'r gêm. Gair o gyngor i unrhyw un ohonoch sy'n digwydd galw draw yn Rio, gyda llaw – ewch am swper i fwyty Lamas. Edrychai fel siop cigydd o'r tu allan, ond yn union fel clwb pêl-droed Roza, gall yr olwg gyntaf fod yn gamarweiniol iawn. Ag eithrio stecsan swmpus Archentaidd yn ninas Santa Cruz, Bolifia, yn fama ges i'r bwyd mwyaf blasus mewn blwyddyn a hanner o deithio a ffilmio *Mae'r Byd yn Grwn*. Galwch heibio – chewch chi mo'ch siomi.

★ ★ ★

'Os oes 'na unrhyw un o'r garfan angen cymorth gyda'u colur neu wig, dwi'n barod iawn i gynnig help llaw, er mwyn sicrhau eu bod nhw mor ddel â fi. Dyna be sy'n rhoi'r wefr fwya' un i mi...'

Dwi'n amau *bod* 'na ambell beth allai roi mwy o wefr i Sharon Tavares, ond wnawn ni ddim dilyn y sgwarnog honno heddiw! (O leiaf, roedd y geiriau uchod yn enghraifft o ysbryd cyd-dynnu iach carfan Roza, yn doedd?)

Roedd Gabriela Anderson angen mwy o help na neb. O'r cefn roedd hi'n edrych llawn cystal a'r lleill, ond o droi rownd, roedd 'na rywbeth nad oedd ddim cweit yn iawn, rywsut, amdani. Na, doedd y mwstash ddim yn asio'n rhy dda efo'r crys pêl-droed pinc, y lipstic llachar a'r wig o wallt glas!

Ond sut siâp oedd ar weddill tîm Raimundo? Sut oedd Sharon Tavares, Delilah Rocos, Nathalie Rayson, Shania

Eclypse, Agatha Becker a Kaika Sabatela yn cymharu â Gerson, Tostao, Carlos Alberto, Clodoaldo, Rivellino a Pele tybed?

Wel, roedd yn rhaid disgwyl am oesoedd cyn cael gwybod. Fedrwch chi ddim brysio dynas pan mae hi'n pincio, na fedrwch? Yn enwedig pan fo *Chanel No. 5* a *Boots No. 7* yn bwysicach na'r rhif ar gefn eu crysau. Anghofiwch am eli *Ralgex* a *Deep Heat* – blyshar, lipstic a mascara oedd yn teyrnasu yn yr ystafell newid yma.

Ond, o'r diwedd, i gefndir eironig dau dîm o ferched go iawn yn chwarae ffwtbol ar y cae drws nesa, sgipiodd hogia/genod Roza i'r maes law yn llaw, gyda baner lliwiau'r enfys, tra'n canu anthem y clwb:

> '*Hey! Hey! Hey! the world is turning gay…*'

Unodd Endyara yn y canu trwy ddagrau chwerthin. Roedd *pawb* yn powlio chwerthin, heblaw am Raimundo oedd wedi bod yn darbwyllo pawb a phobun fod ei dîm o'n benderfynol o gymryd yr holl beth o ddifrif. Sut yn y byd mawr roedd o'n disgwyl i'r dorf – cymysgedd o gefnogwyr ffyddlon, hen gyplau syn, llanciau ifanc gwawdiol a'r mwyafrif busneslyd – goelio bod criw o ddynion mewn wigs a lycra yn mynd i gymryd y fath gêm o ddifrif?

Pum blondan, tair brwnet, un benglas (+ mwstash, wrth gwrs) a Raimundo yn y gôl – oedd, gyda llaw, heb wneud yr ymdrech i wisgo i fyny – a Kaika Sabatela.

Kaika Sabatela oedd Jan Molby clwb pêl-droed Roza – tanc mawr trwm yng nghanol cae. Ond anodd gen i gredu bod Molby wedi chwarae i Ajax, Lerpwl, Abertawe na Denmarc tra'n gwisgo leotard lycra pinc! Doedd 'cywilydd' a 'swildod' ddim yng ngeirfa Kaika Sabatela.

Tra oedd y lleill wedi cyrraedd y maes fel dynion cyffredin di-nod, cyn newid ar ochor y cae, cerddodd Kaika o'r lôn fawr yn ei leotard pinc eithriadol o dynn. Fel petai hynny ddim yn ddigon i ddenu sylw, roedd o hefyd yn gwisgo coron o blu mawr pinc. Yn sdwcyn tew, moel, tywyll, y fo/hi oedd yr hyllaf o bell ffordd yn nhîm Roza – ond rywsut neu'i gilydd, hi/fo oedd Brenhines Y Carnifal yng nghlwb nos enwoca'r Copacabana. A thra oedd Kaika'n disgleirio dan oleuadau'r criwiau camera, ac yn diddanu'r dorf eiddgar drwy wiglo'i ben ôl swmpus i bob cyfeiriad, roedd hi'n agoriad llygad anhygoel gweld y lleill yn cael eu trawsnewid gyda chymorth colur, wigs a sgidiau sodlau o fod yn ddynion distaw di-nod i fod yn 'ferched' rhywiol hyderus . Wir i chi, ar noson dywyll fasach chi ddim callach… Wel, am ychydig, ta beth!

Roedd hogia'r bwyty mewn penbleth – sut goblyn oeddan nhw i fod i ymddwyn? Yn bendant, doeddan nhw ddim isio colli, ond ar y llaw arall fasa fo ddim yn edrych yn dda ar gamera 'tasan nhw'n rhychu Shania Eclypse yng nghanol cae.

Ond tra oedd y wêtars yn ceisio dyfeisio tactegau at ddant pawb, roedd Roza'n cael parti. Chafodd Pamela Rodrigues a Maria Costa ddim gêm – roeddan nhw'n rhy brysur yn gneud gwalltiau a cholur eu gilydd ar y fainc. Erbyn iddyn nhw fod yn barod, roedd y ciciau o'r smotyn yn eu hanterth!

Welais i neb yn penio'r bêl drwy gydol y gêm, cofiwch – wel, fasach *chi* eisiau difetha'ch gwallt o flaen cymaint o bobol? Cafodd Raimundo a gweddill y garfan fraw yn gynnar yn yr ail hanner, wrth i'r 'ffisio' orfod brysio i'r maes yn ei sgert mini. Roedd Nathalie Rayson angen triniaeth frys. Ond, diolch i'r drefn, doedd yr anaf ddim yn un difrifol. Na, doedd hi ddim wedi torri un o'i hewinedd ffug.

Trên Olaf i Tirana

Mewn gwlad swyddogol annuwiol, dwi'n gwbwl argy-hoeddedig bod gweld Siôn Corn yn trafod tactegau efo Norman Wisdom ar deras yn Tirana wedi drysu rhyw fymryn ar yr Albaniaid yn stadiwm genedlaethol Qemal Stafa.

Ond i'r cefnogwyr teithiol, doedd y fath olygfa'n ddim o'i chymharu â rhyfeddod y rhyfeddodau – Ryan Giggs yn camu allan i'r maes yng nghrys Cymru. A hynny ar gyfer gêm mor ddibwys ag y gallai unrhyw gêm bêl-droed ryngwladol fod.

Giggs ar y cae, Siôn Corn a Norman Wisdom ar y teras, a chlown wrth y llyw. Croeso i Gymru ryfeddol Bobby Gould.

Mae hi'n hawdd dilyn tîm sy'n gyson lwyddiannus. Mae hi'n gymharol hawdd hefyd dilyn tîm sy'n cael llwyddiannau achlysurol. Ond ai teyrngarwch ynteu diffyg meddyliol a'n perswadiodd ni i dreulio wythnos yn Shqiperia er mwyn gwylio tîm mor anobeithiol dan reolaeth cataclysmig, os gwn i?

★ ★ ★

Er gwaetha'r diffyg gwybodaeth am wlad annirnadwy oedd prin wedi agor cil y drws i ymwelwyr ers oes gaeëdig Stalinaidd Enver Hoxha, doedd taith gostus swyddogol fel honno i Moldofa flwyddyn ynghynt ddim yn apelio o gwbwl. Roeddan ni wedi dysgu gwers bryd hynny – os am weld gwlad a dysgu rhywfaint amdani, gwell ichi drefnu'ch taith eich hunain. Ond cyn mentro i le mor gyntefig, penwythnos diwylliannol yn Rhufain amdani!

Prif fanteision hostel ieuenctid 'Fawlty Towers' yn Rhufain oedd ei lleoliad, brin ganllath o orsaf drenau Termini reit yng nghanol y ddinas, a'i phris rhesymol. Dim ond un anfantais oedd 'na – roedd y lle'n llawn o facpacwyr Americanaidd yn gwisgo *braces* dannedd, yn siarad yn uchel, ac yn mynnu rhoi *high fives* i'w gilydd bob pum munud.

Wn i ddim pam, ond mae yna rywbeth od yn digwydd i Americanwyr wrth groesi Môr yr Iwerydd. Wrth ffarwelio ag arfordir Newfoundland oddi tanyn nhw, mae pobol arferol glên a chymwynasgar yn troi yn niwsans swnllyd, cwynfanllyd – a, gwaeth fyth, nawddoglyd. Wyddoch chi sut mae pobol yn bloeddio siarad tra'n gwisgo *headphones*? Dyna sut mae Americanwyr yn siarad drwy'r adeg dramor, *Walkman* neu beidio!

Yn enwedig yr Americanes fu'n ein tywys ni ar daith gerdded o gwmpas prif atyniadau Rhufain yn gynnar ar y bora dydd Sul. Cawsom bregeth hirfaith ganddi yn pwysleisio pwysigrwydd bod yn wyliadwrus. Roedd 'na bobol ddrwg yn y ddinas fyddai'n bachu ar y cyfle lleiaf i ddwyn ein bagiau, wyddoch chi. Yna, wedi dwyawr o refru a phentyrru ffeithiau'n undonog tra'n brasgamu o'r *Colosseo* i'r *Fontana di Trevi* i'r *Piazza Espagna*, roedd hi'n anodd peidio a chwerthin wrth iddi gynhyrfu a dechrau chwilio am blismon i riportio bod rhyw gythraul *ragazzi* bach wedi bachu ei bag llaw hi!

Ar ôl taith gerdded ddiwylliannol y bora, dyma

benderfynu galw heibio'r hen Karol Wojtyla yn ystod y pnawn. Wel, dyna oedd y bwriad gwreiddiol, ta beth.

Yn anffodus, tra'n cerdded i gyfeiriad y Fatican, wele ddifyg dyfnder ysbrydol anhygoel wrth i ni foes-ymgrymu ar allor ffasiwn. Roedd un o'r hogia wedi gweld poster yn hysbysebu sêl Giorgio Armani mewn warws gyfagos! Erbyn i ni gyrraedd Sgwâr San Pedr, dros ddwyawr a rhai miliynau o liras yn ddiweddarach, dwi'n amau bod y Pâb wedi hen orffen ei Horlicks ac yn barod am badar a gwely.

★ ★ ★

Os ydach chi'n derbyn bod Yr Eidal wedi ei siapio fel coes, yna tref Bari ydi'r swigan boenus 'da chi wastad yn ei chael ar gefn troed wrth wisgo pâr o sgidiau newydd sbon. Coeliwch fi, mae 'na lefydd gwell yn y byd i fod yn styc ynddo yn hwyr ar noson wlyb na phorthladd prysur Bari. Ond nid un o'r llefydd gwell hynny ydi Durres – ferwca'r Adriatig – a gwaetha'r modd, dyna lle'r oeddan ni'n mynd y noson honno.

★ ★ ★

Roedd hi fel y gorllewin gwyllt ar y cei yn Bari, gyda phobol yn rhuthro i bob cyfeiriad gan lusgo bocsys trwm yr olwg ar eu holau drwy'r twllwch tamp. Ond doeddan ni ddim yn siwr prun oedd ein llong ni. Roedd 'na ddwy long wedi docio'r drws nesaf i'w gilydd – un yn llwytho ar gyfer y daith i Durres, a'r llall yn paratoi i hwylio i Dubrovnik yng Nghroatia. Doedd 'na affliw o ddim arwyddion mewn unrhyw iaith wrth i'r cei brysur wagio. Rhaid oedd dewis llong ar sail rhyw hen fachgen yn codi bawd a phwyntio, ar ôl i Jerry ofyn yn ei Saesneg

Tonypandy gorau: *'Which one's the Albania boat then, butt?'*

Casgliad eclectig iawn o deithwyr oedd ar fwrdd y *Palladio* wrth i ni ffarwelio â Bari – ychydig o facpacwyr, prin ddeugain o gefnogwyr Cymru, a dwsinau o Albaniaid oedd wedi stryffaglio drwy'r tollau gyda bocsys di-ri yn llawn dop o nwyddau deniadol o'r Gorllewin. Faswn i ddim yn meiddio damcaniaethu pa mor gyfreithlon oedd y casgliad nwyddau, ond roedd cynnwys ambell focs mawr yn go ddiddorol. Plant! Nid smyglo mileinig oedd hyn, cofiwch – dim ond ymdrech ansoffistigedig i osgoi talu am docyn. Fasach chi ddim yn mynd i ormod o drafferth i smyglo unrhyw un i mewn i Albania.

Wedi taith naw awr drwy'r nos dyma lanio ym mhorthladd Durres am saith o'r gloch y bora. Doeddan ni ddim wedi meddwl rhyw lawer am y daith nesaf oedd o'n blaenau rhwng Durres a Tirana. Pam poeni, ynde? Roeddan ni'n siwr o ffeindio tacsis, doeddan?

Wn i ddim i ble'n union y diflannodd ein cyd-deithwyr ond, o fewn hanner awr i gyrraedd tir Albania, roeddan ni'n styc ar ein pennau ein hunain mewn iard ym mhorthladd Durres.

Ryw chwarter milltir i lawr y ffordd gwelsom yr ateb i'n trybini – trên! Yn anffodus, erbyn i ni ruthro ar draws y cledrau llawn chwyn, sbwriel a chyrff cathod, roedd y cerbyd ola'n diflannu yn y pellter.

Gan i ni daro yn erbyn y cledrau cyfathrebu, wn i ddim hyd heddiw os oedd y trên honno'n mynd i Tirana ai peidio. Oherwydd diffyg cwsg a chynnwrf y sbrint ofer i ddal trên, roeddwn wedi llwyr anghofio bod ystyr cwbwl wyneb i waered i nodio ac ysgwyd pen yn fama.

'Train Tirana?' oedd y cwestiwn syml a roddais gerbron y docar caled a gerddodd heibio, gan bwyntio at din y tren oedd newydd adael platfform un. Nodio'i ben wna'th y docar gyda gwên lond ceg o ffilings aur. Wel, gan fod y docar 'di dallt y cwestiwn agoriadol, penderfynais holi ymhellach.

'Train, Tirana?' oedd y cwestiwn nesaf hefyd, ond diolch i'r saib lleiaf posib, tinc mymryn yn wahanol a lot o bwyntio bys at watsh, llwyddais i ofyn cwestiwn cwbwl wahanol gyda'r un eirfa.

Nid bod y clyfrwch geiriol wedi helpu dim ar ein trafferthion. 'Train Tirana tomorrow!' medda' fonta, gan chwerthin ac ysgwyd ei ben cyn cerdded yn ôl at ei fêts i ddadlwytho'r llong.

★ ★ ★

Roedd y daith bws mini rhwng Durres a Tirana yn ddifyr iawn. Difyr ac anghyfforddus. Doedd ganddon ni fawr o ddewis, a deud y gwir, ond neidio i mewn i'r cefn pan gynigiodd y gyrrwr fynd â ni i'r brifddinas am hanner can doler. Tair sedd oedd 'na rhwng dwsin ohonom. A doedd 'run o'r rheiny'n sownd chwaith!

Wn i ddim os mai'r diffyg seddi call 'ta'r ffordd droellog wna'th i'r siwrna rhwng Durres a Tirana deimlo'n arffwysol o hir. Ond mi fuodd hi'n gyflwyniad gwych i hanes, safon bywyd a blaenoriaethau'r Albaniaid. Roedd 'na gymysgedd go iawn o'r cyntefig, y comiwnyddol a'r cyfalafol bob modfedd o'r ffordd.

Ffermwyr ar gefn mul yn hamddenol dynnu trol gan achosi tagfeydd enbyd i un cyfeiriad, a BMW's a Mercs newydd sbon danlli'n bomio heibio i'r cyfeiriad arall. Ac i bob cyfeiriad, tirlun a golygfeydd cwbwl baradocsaidd – dysglau lloeren yn pwyntio 'nôl dros yr Adriatig am donfeddi teledu cebl Yr Eidal, yn cydfyw â'r tri chwarter miliwn o'r bynceri milwrol anhygoel hynny sy'n plagio pob cornel o'r wlad. Rhan o bolisi Amddiffyn y wlad, medd y llywodraeth; ymdrech seicolegol i bortreadu gwlad dan warchae ac ansicrwydd parhaol, medd eu gelynion. Ond, heb os, dyma'r epitaff hir-dymor i baranoia a drwgdybiaeth Enver Hoxha.

Cofiwch, mae hanes Albania'n awgrymu bod ganddynt hawl i fod yn amheus o gymhellion cenhedloedd eraill. Buasai Bwrdd Croeso Cymru'n gwirioni cael trawsdoriad mor eang o ymwelwyr! Yn eu tro mae'r Groegwyr, Rhufeiniaid, Fisigothiaid, Hyniaid, Ostrogothiaid a'r Slafiaid wedi bod wrth y llyw. Wedi'r rheiny, daeth ymyrraeth y Bysantiaid, Bwlgariaid a'r Normaniaid, cyn i'r Serbiaid, Twrciaid a'r Fenisiaid roi cynnig arni.

Ac yna, wedi'r Rhyfel Mawr, daeth ymdrechion pellach gan Wlad Groeg, Serbia, Ffrainc, Yr Eidal ac Awstria-Hwngari. Tro Mussolini a'r Eidal oedd hi ar ddechrau'r Ail Ryfel Byd, cyn i Natsiaid Hitler gymryd yr awenau yn 1943.

Ond ers i Enver Hoxha a'r comiwnyddion arwain gwrthsafiad a diarddel y Natsiaid yn 1944, roedd Albania wedi byw mewn arwahanrwydd gogoneddus. Nid yr ansoddair fasa mwyafrif pobol Albania yn ei ddewis, dybiwn i, ond yn sicir roedd yna rywbeth trawiadol am safiad unigol ac unigryw gwlad mor fechan – er gwaetha'r fflyrtio achlysurol gydag Iwgoslafia, Rwsia a

Tseina – yng ngwyneb yr archbwerau milwriaethus ac economaidd.

★ ★ ★

Roedd Tirana wedi newid cryn dipyn ers dyddiau olaf Hoxha erbyn i ni gyrraedd ym mis Tachwedd 1995. Roedd hi'n wlad ddemocrataidd (honedig) bellach, er nad oedd y cyn weision comiwnyddol yn gwerthfawrogi rhyw lawer ar y driniaeth ddialgar a gawsant gan yr awdurdodau newydd.

Reit yng nghanol Tirana yn Sgwâr Scanderbeg roedd cwmni o Tiwrin yn Yr Eidal newydd agor gwesty moethus pum seren – y Tirana International. Lawr y ffordd roedd cwmni o Sgandinafia wedi agor gwesty tebyg – yr Hotel Europark. Gellwch fentro nad oeddan *ni'n* aros yn y fath lefydd! Na, roeddan ni wedi bwcio gwesty drwy'r awdurdod twristaidd cenedlaethol, *Albturist*. Fawr o syndod, felly, ein bod ni'n aros mewn gwesty symol o eiddo'r sefydliad (gwesty dan reolaeth wladol swyddogol) – y math o le fyddai'n siwtio polisi Enver Hoxha o roi cyn lleied o foethusrwydd ag oedd bosib i bobol gan eu disgyblu 'run pryd. Roedd yr International a'r Europark yn lân a modern, gyda staff cwrtais ac effeithlon, ond bu'n rhaid i ni lenwi ffurflenni di-ri cyn cael hyd yn oed gweld goriad llofft yn yr Hotel Dajti.

Druan o garfan bêl-droed Albania – nid yn unig roeddan nhw'n gorfod aros mewn gwesty mor ddi-ddim, ond yn gorfod rhannu'r 'run llawr â charfan Cymru. Hynny yw, carfan y cefnogwyr! O gofio pwy oedd ein cymdogion, hoffwn gredu mai cefnogwyr honco bost Shqiperia yn chwilio am lofnodion oedd yn loetran ar y pedwerydd lawr, yn hytrach nag ysbiwyr ar ran y llywodraeth. Roedd o'n andros o deimlad od deffro'n y bora i glywad, ac yna gweld, rhyw greadur Albaniaidd yr olwg yn agor drws yr ystafell, edrych o'i gwmpas, ac yna diflannu gan gau'r drws yn glep ar ei ôl heb yngan yr un gair. Anodd deud os mai busnesu ansoffistigedig, ysbïo haerllug ynteu diniweidrwydd pur oedd tu cefn i'r ymweliadau boreol. Cofiwch, efallai mai jyst isio tshecio os oeddan ni'n effro cyn dod i lanhau'r stafell yr oedd y brawd! Ond ar y llaw arall, roedd yna rywbeth ynglŷn â décor a naws y gwesty oedd yn cynnig ei hun fel lleoliad perffaith i'r gwasanaethau cudd.

★ ★ ★

Rhaid cyfaddef 'mod i wedi cael fy siomi ar yr ochor orau gan Tirana. Wrth gwrs, doedd o ddim yn lle llewyrchus, llawn bwrlwm a lliw, ond roedd o'n ganwaith gwell na llefydd eraill welson ni yn Nwyrain Ewrop. Er bod Albania'n cael ei hystyried y wlad dlotaf yn Ewrop, doedd y tlodi ddim mor amlwg a ffyrnig â'r tlodi hwnnw welson ni ar strydoedd peryg-bywyd Bwcarest. Ac eithrio llond dwrn o blant bach amddifad yn Sgwâr Scanderbeg pan gyrhaeddon ni ar y bws mini, prin iawn fu'r begera amlwg, a deud y gwir. Roedd hi fel 'tasa 'na fwy o falchder cynhenid yn perthyn i drigolion Tirana nag i'w cyfoedion yn Rwmania – doedd yr Albaniaid ddim am i ni edrych arnyn nhw fel tlodion anobeithiol.

Cofiwch, drylliwyd eu gobeithion o safon byw gwell brin flwyddyn yn ddiweddarach, yn dilyn cwymp trychinebus y system gwerthiant pyramid amheus a welodd filoedd o Albaniaid yn colli cynilion a cholli gobaith, gan adael y wlad ar ddibyn economaidd a chymdeithasol unwaith yn rhagor.

Cyfeiria bron pob cyfeirlyfr ac adroddiad newyddion at anarchiaeth llwyr Albania, gyda thorcyfraith rhemp, llwgrwobrwyo enbyd a gwerth isel ar fywydau yn creu peryglon dychrynllyd ar y strydoedd yn Albania fin nos. Ond wir i chi, chawson ni ddim trafferth o gwbwl yn ystod ein hymweliad byr. Ar y Bulevard Deshmoret e Kombit, sef rhodfa Arwyr y Genedl, oedd yn arwain o Sgwâr Scanderbeg tuag at yr Hotel Europark – gwesty carfan Cymru – roedd 'na ddwsinau o fariau bach yn agored, yn trio'u gorau glas i ddenu cwsmeriaid. Roedd yna gyfuniad amlwg o ddylanwad Eidalaidd ac Americanaidd ar gaffis a bariau Tirana. Arwyddion neon llachar, cerddoriaeth uchel a dewis eang o fyrgyrs a diod yn ddylanwad yr Unol Daleithiau, wrth gwrs. Mae'n siwr mai'r giangstars peryg-bywyd mewn siwtiau Armani a sbectol haul, yn ceisio edrych yn dda wrth hongian o gwmpas yn siarad ar eu ffonau symudol, oedd cyfraniad yr Eidal!

Un peth oedd yn sicir – wedi blynyddoedd maith yn byw mewn tŷ gyda'r drws wedi'i gloi, a'r llenni wedi'u cau yn dynn, roedd pobol Tirana fel sbwnj diwylliannol. Fawr o syndod, felly, wrth weld cynifer o ddysglau lloeren yn pwyntio tuag at orsafoedd teledu Silvio Berlusconi a CNN fod steil a syniadaeth yr Americanwyr a'r Eidalwyr wedi treiddio trwodd.

Roedd posteri a baneri Juventus, Milan ac Inter ar waliau'r bariau, a'r myfyrwyr ifanc cyfeillgar yn ddwy-ieithog – Albaneg ac iaith unigryw MTV:

Nhw: *'Hey guys, whatcha doin'?'*

Ni: *'We're thinking about going to the bar across the road.'*

Nhw: *'Wait on bro' – I need the washroom. We'll be back in 2.'*

★ ★ ★

Cyffesiad. Yn ôl yn 1993, cafodd trigolion dinas lygredig Ostrava yn nwyrain y Weriniaeth Tsiec fai ar gam gan Terry Yorath. Cwynodd fod ei garfan wedi blino ar ôl dioddef noson ddi-gwsg cyn y gêm bwysig yn erbyn cynrychiolaeth Gweriniaethau'r Tsieciaid a'r Slofaciaid, sef yr hen Tsiecoslofacia i chi a fi.

Y gêm honno, gyda llaw, welodd gefnogwyr Cymru yn chwarae *musical chairs* yn ystod ffars yr anthemau cenedlaethol. Safodd pawb ar eu traed ar gyfer Hen Wlad fy Nhadau, ac yna anthem Tseicoslofacia. Da iawn – rwan am y gêm, meddyliais – wrth i gefnogwyr Cymru eistedd i lawr... cyn codi unwaith eto wrth glywed y band yn aildanio. Y tro hwn, roeddan nhw'n chwarae anthem Y Weriniaeth Tsiec. Ac ar ôl honno? Rhaid oedd cadw'r ddesgil yn wastad, siwr iawn, a chwarae anthem Slofacia. Ac yna, fel encôr, anthem dros dro y wlad 'wneud' oedd wedi llenwi'r bwlch rhwng diwedd Tsiecoslofacia a dyfodiad dwy wlad annibynnol.

A dyma'r cyffesiad! Y noson cyn y gêm, nid y trigolion lleol ond yn hytrach ni'r Cymry fu'n cadw dy garfan di ar ddihun, Terry – tan oriau mân y bora – wrth gael hwyl a sbri yng nghlwb nos y gwesty! Sori, Terry bach...

Ond yn ôl â ni i Tirana. Roedd cadw gwrthwynebwyr yn effro noson cyn gêm yn hen dric chwedlonol yn nwyrain Ewrop, wrth gwrs. Roeddan ni *yn* Nwyrain

Ewrop, roedd hi'n oriau mân y bora, ac yn bwysicach fyth roedd carfan Albania'n cysgu'n sownd o'n cwmpas. Sori Albania *hefyd*, felly, – ond roedd o'n andros o syniad da ar y pryd!

★ ★ ★

Roedd Albania dan Enver Hoxha'n gwneud i Rwsia a Tseina edrych fel y gwledydd mwyaf rhyddfrydol dan haul. Roedd y wlad a'i phobol wedi cael eu hynysu'n llwyr o weddill y byd. Doedd Hoxha ddim eisiau llygru meddyliau'r Albaniaid gyda delweddau gorllewinol, ond un o'r ychydig bethau o'r tu allan gafodd sêl bendith yr unben oedd ffilmiau Norman Wisdom. Yn y bôn, roedd yr Albaniaid yn cael rhwydd hynt i wylio ffilmiau Norman Wisdom gan eu bod nhw mor gythreulig o ddiniwed.

Fel teyrnged i boblogrwydd rhyfeddol Wisdom a'i ffilmiau, penderfynodd un o'r cefnogwyr dreulio wythnos gyfan fel y dyn bach doniol. Golygai hyn nid yn unig bod raid i Sean wisgo'r un siwt a chap stabal o'r foment y gadawodd ei gartref yn Abertawe ar y nos Wener tan iddo ddychwelyd wythnos yn ddiweddarach, ond yn ogystal roedd raid iddo ddynwared diniweidrwydd a dawn disgyn Norman Wisdom am wythnos gyfan mewn gwlad mor estron. Aberatwe, Heathrow, Rhufain, Bari, Durres, Tirana a'r holl ffordd yn ôl mewn siwt ail law a chap chwyslyd!

Cafodd Norman gwmni difyr ar ddiwrnod y gêm wrth i seren orllewinol arall gamu allan o'r gwesty. Oeddach chi'n gwybod bod Siôn Corn yn hannu o Donypandy? Na fi chwaith! Ond chwarae teg i'r hogia, roedd yr Albaniaid wedi'u cyfareddu wrth weld y ddau ohonynt yn bwyta platiad o sglodion a swigio poteli cwrw mewn caffi bach cartrefol ar gwr y stadiwm.

A deud y gwir, wn i ddim os oedd yr Albaniaid yn gwybod pwy oedd y creadur barfog yn ei siwt goch, ond roedd yr Albaniaid hŷn wedi mopio'n llwyr efo dyfodiad eu harwr o'r gorllewin. Talodd y wisg ffansi ar ei chanfed wrth i ddwsinau o Albaniaid syllu'n syn arno, cyn pwyntio ato ac yna gwenu fel giat:

'NORMAN! NORMAN! NORMAN!'
gwaeddai'r dorf dan deimlad, cyn chwerthin wrth i Sean faglu ei hun fwriadol eto.

'NORMAN! NORMAN! NORMAN!'
meddai'r dynion canol oed, cyn ei gofleidio ac ysgwyd llaw'n llawn cyffro.

Nefi blw, roedd Norman hyd yn oed yn fwy poblogaidd na Ryan Giggs. A diolch i'r drefn am bresenoldeb Norman Wisdom yn stadiwm Qemal Stafa y pnawn Mercher hwnnw – i godi calon pawb wrth inni wylio gêm gyfartal warthus. Trueni nad oedd o 'di dod â'i sgidiau ffwtbol efo fo!

Diwrnod i'r Brenin

Yn ôl y sôn, rywle rhwng Los Angeles a Tokyo fe drodd y chwaraewr pêl-fasged enwog, Shaquille O'Neal, at un o griw awyren roedd o'n teithio arni a deud ei fod o'n awyddus i gael gweld y Ddyddlinell Ryngwladol oddi tanyn nhw!

'Nôl ym mis Ebrill 2001 roeddwn innau hefyd yn teimlo mor ddryslyd â Shaquille druan, wrth imi groesi'r llinell anweledig bedair – ia, *pedair* – gwaith o fewn un diwrnod. Wel, dwi'n credu mai o fewn un diwrnod y gwnes i hynny– roedd hi'n anodd deud pa ddiwrnod oedd hi (neu hyd yn oed ar ba blaned oeddwn i) ar ôl croesi'r llinell deirgwaith! Wn i ddim hyd heddiw os ydw i wedi ennill 'ta colli diwrnod o amser ar y blaned gron hon.

Â hwythau wedi eu lleoli fymryn i'r Gorllewin o'r Ddyddlinell, ynysoedd Tonga – yr holl gant saith deg ohonynt – yw'r cyntaf yn y byd i groesawu'r diwrnod newydd. Yn wir, eu prif slogan wrth farchnata twristiaeth yn Tonga yw: *'Where Time Begins'*. Ond, gwaetha'r modd, tydi pethau ddim mor syml â hynny. Gadewch i mi geisio esbonio sut mae'r drefn gymhleth i fod i weithio...

Mae Tonga'n rhannu'r un diwrnod â Fiji, Seland Newydd ac Awstralia, ond maen nhw ddiwrnod o *flaen* ynysoedd Samoa, Tahiti a Hawaii. ('Dach chi'n dal efo fi?

Da iawn, daliwch ati.) Awr o wahaniaeth sydd 'na rhwng Tonga a Fiji, ond does 'na *ddim* gwahaniaeth rhwng Tonga a Samoa. Felly, os ydi hi'n ddeg o'r gloch ar fora Llun yn Tonga, mae hi'n naw ar fora Llun yn Fiji a Seland Newydd, tra mae hi'n ddeg o'r gloch ar fora Sul yn Samoa!

Wn i ddim be ddiawl sy'n digwydd pan maen nhw'n troi clociau! Tybed fyddai hi ddim yn haws taflu'r blincin oriawr i'r môr a phrynu un newydd sbon? Yn wir, tydi oriawr Rhys Owen ddim wedi gweithio'n iawn byth ers y diwrnod hunllefus hwnnw yng nghanol y Môr Tawel.

Nid fi ac oriawr Rhys Owen oedd yr unig rai mewn penbleth, cofiwch. Cymaint yw'r dryswch o fewn Tonga ei hun fel yr ymddengys bod y ceiliogod lleol wedi penderfynu mai doeth o beth fyddai canu o fora gwyn tan nos – ac yna drwy'r nos hefyd, jyst rhag ofn.

Un gair o gyngor (i geisio datrys eich dryswch) a gynigir gan y llyfrau teithio ydi ichi ddysgu'r frawddeg ganlynol: *'If it's Sunday for the Samoans, it's Monday for the monarch'.* Wrth gwrs, mi fyddai gofyn ichi wybod mai brenhiniaeth ydi Tonga i gael unrhyw fudd o'r frawddeg uchod, sy'n dod â ni'n daclus at y dyn a brofodd yn ryw fath o nemesis i'r tri ohonom fu'n brwydro yn erbyn y ffactorau wrth deithio adra o Pago Pago – y ffactorau, a'i Fawrhydi'r Brenin Taufa'ahau Tupou IV o Tonga.

★ ★ ★

Roedd y daith am adra wedi cychwyn ym maes awyr rhyngwladol Pago Pago ar brif ynys American Samoa. Ar bnawn Llun diawledig o drymaidd, daeth caredigrwydd a chyfeillgarwch y Samoaid Americanaidd i'r amlwg unwaith yn rhagor yn y maes awyr, wrth i Tony Langkilde, Liz a Tunoa Lui, a Clarence Crichton deithio'n unswydd i ffarwelio â ni (unwaith eto). Er mawr gywilydd, roedd 'na *fwy* o anrhegion ganddynt ar ein cyfer – crysau polo swyddogol a chapiau pêl-fas y garfan bêl-droed ryngwladol gan Tony, a tseiniau traddodiaol Samoaidd wedi'u creu o gregyn gan Elisapeta, merch wyth oed ddireidus Liz a Tunoa.

Wir i chi, welais i rioed bobol mor gyfeillgar yn fy mywyd â phobol American Samoa. Ar brydiau, roedd y croeso'n teimlo braidd dros ben llestri ac yn gallu bod yn fyglyd. Cymaint oedd y croeso fel y dechreuais awchu am ffics go lew o bobol flin, diamynedd ac anghwrtais – hiraeth am Gymru a'r Cymry, reit siwr, oedd yr awch am goffi gwyn di-wên yng Nghaffi Gwalia ym Mhwllheli! Ond â hithau'n dechrau nosi, cefais fy ngorchuddio gan ryw dristwch llethol tra'n cerdded at yr awyren fach fyddai'n ein hebrwng mewn llai nag awr i Apia, prifddinas Manu Samoa.

Faswn i byth yn f'ystyried fy hun yn berson goremosiynol, ond wrth chwifio ffarwel i griw o bobol mor glên a hawddgar rhaid cyfaddef fy mod yn teimlo'n eithaf isel f'ysbryd. Ceisiais fy narbwyllo fy hun mai nonsens sentimental oedd hyn. Wedi'r cwbwl, brin bythefnos ynghynt doeddan ni rioed wedi cwrdd na hyd yn oed gwybod am fodolaeth ein gilydd, ac yn bwysicach fyth, wedi'r cyfnod hiraf oddi cartref ers imi briodi roeddwn yn cychwyn am adref i weld y teulu bach.

O edrych yn ôl yn fwy gwrthrychol ar fy nheimladau, dwi'n credu mai be wnaeth fy nharo ym maes awyr Pago Pago – yn fwy nag unrhyw le arall ar fy nheithiau, am wn i – oedd ei bod hi'n bur debygol na welwn i 'run ohonynt byth eto. Dwi ddim yn credu ei bod hi'n bosib mynd ymhellach yn y byd nag American Samoa. Tydi o ddim y math o le 'dach chi'n digwydd galw heibio iddo, chwaith – yn wir mae hi'n andros o gamp cyrraedd y blydi lle! Ond roeddan ni'n tri ar fin dysgu ei bod hi'n anos fyth *gadael* yr ardal hon...

★ ★ ★

Un o'r pethau gwaethaf am deithio rhwng y ddau Samoa ydi mai awyrennau bach 'Twin Otter' gyda ryw ddwsin o seddi yn unig sy'n gwasanaethu'r ynysoedd. Y newyddion drwg ydi bod diffyg maint yr awyrennau yn golygu bod rhaid i bob darpar deithiwr gael ei bwyso yn y terminal, neu'r shed ger y llain lanio wellt yn achos maes awyr Fagali'i ym Manu Samoa, o ble y bu'n rhaid inni hedfan i Pago Pago yn y lle cyntaf. Nid mater o gael clerc yn gofyn i chi faint ydach chi'n bwyso mo hyn, ond yn hytrach bychanu cyhoeddus wrth ichi orfod camu ar glorian fawr wrth ochor y ddesg.

Dyna oedd y newyddion drwg – y newyddion da ydi nad pobol fach ydi pobol Polynesia. A deud y gwir, roeddwn *i* hyd yn oed yn edrych yn eithaf newynog o 'nghymharu â'r cewri Samoaidd oedd yn gwasgu eu hunain i'r seddi cul. Ydach chi'n cofio hysbyseb teledu cwrw Hofmeister gyda'r ysgogiad i 'Ddilyn yr Arth'? Wel, dychmygwch wasgu pedair arth Hofmeister mewn Mini, ac fe gewch ryw fath o syniad sut olwg oedd ar y 'Twin Otter' druan oedd yn ein tywys ni am Faes Awyr Rhyngwladol Faleolo ym Manu Samoa, ar gymal cyntaf taith oedd am fynd â ni o'r fan honno'n gynnar drannoeth i Auckland yn Seland Newydd, ac yna ymlaen i Hong Kong, Paris a Manceinion, cyn y cymal olaf un i bellafoedd Gogledd Cymru.

★ ★ ★

Yn digwydd bod, roeddan ni wedi cael cryn drafferth ar Manu Samoa ychydig ddyddiau ynghynt ar y ffordd allan i American Samoa. O Sydney roedd rhaid hedfan yn gyntaf i Auckland ac yna ymlaen i Apia (prifddinas Manu Samoa). Yno roedd rhaid cael llety am y nos, gan nad oedd yr amserlen yn caniatau inni hedfan y noson honno i Pago Pago. Yn dra gwahanol i'r rhan fwyaf o'r gwestai a ddefnyddiwyd yn ystod y gyfres yr oeddan ni'n ei ffilmio ar y pryd, bûm yn eithriadol o ffodus i fedru bachu pris da am noson yng ngwesty gorau Samoa gyfan – gwesty byd-enwog Aggie Grey's. Hynny yw, dyna oedd y bwriad – ond nid taith felly oedd hi am fod, mae'n amlwg!

Glaniodd yr awyren o Auckland oddeutu unarddeg y nos ym Maes Awyr Rhyngwladol Faleolo, yng nghanol y glaw trymaf imi weld yn fy mywyd, sy'n dipyn o ddeud gan rywun sydd wedi priodi merch o Flaenau Ffestiniog! Yn naturiol, bu raid cerdded trwy'r glaw i nôl ein bagiau, cyn dal bws fyddai'n ein hebrwng i ganol Apia ac i foethusrwydd y gwesty crand. Taith ugain milltir mewn tri chwarter awr ydi'r daith o'r maes awyr i'r gwesty – fel arfer.

Y noson honno, mi gymrodd hi bron i deirawr i gwblhau'r siwrna oherwydd bod y llifogydd gwaethaf mewn cof wedi cau sawl ffordd a chwalu sawl pont bwysig. Ta waeth, o leiaf 'dan ni 'di cyrraedd y gwesty'n saff, meddyliais.

Mae pobol Samoa'n ystyried bod Aggie Grey's yn

perthyn i grŵp dethol o westai fel Raffles yn Singapore, y Savoy yn Llundain a'r Ritz ym Mharis. Mae yna bobol dipyn pwysicach na ni wedi aros yn Aggie Grey's ers i'r lle gael ei sefydlu gan ddynas o'r enw… ia, 'na chi, Aggie Grey, mhell 'nôl yn 1933. Gary Cooper, Marlon Brando, William Holden, Cheryl Ladd (merch Alan, ac un o'r Charlie's Angels anfarwol am gyfnod) a Raymond Burr (fu'n enwog ddwywaith fel Perry Mason ac Ironside) – oll wedi mwynhau'r moethusrwydd. Yma y treuliodd Robert Louis Stevenson flynyddoedd olaf ei fywyd hefyd. Yn syml, nid Travelodge mohono:

> *It's a special sort of place for travellers. A home away from home for people who like people; where fresh bananas hang from cool verandahs; where afternoon tea and sandwiches can be enjoyed in the Marlon Brando Coffee Lounge; where drums call one to dinner with unknown guests and where your waiter suddenly becomes a fire-dancer. Here the pool is inviting, the Bloody Mary is ridiculously cheap, and tropical flowers scent the air…*

yw rhai o'r geiriau geir ar eu gwefan swyddogol.

'Ydi hi'm braidd yn dywyll, dwad?' medda' Rhys Owen, gyda rhyw dinc o bryder yn ei lais. A deud y gwir roedd hi'n gwbwl dywyll, ac eithrio golau gwan canhwyllau'r staff oedd yn sefyll ar y grisiau i'n croesawu ni. Doedd ganddyn nhw ddim trydan, ac roedd cyntedd y gwesty dan droedfeddi o ddŵr – dim bananas, brechdanau, blodau na Blydi Meris y noson honno. Ac fel bonws bach, roedd raid codi ymhen teirawr i gael ein pwyso cyn dal y ffleit gynnar i Pago Pago, os byddai'r tywydd yn caniatau.

Nefi blw – y gwesty gorau mewn ugain gwlad, ac

roeddan ni'n methu'n glir â gweld pa mor neis oedd o. Halen ar y briw, a diweddglo poenus i hunllef o ddiwrnod, oedd disgyn dros stôl tra'n chwilio'n ofer am y minibar!

Ond hidiwch befo, fasa pethau ddim cynddrwg ar y daith *adra*, siawns.

* * *

Doeddwn i ddim wedi bwcio gwesty yn Apia ar gyfer y daith adra oherwydd ein bod ni'n glanio tua wyth, ac yna'n hedfan i Auckland am bedwar o'r gloch y bora. Ro'n i'n teimlo mai gwastraff arian ac amser fyddai teithio am ddwyawr 'nôl a blaen a thalu am westy, gan fod rhaid bod yn ôl yn y maes awyr am ddau. Y bwriad oedd cael pryd o fwyd ac ychydig oriau o gwsg yn y maes awyr – y maes awyr rhyngwladol, fe gofiwch. Problem. Roedd y lle'n cau! Na, nid mater o fod 'na ambell swyddfa a siop *duty-free* a ballu'n cau oedd hyn. Roedd yr holl faes awyr yn cau. Y math o gau sy'n gweld diffodd pob golau a chloi pob drws a hel pawb adra.

'Nôl â ni felly i roi ail gynnig ar Aggie Grey's. Haleliwia! Goleuadau'n disgleirio fel Blackpool yn yr hydref, a'r cip go iawn cyntaf ar foethusrwydd y lle. Dyma fargeinio efo'r ferch yn y dderbynfa i gael bwcio un stafell am bris rhesymol er mwyn i ni gael molchi a cheisio cysgu rhywfaint ar ôl swper.

Ben bora Mawrth (amser Apia, felly) roeddan ni'n eistedd ar awyren 737 Polynesian Airlines yn disgwyl yn eiddgar i'r peilot ein cyfarch ni, cyn ein tywys yn ddiogel i Auckland erbyn amser cinio dydd Mercher. Sylweddolais fod 'na fflyd o geir mawr du eithaf swyddogol yr olwg mewn rhes reit wrth ochor yr awyren.

Ac fel sy wastad yn digwydd, yn cadw cwmni i fflyd o geir mawr du swyddogol roedd 'na lond lle o ddynion mawr cryf mewn siwtiau du'n sefyll o amgylch y ceir. Yn amlwg, roedd rhywun pwysicach hyd yn oed na chriw teledu S4C ar yr awyren.

Roedd hi'n anodd gweld pwy oedd y person pwysig gan ei bod hi'n dywyll tu allan, ac fe allwch fentro nad oedd y VIP yn rhannu 'run seddi â mein aps. Eglurodd un o'r criw mai Brenin a Brenhines Tonga oedd newydd ymuno â ni, ar ôl treulio ychydig ddyddiau yn nathliadau blynyddol American Samoa.

Yn ôl ein tocynnau, ffleit unionsyth o Apia i Auckland oedd hon, ond mae'n bur debyg fod rhaid cael rywfaint o hyblygrwydd ar amserlen hedfan pan 'dach chi'n delio â theuluoedd brenhinol, yn does? Roedd hi'n amlwg bod rhywun wedi rhoi gair o gyngor i swyddogion Polynesian Airlines gan i'r capten ein croesawu ni ar ei awyren – oedd yn dal i fynd i Auckland, ond am bicio draw i Tongatapu gyntaf!

Waeth imi gyfadda rwan hyn nad ydw i'n deithiwr da – dwi'n gallu bod yn gythraul blin mewn meysydd awyr ac ar awyrennau. Nid ofn hedfan sy gen i cofiwch, na thuedd i fod yn sâl chwaith, ond yn hytrach fedra i ddim diodda pobol yn llaesu dwylo, oedi a newid cynlluniau ar fyr rybudd. Ond cymaint oedd fy mlinder, tydw i ddim yn cofio unrhyw beth ar ôl cyhoeddiad y capten, tan imi ddeffro o drwmgwsg fel roeddan ni ar fin glanio yn rhywle. Roeddan ni'n llythrennol o fewn eiliadau i lanio pan ruodd yr injans unwaith yn rhagor ac fe ddiflannodd y tarmac wrth i ni godi'n ôl trwy'r niwl trwchus. Ymhen ychydig funudau dyma'r capten yn ymddiheuro am fethu â glanio, gan esbonio bod y glaw trwm yn golygu y byddai'n rhaid iddo fo ddychwelyd i Apia – sef dwyawr o daith yn ôl i'r man lle cychwynnon ni. Roedd hi'n fora Mercher yn Tonga wrth gwrs, ond rwan roedd yn rhaid teithio am ddwyawr a glanio ar fora Mawrth ym Manu Samoa.

Gair o gyngor i unrhyw un ohonoch sy'n bwriadu teithio o amgylch ynysoedd paradwysaidd y Môr Tawel – peidiwch â thrafferthu paratoi o flaen llaw. Nid fel yna mae pethau'n digwydd yno – tydi prydlondeb ddim yn beth pwysig iawn. A deud y gwir, tydi o ddim yn bwysig o gwbwl. Yng nghanol miri'r Ddyddlinell Ryngwladol, mae'r ynyswyr clên yn byw ar yr hyn a elwir yn 'amser coconut' – hynny yw, bydd y gneuan yn disgyn pan fydd hi'n barod!

Gwych o beth fyddai gallu byw fy mywyd mor hamddenol a ffwrdd-â-hi ag ynyswyr y Môr Tawel, ond fe brofodd hi'n eithriadol o anodd imi gyfaddawdu'r hen foesau Protestanaidd a mynd yn ôl i gysgu.

Rhaid oedd holi un o griw yr awyren pryd goblyn fasan ni'n cyrraedd Auckland gan fod raid inni gysylltu â ffleit arall. Cefais fy synnu gan ei hateb siriol. Yn wên o glust i glust, dyma hi'n deud yn dawel: '*When God makes it stop raining*'. Wel dyna ni, ynde! Sut 'dach chi'n ymateb i'r fath ddatganiad? Doedd gen i ddim dewis ond eistedd yno'n stiwio am ddwy awr nes cyrraedd Apia unwaith yn rhagor.

Golyga hyn, wrth gwrs, fod y teulu brenhinol yn dal efo ni, a golyga hynny yn ei dro fod 'na gymhlethdodau enbyd ar y gorwel. Yn naturiol ddigon, rhaid oedd wynebu'r syrcas draddodiadol bob tro roedd y cyhoedd cyffredin yn dod o fewn cyrraedd i'r dethol rai. Ia wir, halibalŵ mawr wrth i'r holl ddynion chwyrn mewn siwtiau du adael eu cornfflêcs ar frys a'i heglu hi unwaith yn rhagor yn y ceir du crand tuag at lain awyr Faleolo yn Manu Samoa i estyn croeso swyddogol i Frenin Tonga, brin bedair awr ar ôl ffarwelio ag o.

Dim ond ar ôl iddo fo a'i giang adael yr awyren – ac roedd rhaid i'r creaduriaid bach gerdded yr holl ffordd i lawr y grisiau a chamu i mewn i'r ceir swyddogol, cyn cael eu tywys am ganllath i'r prif adeilad ac i'r ystafelloedd a neilltuwyd i bwysigion y blaned – y cawsom ni adael yr awyren. Chwilio wedyn am ddarn o lawr i eistedd arno, a disgwyl... a disgwyl... a disgwyl.

'Don't worry, everything will be okay' oedd ateb hawddgar y ferch ar ddesg Polynesian Airlines – hynny yw, ar ôl imi ddisgwyl wedyn am awr i gael siarad â rhywun! Doedd ganddi hi ddim clem pryd fasan ni'n ailgychwyn ond, chwarae teg iddi hi, fe gytunodd i yrru neges i Auckland i ddeud y basan ni'n hwyr.

Mae'n rhaid fod Duw wedi penderfynu peidio codi'n rhy gynnar y bora hwnnw, gan i ni orfod aros am deirawr arall cyn cael cyhoeddiad bod y glaw wedi cilio yn Tonga, a bod y capten dewr am fentro i'r awyr eto.

Fo (y capten) oedd gallaf, am wn i, yn gwrthod peryglu'n bywydau ni – ond rhyw amau oeddwn i fod y creadur yn poeni mwy am ei lwyth brenhinol a'i yrfa nag oedd o am weddill y cargo. Felly, mwy o siwtiau, mwy o walkie-talkies, mwy o geir mawr a mwy o oedi oedd pia hi wrth i Frenin Taufa'ahau Tupou IV a'i fêts lusgo'u cyrff breintiedig am adra unwaith yn rhagor.

Wel, os oedd 'na alw am sioe go lew wrth i wlad estron

ffarwelio â'r Brenin a'r Frenhines, yn naturiol ddigon roedd 'na orchast go iawn yn ein disgwyl ni yn *Tonga*, yn doedd?

Carped coch, band pres, camerâu teledu a milwyr di-ri oedd yn ein haros yng nghanol gwres llethol canol dydd ym maes awyr Tongatapu. Druan ohonynt. Wedi'r cwbwl, nid y ni oedd yr unig rai oedd wedi diodda diwrnod hir – roedd rhain oll wedi bod yma ers y wawr i ddisgwyl dychweliad y parti Brenhinol. Doeddwn i, na nhw, ddim yn gwybod os oeddan ni'n mynd 'ta dwad, ond rywsut neu'i gilydd ro'n i'n amau eu bod nhw'n gallu ymdopi'n well na fi gyda'r fath rwystredigaeth.

O'r diwedd, diflannodd y Brenin yn ôl at ei bobol, tra oedd rhaid i ni aros am awr arall cyn wynebu'r cam nesaf. Roedd hi'n eithriadol o anodd penderfynu os oedd ganddon ni unrhyw obaith o ddal y ffleit o Auckland i Hong Kong – wedi'r cwbwl, roedd hi'n anodd gwybod pa blydi diwrnod oedd hi yma yn uffern baradwysaidd y Môr Tawel, heb sôn am faint o'r gloch fasa hi arnon ni'n glanio.

Gyda chymorth beiro a darn go fawr o bapur dyma ddarganfod ei bod hi bellach yn ganol pnawn Mercher – a na, doedd dim gobaith caneri y gellid ymuno â chriw Cathay Pacific cyn iddi nosi.

Yn ôl cynrychiolydd Polynesian Airlines yn Auckland, doedd dim amdani ond aros noson mewn gwesty yn Auckland, cyn ceisio dal yr un ffleit bedair awr ar hugain yn ddiweddarach. Wel, mae 'na gryn wahaniaeth rhwng pobol sy'n teithio o ran pleser a'r rheiny sy'n teithio o angenrhaid. Efallai'n wir fod y tri ohonom yn eithriadol o ffodus yn cael teithio'r byd, ond coeliwch neu beidio, teithio i weithio oeddan ni. Roedd ein hymateb ni i gynnig o noson arall ym mhendraw'r byd yn dra gwahanol, felly, i'r ymateb fyddai'r cynnig wedi'i gael gan y bacpacwyr bondigrybwyll rheiny sy'n bla ledled Awstralasia.

Mae hi'n hawdd i facpacwyr fod yn hyblyg eu natur a'u hamserlen, yn tydi? 'Be 'di'r brys' ydi *motto* answyddogol y mudiad anffurfiol, am wn i. Bonws annisgwyl fyddai cynnig o wely glân, cawod a phryd o fwyd am ddim i deithiwr ifanc – gan olygu mwy o bres ar gael am gwrw a dôp, siwr iawn. Nid fel yna roedd y triawd truenus yn ei gweld hi. Yn syml iawn, roeddan ni wedi blino'n arw, yn bennaf oherwydd ein bod ni (yn wahanol i'r bobol 'blwyddyn allan') wedi bod yn g'neud rhywbeth!

Ac o'r herwydd, 'tasan nhw hyd yn oed wedi cynnig wythnos yn yr Auckland Hilton, faswn i ddim wedi fy nhemtio o gwbwl – ro'n i jyst isio, ac angen, mynd *adra*.

Brenwêf!

Yn wahanol i'r byd sy'n troi un ffordd, mae awyrennau'n hedfan i bob cyfeiriad, ac fe welsom ar y bwrdd *'Departures'* mawr o'n blaenau fod sawl ffleit yn mynd am yr Unol Daleithiau y noson honno. Pam ddim hedfan reit rownd y byd, wedi cychwyn arni?

Er mawr gywilydd, dyma benderfynu ar ddefnyddio tacteg sydd, fel arfer, yn wrthun i mi, ond gan fod hwn yn argyfwng a ballu... Do, fe ddwedais wrth y gŵr oedd yn ceisio datrys ein problemau ni mai criw teledu pwysig iawn oeddan ni, a bod *raid* inni gyrraedd Prydain drannoeth er mwyn darlledu ein rhaglen deledu enwog. (Yn y bôn, cefais strop nid annhebyg i hwnnw fasa Stifyn

99

Parry a Siân Lloyd yn ei gael petaen nhw ddim yn cael eu gwahodd i barti BAFTA Cymru: rhyw fersiwn Gymreig o *'Don't you know who I am?'*, felly!)

Esboniodd y creadur fod pob ffleit i'r Stêts yn llawn oherwydd gwyliau'r Pasg, ond fe ddeudodd y basa fo'n gwneud ymholiadau, ac i ffwrdd â fo i ddechrau ffonio. Do'n i ddim yn ei goelio fo o gwbwl, gan amau mai mynd am banad fasa fo am ryw chwarter awr, cyn dod yn ei ôl a deud ei fod o wedi trio'i orau, ond ei bod hi'n amhosib newid pethau.

Ond na, chwarae teg i'r boi clenia yn Hemisffêr y De, fe ymddangosodd wedi tri chwarter awr (gyda phanad yn ei law, gyda llaw) gan ddeud bod 'na un posibilrwydd: roedd 'na le ar ffleit Air New Zealand i Los Angeles, cyn defnyddio American Airlines i Heathrow ac yna'r *shuttle* i Fanceinion. Yr unig broblem oedd fod y cymal cyntaf yn cychwyn mewn hanner awr, ac mi fasa'n syniad da inni fynd i'r ddesg berthnasol yn eithaf handi. Roedd y ferch ar fin cau'r ddesg pan welodd hi dri gwallgofddyn yn sgrialu tuag ati, ond – diolch byth – fe lwyddodd hi i sortio'n tocynnau a'n bagiau ni mewn chwinciad.

Be olygai hyn, wrth gwrs, oedd bod y tri ohonom a'n holl fagiau yn cychwyn ar daith fyddai'n mynd â ni'n ôl i gyfeiriad ynysoedd yr oeddan ni wedi treulio bron i ddeuddydd yn teithio oddi wrthynt! 'Nôl â ni, felly, dros yr hen ffrind mynwesol – y Ddyddlinell Ryngwladol – ac yn ôl â ni unwaith yn rhagor i ddydd Mawrth.

Nid taith syml fyddai hon chwaith, wrth i'r peilot ein hysbysu bod y daith i Los Angeles yn cynnwys dwyawr mewn lle o'r enw Nadi, prif faes awyr Fiji. O fewn pedair awr ar hugain roeddan ni wedi bod yn American Samoa,

Manu Samoa, Tonga, Manu Samoa eto, Tonga eto, Seland Newydd a Fiji!

Wedi glanio'n ddiogel yn LA, dyma benderfynu ffonio adra i ddeud ein bod ni wedi methu cadw at y cynllun gwreiddiol, ond ein bod ar y ffordd yn ôl ta beth. Ces sgwrs swreal iawn efo Nicola:

Nicola: 'Pryd fyddi di adra, 'ta?'

Fi: 'Pa ddiwrnod ydi hi, d'wad?'

Nicola: 'Be ti'n feddwl pa ddiwrnod ydi hi?'

Fi: 'Dwi'm yn cofio pa ddiwrnod ydi hi, na 'dw.'

Nicola: 'Wyt ti 'di bod yn yfad ar y plên?'

Fi: 'Sori, ma'r pres 'di mynd i gyd – wela i chdi rywbryd.'

Mi fasa hi wedi bod yn siom eithriadol petai'r daith ar draws yr Iwerydd wedi bod yn un ddi-nod. Tair sedd oedd yn weddill ar yr awyren a bu'n rhaid i'r tri ohonom eistedd ar wahân. Wn i ddim am y ddau Rhys, ond mi ges i sedd grêt. Roeddwn yn eistedd y drws nesaf i gawr o Americanwr oedd yn digwydd bod yn byw ym Mryste, ond a oedd wedi bod yn LA yn cael triniaeth arbenigol ar ei galon. Diddorol iawn, meddyliais, cyn iddo ychwanegu nad oedd y meddygon am iddo fo deithio ar hyn o bryd oherwydd y llawdriniaeth. Roedd o 'di diflasu'n llwyr yn yr ysbyty, medda' fo, ac isio mynd yn ôl adra. Felly roeddwn wedi fy ngwasgu mewn sedd rhy fach ar awyren orlawn gydag Americanwr siaradus ymhell dros ugain stôn oedd yn berchen ar galon giami – hyfryd, ynde?

Nid annisgwyl, felly, oedd treulio'r daith dros nos yn gwylio a gwrando ar y creadur yn tuchan, cyn ac ar ôl pob ymweliad rheolaidd â'r tŷ bach. (Fe dybiwn i ei fod o 'di tuchan yn helaeth yn fanno hefyd, ond diolch i'r drefn mi lwyddais i golli'r sioe honno.)

Mae'n siwr gen i ein bod ni union hanner ffordd ar draws Môr yr Iwerydd pan ddechreuodd fy nghymydog anadlu'n drymach ac yn drymach. Rhaid cyfaddef fy mod fymryn yn siomedig na farwodd yr Ianc tew – byddai hynny wedi rhoi diweddglo perffaith i daith hunllefus. Ond na, wna'th o ddim cicio'r bwcad wedi'r cwbwl. Yn hytrach, fe gafodd o dendars a sylw'r criw cyfan, heb sôn am lond tanc a hanner o ocsigen a chadair olwyn yn disgwyl amdano yn Heathrow.

Yn rhyfeddol, glaniodd *shuttle* British Midland ym Manceinion yn gynnar. Yn rhy gynnar, a deud y gwir. Yn ôl y capten roeddan ni wedi cyrraedd mor gynnar fel nad oedd 'na le parcio i ni, a bu raid inni aros am hanner awr am le gwag.

Ble mae'r teulu brenhinol pan 'dach chi eu hangen nhw, 'dwch?

Colled

Football's not a matter of life and death.
It's more important than that.

Coblyn o osodiad ysgubol ac athronyddol, a deud y gwir. Gosodiad sydd wedi cael ei or-ddefnyddio hyd syrffed gan y wasg wrth ymateb i drasiedi ar ôl trasiedi pêl-droedaidd. Rwtsh llwyr, wrth gwrs – ac roedd Bill Shankly'n gwybod hynny'n iawn pan ddeudodd o'r fath beth am y tro cyntaf, gydag andros o dafod Albanaidd, glofaol yn ei foch. Does 'na ddim byd mwy gwerthfawr na bywyd, ond bob hyn a hyn mae hynny'n mynd yn angof.

★ ★ ★

Bois bach, roedd ganddon ni syniadau a chynlluniau a breuddwydion a gobeithion. Wel na, dim 'gobeithion' a deud y gwir – tydi pobol hyderus ddim angen gobeithio, nag 'dyn? Roeddan ni jyst yn *gwybod* bod ffawd a Terry Yorath am arwain Cymru i rowndiau terfynol Cwpan y Byd. Dyna pam roedd Stephen Johnson a minnau wedi archebu tair mil o falŵns coch-gwyn-a-gwyrdd dathliadol ar ran ein ffansîn 'Twll Tin Pob...' yn arbennig ar gyfer y gêm, efo *DESTINATION USA 94* wedi'i brintio ar un ochor, ac ar yr ochor arall y geiriau proffwydol ac ysbrydoledig:

I have a dream that I too shall see the Promised Land.

Fethais i'r un gêm yn y rowndiau rhagbrofol, boed

hi'n gêm y tîm hŷn neu'n gêm y llanciau dan un ar hugain. Bwcarest, Larnaca, Limassol, Kortrijk, Brwsel, Frydek-Mystek, Ostrava, Toftir, Cwmbran, Glyn Ebwy a Chaerdydd – bu Draig Goch Pwllheli ym mhobman. Ond megis dechrau oedd yr antur, ynde?

Dim ond rhoi cweir i'r Rwmaniaid ac mi ddoi'r freuddwyd yn fyw a'r cynllun yn weithredol. Y bwriad oedd rhoi'r gorau i'm gwaith a'i heglu hi am y Stêts efo criw o ffrindiau. Pedwar Kerouac Cymreig, oedd am brynu fan ail law a theithio 'nôl a blaen ar draws y Wlad Fawr agored yn blasu presenoldeb Cymru fach ymysg y cewri. Wir i chi, petaen ni wedi cyrraedd y rowndiau terfynol bryd hynny mi faswn i wedi ymddeol o yrfa fel cefnogwr pêl-droed rhyngwladol yn syth bin! Yn sicir, mi faswn i wedi bod yn fwy bodlon fy myd.

Cofiwch, doeddwn i ddim am fod yn farus. Hyd heddiw yr unig beth dwi'n gofyn amdano ydi cael cyrraedd y rowndiau terfynol unwaith. Dim ond unwaith, cofiwch – 'sgen i ddim affliw o ddiddordeb mewn *ennill* y blincin peth.

Na, yr unig ddyhead oedd gweld Cymru'n cyrraedd y ffeinals, a chael bod yno i weld y gic gyntaf. Ar ôl gweld y tîm yn cerdded allan a bloeddio 'Hen Wlad fy Nhadau' (y fi, nid y nhw, wrth gwrs – mi fyddai gweld y *chwaraewyr* yn canu *yn* wyrth!), fasa ddiawl o bwys gen i petaen ni'n ildio hanner dwsin o goliau mewn hanner cyntaf gwarthus yn erbyn Saudi Arabia. Bod yno oedd yn bwysig.

Yr unig beth oedd angen ei 'neud oedd curo Rwmania...

★ ★ ★

Roedd gweld Cymru'n boddi'n ymyl y lan yn brofiad hen gyfarwydd. Bai Rudi Glockner, y dyfarnwr llwgwr o Ddwyrain yr Almaen, oedd hi pan faglon ni yn rownd gogynderfynol Pencampwriaethau Ewrop yn erbyn Iwgoslafia ar Barc Ninian gwyllt gacwn yn 1976. Flwyddyn yn ddiweddarach yn Anfield, twyll Caledonaidd ynghyd â dyfarnwr dall o Ffrancwr, Robert Wurtz, welodd (neu'n hytrach *na* welodd) Joe Jordan yn rhoi help llaw i'r Alban i gyrraedd rowndiau terfynol Cwpan y Byd yn yr Ariannin. Ffiws ciami llifoleuadau'r Vetch wedyn welodd dîm Mike England yn ildio pwyntiau allweddol yn erbyn Gwlad yr Iâ yn 1981.

Taith ofer mewn Mini gafodd Iolo a minnau o'r Brifysgol ym Manceinion i Gaerdydd ar nos Fercher damp yn 1983. Ddim hanner mor ofer â honno 'nôl i Withington, cofiwch. Roeddan ni o fewn cyrraedd Pencampwriaethau Ewrop fyddai'n cael eu cynnal yn Ffrainc – gwlad oedd o fewn cyrraedd sdiwdants tlawd a diog, hyd yn oed. Y gwrthwynebwyr unwaith yn rhagor oedd Iwgoslafia, ac roeddan ni trwodd (diolch i gôl Robbie James) cyn i un ohonyn nhw unioni'r sgôr gyda rhyw bedwar can eiliad yn weddill.

Ymhen dwy flynedd roedd Parc Ninian dan ei sang unwaith yn rhagor – gôl gynnar Mark Hughes, a Chymru o fewn naw munud i gyrraedd y ffeinals ym Mecsico. Pell a drud i fyfyriwr ond pryderon cwbl amherthnasol wrth i'r dyfarnwr wneud ffafr arall â'n cefndryd Celtaidd – wel dyna ichi jôc! – pan benderfynodd o fod Dave Phillips druan wedi llawio'n fwriadol. Yna cic o'r smotyn Davie Cooper, a'r Albanwyr oedd wedi bod yn bytheirio a bygwth yn troi'n bobol glenia'r blaned mwya' sydyn ac isio ysgwyd llaw, cofleidio a dymuno'n dda i ni. Disgynnodd Jock Stein, rheolwr Yr Alban, yn farw ar ochor y cae ar ddiwedd y gêm; teg fyddai deud hefyd fod calonnau'r Cymry wedi torri unwaith yn rhagor y noson honno.

Pobol fel'na ydi'r Albanwyr, o 'mhrofiad i, ta beth. Yn Anfield yn 1977, pan ddaeth tîm Mike Smith mor dorcalonnus o agos i gyrraedd y rowndiau terfynol, cafodd y Cymry prin hynny a fentrodd i wylio'n gêm gartref (ein gêm gartref *ni*, cofiwch) ar y Kop eu waldio'n rhacs gan Albanwyr gwyllt, tra 'mod i a Nhad yn ceisio cadw'n dawel yn eisteddle Kemlyn Road. Petai'r Alban heb ennill, mi fasa hi wedi bod yn beryg bywyd yn Liverpool 4 y noson honno. Gyda Nhad ar faglau ar ôl damwain gwaith, a finnau'n fabi mam deuddeg oed, roedd 'na elfen o ryddhad mai taro'r trawst wna'th ergyd acrobataidd John Toshack!

★ ★ ★

Hawdd fyddai llenwi traethawd hir am bob anffawd a gafodd pêl-droedwyr Cymru erioed, ond fasa 'na ddim lle i'r gêm honno a chwaraewyd ar nos Fercher, yr ail ar bymtheg o Dachwedd, 1993. Doedd 'na ddim posib beio neb arall am Cymru 1 Rwmania 2 – Cymru oedd ar fai. Ar ôl boddi'n ymyl y lan gynifer o weithiau, roedd hyn fel 'tasa ni wedi cael ein hachub o'r môr ac yna wedi tagu ar asgwrn sgodyn yn ystod pryd o fwyd i ddathlu'r ddihangfa. Ys dywed Ian Gwyn Hughes mewn colofn yn rhaglen y gêm:

> Mae mwy na lle yn yr Unol Daleithiau yn y fantol heno. Mae modd sefydlu'r gamp a sicrhau ei dyfodol am y ddeng mlynedd nesa.

Heb os nac oni bai, roedd swyddogion Undeb Rygbi Cymru'n byw mewn ofn bryd hynny. Roedd y tîm rygbi cenedlaethol yn shambyls a hanner, ac roedd Cymru gyfan wedi'i chyflyru i gredu y gallai'r tîm pêl-droed gyrraedd y rowndiau terfynol. Onid oedd pawb yn canu 'I Love you Baby' ym mhob cornel o Gymru wrth i'r ymgyrch a thrêl y BBC gydio yn nychymyg y cyhoedd? Roedd rygbi reit ar y dibyn, a synnwn i ddim nad oedd ochenaid o ryddhad i'w chlywed yn dod o grombil Parc yr Arfau ar ddiwedd y gêm.

Nid boddi ond Bodin oedd achos torcalon stadiwm orlawn o Gymry anghrediniol y noson honno. Petai Cymdeithas Bêl-droed Cymru'n creu oriel o anfarwolion ein cenedl, dwi'n amau a fyddai modfedd yn cael ei chlustnodi ar gyfer Paul Bodin. Y creadur bach. Sefyllfa gwbwl annheg, wrth gwrs, gan fod cymaint o bobol wedi anghofio euogrwydd sawl un arall. Doedd Mark Hughes ddim yn chwarae yn erbyn Rwmania – roedd o wedi ei wahardd ar ôl derbyn cerdyn melyn cwbwl ddiangen reit ar ddiwedd y gêm flaenorol yn erbyn Cyprus, gyda Chymru eisoes ar y blaen o ddwy gôl i ddim.

Beth am Neville Southall, 'ta? Gheorghe Hagi sgoriodd gôl gyntaf Rwmania – cic hosan o ddeg llath ar hugain fasa wedi bod o fewn cyrraedd *Mrs* Southall. Beth am Terry Yorath yn dewis Jeremy Goss yn hytrach na Gary Speed yng nghanol cae? Beth am? Beth am? Beth am? Beth oedd y sgôr derfynol? Buddugoliaeth i Rwmania a'r Cymry'n aros adra – unwaith eto.

★ ★ ★

'Farwodd Wil neithiwr, 'sdi', meddai Mam yn dawel.

Ar ôl dioddefaint dewr a distaw, roedd fy mrawd yng

nghyfraith yn galaru wedi colli'i Dad. Dyna i chi roi digwyddiad yn ei gyd-destun, ynde? Dyna i chi brociad go iawn ynglŷn â blaenoriaethau.

Mae hi'n swnio'n od deud hyn, ond roedd rhan ohona i'n falch fod Cymru wedi colli y noson honno. Mi fasa hi wedi bod yn llawer gwaeth clywed y newyddion drwg yng nghanol gorfoledd gwallgof Caerdydd.

O fewn eiliadau i glywed am farwolaeth Wil, ergyd hegar arall i bwll fy stumog wrth i leisiau ddechrau sôn am foi 'di cael ei ladd yn y cae ar ddiwedd y gêm.

Mae hi wastad yn anodd cael pen na chynffon ar straeon o'r math yma yng nghanol sïon ac ensyniadau torf enfawr. Ond tra oedd y straeon yn swnio'n gwbwl hurt, yn fwy hurt fyth mi oeddan nhw'n wir. Cyn hir, cafwyd cadarnhad fod John Hill, pensiynwr o Ferthyr, wedi cael ei ladd gan roced a daniwyd ac a anelwyd yn esgeulus ar draws y stadiwm, reit ar ddiwedd y gêm. Nid John Hill oedd y targed – doedd 'na ddim targed bwriadol, siwr iawn. Ond y fo gafodd ei daro a'i ladd, gan adael ei fab (a brynodd eu tocynnau) yn gorfod ymgodymu – fel fy mrawd yng nghyfraith – â cholli tad, tra oedd pawb arall yn poeni am golli gêm.

Nyth y Condor

Sut fath o wlad fasa'n cynnal llynges er nad oes ganddi
fodfedd o arfordir yn perthyn iddi? Gwlad boncyrs?
Gwlad hurt bost? Gwlad braidd yn drist? Gwlad fel...
Bolifia.

★ ★ ★

Er gwaetha'r cannoedd o *micros* a *trufis* – bysus bach rhad
sy'n llwyddo, rywsut, i lusgo'u hunain a'u teithwyr yn
forgrugaidd i fyny ac i lawr llethrau serth y ddinas –
doedd 'na ddim prinder tacsis yn La Paz. A deud y gwir,
roedd hi'n werth mynd yno ddim ond i gael teithio
mewn tacsi: brêcs ciami, teiars cwbwl foel, y bŵt ddim
yn cau'n iawn a'r bonet yn gwrthod agor.

Heb anghofio'r gyrwyr gwallgof, sy rioed wedi eistedd
heb sôn am basio prawf gyrru. Yr unig beth sy wastad yn
gweithio mewn tacsis fel y rhain yw'r weiarles – ran
amlaf yn chwarae tapiau bwtleg aflafar o hoff gerddor-
iaeth serch y gyrrwr, ond weithiau'n darlledu rhaglenni
gwleidyddol tanbaid, byrlymus ac annealladwy –
dychmygwch rywun wedi rhoi amffetaminau yng
nghoffi Dewi Llwyd!

Neu'r anthem genedlaethol, wrth gwrs. Pan gaiff yr
epig orymdeithiol hirfaith hon ei chwarae ar y radio,
bydd pob tacsi'n stopio yn ei unfan a'r gyrwyr yn camu
allan i sefyll yng nghanol y ffordd, er mwyn bloeddio
geiriau'r anthem gyda braich falch ar eu brest. Anodd

dychmygu Red Dragon Radio yn chwarae 'Hen Wlad fy Nhadau' a phawb yng nghanol Caerdydd yn sefyll yn stond i ganu'r anthem. Dyna be sy'n digwydd yn gyson yn La Paz.

Da o beth, a deud y gwir, oedd moelni pob teiar – rywsut neu'i gilydd, 'dach chi'n gwybod lle 'dach chi'n sefyll pan mae *pob* teiar yn foel, 'tydach?! Ond nid da o beth ydi diffyg brêcs affwysol mewn dinas lle mae pawb a phopeth ar y ffordd i fyny neu i lawr rhyw allt fertigol. Ac yn sicir nid da o beth ydi system drwyddedu'r gyrwyr tacsis yno.

Rhaid pasio prawf ymarferol ac ysgrifenedig cyn cael trwydded yrru a chael gweithio fel gyrrwr tacsi yn La Paz. Roedd yr elfen ysgrifenedig yn creu problem fach i ddarpar yrwyr tacsis anllythrennog y ddinas – anllythrennog, efallai, ond hynod ddyfeisgar. Roedd y werin datws wedi darganfod ffordd syml i oresgyn y broblem profion 'ma. Roedd cildwrn ym mhoced gwas sifil barus yn cadw bron bawb yn hapus – trwydded a bywoliaeth i'r gyrwyr tacsis, trôns glân i'w cwsmeriaid druan.

Sy'n esbonio pam mae *dashboard* pob tacsi yn La Paz fel allor, yn llawn geriach crefyddol – delwau o'r Forwyn Fair, Crist ar y Groes, ac (yn ddi-feth) Sant Cristoffer, nawddsant y teithiwr. Wedyn y niferus nawddseint eraill – nawddsant y ddinas, nawddsant y wlad, nawddsant hoff glwb pêl-droed y gyrrwr... Ac roedd gofyn bod 'na ddigon o le ar ôl wedyn i'r gleiniau paderau a'r lluniau teuluol.

Cofiwch, mwya'n byd o geriach crefyddol welwch chi ar y *dashboard*, perycla'n byd ydi'r daith. Ydach chi'n cofio hysbyseb *Ready Brek* ers talwm, efo'r plentyn yn mynd i'r ysgol â haenen ddychmygol o gynhesrwydd yn ei amgylchynu'n ddiogel? Wel, yn yr un modd, mae gyrwyr tacsi La Paz yn credu nad oes modd iddyn nhwytha gael unrhyw niwed hefo'r fath gwmni Duwiol yn y car.

Ond tydi presenoldeb Duw, hyd yn oed, fawr o gysur pan fo'ch tacsi chi'n rhuthro tuag at ddarn mwyaf troellog a phrysur y ffordd. Bonws annisgwyl oedd y dibyn serth ar un ochor i'r lôn – ein hochor ni! Gwregys diogelwch? *Pa* wregys diogelwch? Ac yn gwbwl naturiol, am wn i, wrth i'r gyrrwr ddechrau troi'r olwyn dyma benderfynu'i bod hi'n amsar am weddi. A fonta'n croesi'i hun, ro'n inna'n croesi 'mysadd a 'nghoesa fel cythral. Mae yna elfen o *double-whammy* weithiau wrth i chi ddod wyneb yn wyneb â thacsi arall yn carlamu tuag atoch chi, a'r gyrrwr hwnnw yn gwneud yn union yr un peth!

'*Buenos dias.* 'Dach chi'n gwrando ar Radio Ga-Ga...'

Croeso i wallgofrwydd La Paz, y ddinas â'i phen yn y cymylau.

★ ★ ★

Mae 'na lefydd gwell i fyw ynddyn nhw ar y blaned hon, siwr iawn, ond anodd credu bod 'na unrhyw le mwy trawiadol. Taith ddigon di-nod yw honno sy'n mynd â chi o'r maes awyr trwy strydoedd difreintiedig El Alto. Hynny yw, tan i'r racsyn o dacsi melyn gyrraedd troead go hegar yn y ffordd. Â'r gyrrwr yn dechrau croesi'i hun, mwya' sydyn ryw bum can medr islaw inni dacw olygfa gwbwl gyfareddol.

Gydag Illimani (cawr o fynydd bron ugain mil o droedfeddi) yn cadw llygad ar wallgofrwydd y ddinas a'i dinasyddion, mae La Paz yn llwyr lenwi crochan o geunant enfawr. Mae'r trigolion wedi'u harllwys i bob twll a chornel, gan ddechrau yn y canol cyn ymestyn yn gwbwl anarchaidd i bob cyfeiriad. Mae hi'n wyrthiol eu bod nhw wedi llwyddo i godi tai ar rai o lethrau serth y ceunant, ond mae hi'n fwy gwyrthiol o beth coblyn bod y tai yn dal i sefyll. Ond beth fydd eu hanes pan ddaw glaw mawr yr haf?

Ffaith fach ddifyr i chi. Nid La Paz yw prifddinas Bolifia. Ia, La Paz yw *prif* ddinas y wlad, ac ia, La Paz yw'r ddinas fwyaf poblog (yn ogystal â bod yn brif ganolfan masnachol, ariannol a diwydiannol), ond Sucre yw prifddinas swyddogol a chyfreithiol Bolifia. Er, fasach chi ddim yn dadlau ynglŷn â pheth felly yn La Paz, wrth gwrs.

★ ★ ★

Pam La Paz, 'ta? Wel, â ninnau eisoes wedi gwylio gêm ym mhentref mwyaf gogleddol y byd ar ynysoedd Svalbard, dyma benderfynu mai difyr fyddai gweld gêm yn yr uchelfannau. Does unman uwch yn y byd sy'n cynnal pêl-droed rhyngwladol na 'Nyth y Condor' yn La Paz.

Ond tydi Bolifia ddim yn lle hawdd i'w gyrraedd, diolch i gyfuniad dieflig o brinder cwmnïau awyrennau sydd isio hedfan yno, a phrinder arian gan bobol Bolifia i hedfan oddi yno. O'r herwydd, bu'n rhaid inni ddilyn llwybr Traws Cambriaidd rhwng Caernarfon a La Paz: hedfan o Fanceinion i Chicago, teirawr ym maes awyr O'Hare, hedfan ymlaen i Miami, pedair awr o aros yn fanno, wedyn tair mil o filltiroedd pellach dros nos cyn glanio yn Bolifia ben bora.

Fi a Roberto Rivellino – fo 'di'r un ar y chwith! – Brasil 2001.

Rhys Williams (yn sefyll), Rhys Owen a fi – yn barod am gêm ar faes enwog Santos ym Mrasil.

Rhys Owen a fi ym maes awyr Tongatapu (ella!) – Tonga 2001.

Yr hogia yn cyrraedd Durres (Caergybi Albaniaidd). O'r chwith: Biffo, Rhys, Griggy, Gwil a Jerry.

*Rhys Boore a fi efo dyn diarth iawn
ar deithiau pêl-droed Cymru, yng
ngwesty'r chwaraewyr yn Tirana,
Albania – Tachwedd 1995.*

*Dau arall annisgwyl mewn gêm
bêl-droed ryngwladol: Siôn Corn
a Norman Wisdom.*

*Ho! Ho! Ho! Santa'n swyno
sdiwdants Shqiperia.*

Plant amddifad direidus Bwcarest, Mai 1992.

'Heno, Matthew... fi yw Stevie Wonder'.
Clwb nos swreal ym Mwcarest.

Cabaret yn Rwmania, 1992. Cyfareddwyd cefnogwyr Cymru!

Wele gefnogwyr mwyaf diogel Ewrop yn stadiwm Rapid Bwcarest.

Croeso cynnes gan heddlu Gwlad Belg yn y Grand Place,
Brwsel – Mawrth 1991.

Mwy o letygarwch enwog Brwsel.

Shania, Sharon, Agatha, Delilah, Endyara (hogan go iaẁn), Raimundo, Nathalie, Gabriela a Pamela – Rio de Janeiro, Medi 2001.

Y Maracana yn Rio de Janeiro.
Stadiwm mawr crwn enwoca'r byd mawr crwn.

Gwylio Flamengo yn erbyn America M.G. yn y Maracana.

*'Run sedd wag yn yr El Monumental yn Buenos Aires ar bnawn
y Superclassico rhwng River Plate a Boca Juniors.*

*'Argyfwng ariannol? Pa argyfwng?
Ma' 'nhîm i newydd sgorio!'*

*Arwel o'r Ffôr a finna'n cyflwyno siec at gronfa Hillsborough
i Bob Paisley yn Anfield.*

*Llun a llyn. Nid Llyn Titicaca mo hwn, cofiwch, ond ei frawd bach,
Llyn Huynaymarkas – Bolifia 2000.*

*Enzo'r ddraig yn barod am
ddyletswydd ryngwladol.*

*Enzo (a Huw Chick) yn ceisio anghofio
hunllef Moldofa, Hydref 1994.*

*Moldofa 3 Cymru 2.
Cyfle prin i wenu i Foldofiaid ifanc.*

Rhys Owen tu allan i stadiwm Borac yn Banja Luka, cyn y gêm fawr yn erbyn eu brodyr Serbaidd yn nhîm cenedlaethol Iwgoslafia, Hydref 2001.

Llun a llofnod Sun Wen – ffan mawr o Jackie Chan – 2001.

Yr agosaf ddaeth Cymro at Gwpan y Byd ers blynyddoedd, Zurich 2002.

Rhys Owen, Rhys Williams, Endyara (y cyfieithydd) a finnau, o flaen y Corcovado yn Rio de Janiero.

Prif fynach a chapten tîm pêl-droed teml Buddhist Yakchunsa ar ynys Jeju yn Ne Corea, 2002.

Diweddglo taith anhygoel 'Mae'r Byd yn Grwn' yn Kamakura yn Siapan.

Estadio Centenario ym Montevideo, Iwragwai.
Lleoliad ffeinal Cwpan y Byd cynta 'rioed yn 1930.

Dydd Gŵyl Dewi yn Stadiwm Ryngwladol Seoul yn Ne Corea
– lleoliad gêm agoriadol Cwpan y Byd 2002.

*Carfan American Samoa'n ymlacio yn Awstralia, ddiwrnod
cyn camu i'r llyfrau hanes, Ebrill 2001.*

*Rhys Owen a Nicky Salapu,
golwr arwrol tîm American
Samoa yn 2001. Y tîm gwaethaf
ar wyneb daear!*

*Tony Langkilde o American Samoa a
Dave Smith o Sunderland yn siarad
iaith ryngwladol pêl-droed,
Coffs Harbour 2001.*

Anodd dewis timau yn iard Ysgol San Steffan yn Mohale's Hoek yn Lesotho, Chwefror 2001.

Roeddan ni dri munud a hannar yn hwyr yn glanio ym maes awyr La Paz, gyda llaw. Ella wir bod hynna'n swnio'n or-bedantig ond nhw ddechreuodd hi! Roedd cin tocynnau'n datgan y bydden ni'n glanio am 06:49. Nid chwarter i saith. Nid saith. Nid deng munud i, hyd yn oed. Naci siwr, 06:49. A hynny ar ôl teithio wyth mil o filltiroedd!

★ ★ ★

Er bod enw'r gwesty'n codi pryderon mai rhyw gartref preswyl i hen Natsïaid oedd Hotel Oberland – Walter Schmidt oedd enw'r perchennog, gyda llaw – roedd cyfuniad o bris rhesymol a lleoliad y gwesty yn y Zona Sur, rhan isaf y ddinas, yn ddigon i 'mherswadio i mai fama fyddai'n cartref ni am wythnos yn La Paz. Fel ôl-nodyn i'r cadarnhad, holais Walter os oedd o'n nabod unrhyw un oedd yn gallu siarad Saesneg, oedd yn ffan ffwtbol, ac a fyddai'n fodlon ein helpu ni i drefnu cyfweliadau a ballu. Yn rhyfeddol, roedd rheolwr y gwesty, Ronald, wedi priodi Saesnes ac roedd ganddi hi frawd...

Mab i Esgob Anglicanaidd yn Ne America oedd Tim Venables. Roedd o wedi'i fagu a'i addysgu yn Paragwai, ond wedi treulio rhan helaeth o'i fywyd gyda'i deulu yn Bolifia. Roedd ei rieni wedi symud i esgobaeth yn Buenos Aires ond roedd Tim wedi penderfynu aros yn La Paz. Roedd o'n nabod y ddinas, roedd o'n rhugl ei Sbaeneg, ac yn well fyth roedd o wedi mopio'n llwyr gydag ystadegau pêl-droed. Roedd o hyd yn oed yn perthyn o bell i Terry Venables! Perffaith.

Doedd 'na ddim amheuaeth o gwbwl prun oedd Tim, wrth i ni gyrraedd cyntedd y maes awyr ar y bora cyntaf hwnnw. Teg fyddai deud bod Tim yn wahanol i'r rhan fwyaf o drigolion La Paz. Stwcyn tywyll ydi Bolifiad yr ucheldiroedd. Llipryn gwelw pengoch oedd Tim.

★ ★ ★

Yn Rhagfyr 1995 stopiodd holl geir, tacsis, bysus, siopau a phobloedd La Paz yn stond am bum munud. Nid i ganu'r anthem genedlaethol, ond yn hytrach i brotestio yn erbyn awgrymiad pwyllgor meddygol FIFA y dylid gwahardd gemau rhyngwladol ar uchder o fwy na thair mil o fedrau. A chan mai La Paz – 3600 medr uwchlaw'r môr – yw'r unig ddinas sy'n cynnal gemau o'r fath ar y fath uchder, hawdd gweld pam fod y Bolifiaid yn credu bod pawb yn pigo arnyn nhw.

Cofiwch, mae ystadegau'n awgrymu bod gan Bolifia fymryn o fantais wrth chwarae mewn lle a alwyd gan Rhys Owen yn anialdir ocsigenaidd. Dim ond unwaith rioed yr enillodd Bolifia'r *Copa America*. A ble cynhaliwyd y gemau 'nôl yn 1963, 'dwch?

Pan lwyddon nhw i gyrraedd rowndiau terfynol Cwpan y Byd yn 1994 roedd yr ystadegau'n ddadlennol iawn. Dim ond un fuddugoliaeth gafwyd oddi cartref, a hynny yn erbyn y wlad wannaf un, Feneswela – ond gartref, chwarae pedair ac ennill pedair oedd record ryfeddol Bolifia. Tipyn o gamp i wlad sy rioed wedi bod yn 'enw' ym myd pêl-droed rhyngwladol.

Ond roedd un o ganlyniadau'r grŵp rhagbrofol yn sefyll allan bron cymaint â basa Cymro Cymraeg yng Nghei Conna! Yn 1993, meiddiodd Bolifia fach guro cewri Brasil o ddwy gôl i ddim yn La Paz – y tro cyntaf erioed i Frasil golli gêm ragbrofol yn holl hanes Cwpan y Byd.Yn naturiol, doedd y canlyniad ddim wrth fodd y

Brasiliaid, nac ychwaith wrth fodd yr awdurdodau pêl-droed. Mae presenoldeb Brasil yn y rowndiau terfynol wastad wedi bod yn hanfodol am resymau amgenach na phêl-droed. $$$$$$$$... Roedd Bolifia fach bowld wedi bygwth hyn, ac roedd angen bwch dihangol – prinder aer La Paz.

Dadl sylfaenol y Bolifiaid oedd fod ganddyn nhw hawl i gynnal eu gemau ble bynnag y dymunen nhw yn eu gwlad eu hunain. Yn iseldir Santa Cruz neu yn uchelfannau Oruro, neu rywle yn y canol fel Cochabamba – Bolifia, a Bolifia'n unig, fyddai'n cael y dewis. Cynllwyn dieflig yn erbyn sofraniaeth eu gwlad oedd hyn yn nhyb y Bolifiaid. Ac os edrychwch chi'n fanwl ar hanes y wlad, 'dach chi'n dallt pam mae sofraniaeth mor affwysol bwysig i bobol Bolifia dir-gloëdig.

* * *

Oherwydd anlwc, anffawd a thwpdra eithriadol, mae Bolifia wedi haneru mewn maint ers i Simon Bolivar ennill annibyniaeth o ormes Sbaen yn 1825. Roedd gan Bolifia arfordir go iawn, porthladd Antofagasta a chyfoeth mwynol anialwch Atacama yn ei meddiant ers talwm – hynny yw, tan iddi golli Rhyfel y Môr Tawel yn erbyn Chile yn 1884.

Ers hynny, mae rwber ac olew wedi gweld Brasil i'r Gogledd a Pharagwai i'r De Ddwyrain yn bachu tir a chyfoeth, tra mae Periw a'r Ariannin hefyd wedi ymuno yn yr hwyl cymdogol gan gipio tir newydd ar draul Bolifia druan. Ond nid bai'r cymdogion ydi hyn i gyd, cofiwch.

Mewn gwlad sydd wedi cael bron i ddau gant o

lywodraethau mewn ychydig dros 175 o flynyddoedd, anodd credu bod 'na 'run wedi bod yn waeth nag un y Cadfridog Mariano Melgarejo. Bron fel cymeriad mewn fersiwn De Americanaidd o *Blackadder*, cafodd y Cadfridog chwe mlynedd o hwyl a sbort. Hwyl a sbort iddo fo, ond niwed difrifol i'w wlad.

Gwastraffodd gyfoeth ei wlad ar ddiod a merched. Un tro, fe werthodd dalp sylweddol o dir yn y Mato Grosso i Frasil. A'r pris? Un ceffyl! Ond ei gampwaith, heb os, oedd diarddel llysgennad Prydain o Bolifia a'i yrru fo o'no yn noethlymun ar gefn mul, ar ôl i hwnnw (yn nhyb y Cadfridog) fethu yfed digon! Doedd y Frenhines Fictoria ddim yn bles o gwbwl, a phenderfynodd beidio cydnabod bodolaeth Bolifia. Cofiwch chi, petai Melgarejo wedi parhau'n Arlywydd am flwyddyn arall, efallai y byddai'r wlad wedi diflannu'n naturiol beth bynnag!

I ddod yn ôl at y creisis pêl-droediol ar ddiwedd yr ugeinfed ganrif. Ar ôl blynyddoedd o 'golli allan', roedd y Bolifiaid wedi penderfynu dangos i'r byd eu bod wedi cael digon. Diolch i boblogrwydd eu hymgyrch, enillwyd y frwydr i gadw La Paz yn gartref i bêl-droed y wlad, pan ddaeth cyhoeddiad ffafriol gan FIFA yn Zurich yn 1996.

Ond parhau mae grwgnach gwledydd eraill De America, sy'n dal i fynnu bod Bolifia'n cael mantais annheg wrth gynnal eu gemau cartref yn yr Estadio Hernando Siles, neu'r *El Nido del Condor* – Nyth y Condor.

★ ★ ★

O fewn eiliadau i mi gwrdd â Tim a chanfod tacsi, roeddwn i'n teimlo'n chwil ac yn sâl, a 'nghalon i'n curo'n wallgof. Mam bach, roedd hi'n ddigon anodd cerdded yn La Paz heb sôn am redeg am awr a hanner! Croeso i La Paz? Croeso i *sorojche*, y salwch uchder.

Ro'n i wedi amau y gallai fod yn galed arnom wrth ddarllen am effaith yr uchder cyn cychwyn. Rhaid i awyrennau gael math arbennig o deiars i fedru glanio'n ddiogel yn y maes awyr. Pan laniodd awyren jet am y tro cyntaf ym maes awyr El Alto, cwympodd pob un o'r masgiau ocsigen allan gan fod pwysau'r aer y tu allan yn deneuach na'r aer yn yr awyren! (Dylid cofio bod maes awyr El Alto bron ddwy fil o droedfeddi yn uwch eto na La Paz.)

Ro'n i'n teimlo rywfaint yn well wrth i'r tacsi ddilyn y ffordd droellog drwy La Paz am y gwesty yn y Zona Sur, sydd dipyn go lew yn is na'r maes awyr, a'r tymheredd yno ar gyfartaledd 5°C yn uwch. Ond hyd yn oed yn fan'no, roedd cerdded i fyny hanner dwsin o risiau i gyrraedd yr ystafelloedd yn gwneud i rywun deimlo'n benysgafn. Mi gymrodd hi ddeuddydd go lew cyn imi ddechrau teimlo'n iawn, ond roedd ymweliad byr ag El Alto wastad yn ddigon i'ch gyrru'n benwan go iawn unwaith yn rhagor.

★ ★ ★

Mae La Paz â'i wyneb i waered, rywsut. Yn draddodiadol, mae pobol gyfoethog yn tueddu i fyw yn uwch i fyny na'r tlodion – dyna pam 'dach chi wastad yn gweld tai crand ar lethrau mynyddoedd. Ond nid felly mae hi yn La Paz. Yma, 'isa'n byd, gora'n byd' ydi *motto*'r dethol rai. Yn syml iawn, mae 'na fwy o ocsigen tua gwaelodion y ddinas na thua'r maes awyr.

Nid yn annisgwyl, felly, tref i'r tlodion yw El Alto.

Tref sydd wedi tyfu mewn dim o amser i fod yn gartref cythryblus o brysur i dros filiwn o dlodion sydd wedi diboblogi *altiplano* Bolifia i chwilio am arian, gwaith a gobaith yn La Paz. Mi welwch chi nhw'n cerdded i lawr o El Alto yn blygeiniol ar hyd llwybrau cul wedi'u naddu i ochor y mynydd, er mwyn gwerthu ffrwythau, llysiau, sigarets ac unrhyw beth arall all ddenu ychydig o *bolivianos* ar ochor strydoedd La Paz, cyn llusgo'u hunain a'u heiddo pitw yn ôl i'w cartrefi cyntefig yn y 'shanti' fin nos.

Yr unig ffordd arall i wneud bywoliaeth yn Bolifia ydi gweithio i'r diwydiant cyffuriau. Maen nhw'n amcan-gyfrif bod bron i hanner poblogaeth Bolifia rywsut neu'i gilydd yn gysylltiedig â'r farchnad cocaine. Difyr oedd clywed Tim yn trafod y pwnc mor agored, gan ddatgan nad oedd o'n ystyried y rheiny oedd yn 'allforio' y cyffur dramor fel pobol ddrwg. Mater o angenrhaid ac nid moesoldeb ydi o, meddai mab yr esgob – gan ychwanegu mai dyna oedd barn y mwyafrif llethol.

Wrth gwrs, sôn am y tlodion yn peryglu eu bywydau yn cario cyffuriau mewn condoms yn eu cyrff oedd Tim. Efallai fod realiti economaidd yn gorfodi'r rhain i dorri'r gyfraith, ond roedd 'na garfan fechan o Bolifiaid yn byw bywyd bras ar draul y mulod truenus a despret. Fan hyn a fan draw ar hyd y ddinas roedd gwestai moethus a nendyrau sgleiniog gwag yn cael eu hadeiladu, mewn ymdrech gwbwl amlwg i ailgylchu arian anghyfreithlon.

★ ★ ★

Doedd Bolifia ddim yn edrych yn wlad Sbaenaidd iawn. Brodorion Indiaidd yr Aymara neu'r Quechua ydi dros hanner y boblogaeth. Maen nhw'n bobol sydd â balchder mawr yn eu diwylliant a'u traddodiad – Quechuan neu Aymaran ydi iaith gyntaf mwyafrif y boblogaeth.

Mae gwisgoedd merched Aymara yn werth eu gweld – sawl haenen o sgert, siwmper, siôl a ffedog, heb anghofio'r hetiau crwn caled ar eu pennau, wrth gwrs. Ond rhaid deud nad ydyn nhw'n or-hoff o griwiau teledu. Golyga cyfuniad o swildod naturiol a chwerwder ynglŷn â'u sefyllfa mai un ai syllu'n syn, rhegi arnoch neu (yn amlach na pheidio) cuddio'u hwynebau wnaiff nifer o ferched trawiadol El Alto.

Gyda llaw, yn ôl Tim pan oedd o'n cael saib o drafod canlyniadau trydedd adran Ecwador, os byddai merch Aymara yn gwisgo'r het yn syth ar ei phen, roedd hi wedi priodi. Os byddai'r het gron galed wedi'i gosod yn gam, roedd hi'n sengl o hyd.

Mae'n rhaid bod y Bolifiaid yn bobol bengaled – pam arall fasa cymaint o'r boblogaeth yn dewis byw mewn lle mor anghysbell a diffrwyth â'r *altiplano*? Ble arall fasach chi'n gweld pwtyn bach o ddyn yn brasgamu i fyny heol eithriadol o serth yng ngwres canol dydd, ddeuddeng mil o droedfeddi uwchlaw lefel y môr, efo homar o rewgell ar ei gefn? Od. Od iawn. Ond lle fel'na ydi Bolifia!

★ ★ ★

Roedd Tim wedi'n rhybuddio cyn cychwyn nad oedd fawr o bwynt gwneud gormod o drefniadau ymlaen llaw, gan nad ydi bod yn drefnus yn un o nodweddion y Bolifiaid. Maen nhw'n deud os byddwch chi awr yn hwyr yn cyrraedd rhyw gyfarfod yn Bolifia, eich bod chi hannar awr yn gynnar. O leiaf!

Roeddan ni ddwyawr yn gynnar i'n cyfarfod efo

119

perchennog y cwmni teledu lleol. Toto Arevalo oedd Terry Venables Bolifia, dybiwn i – dyn bach prysur oedd yn aur o'i gorun i'w sodlau Ciwbaidd. Mae *moguls* teledu Bolifia yn dipyn o giamstars, a deud y gwir. Mi fasa rhai yn mynnu mai lladron ydyn nhw, ond mae cyfraith a threfn yn bethau amwys iawn mewn gwlad mor anarchaidd. Be maen nhw'n ei neud ydi 'benthyg' lluniau sianelau eraill. Does neb yn cwyno, cofiwch, gan fod pawb yn euog. Roedd 'na un orsaf yn dangos fideos pop gyda logo MTV arnyn nhw. Pêl-droed ESPN oedd ar un arall. Esboniodd Tim ei bod hi'n hen arferiad i gwmnïau dapio cynnyrch sianelau eraill a'u darlledu nhw'n rhad ac am ddim ar eu gorsafoedd nhw.

Ond, lleidr neu beidio, roedd Toto Arevalo yn dipyn o arwr yn Bolifia gan iddo chwarae rhan mor flaengar yn y frwydr lwyddiannus i ddiogelu pêl-droed rhyngwladol yn Nyth y Condor. Roedd o'n un o'r rheiny a deithiodd i Zurich yn 1996 i lobïo FIFA yn erbyn y cynnig i ddiarddel La Paz fel cartref pêl-droed y Bolifiaid.

Doedd 'na ddim modd tawelu Toto wrth iddo amddiffyn ei wlad yn fyrlymus. Roedd La Paz wastad wedi cynnal gemau, a doedd y ddinas ddim wedi symud modfedd i fyny nac i lawr, meddai. Mynnodd mai pwdu am eu bod nhw 'di colli wnaeth Brasil. Eglurodd fod yr uchder yn effeithio ar garfan Bolifia hefyd, gan fod tri chwarter o'r garfan genedlaethol yn hannu o ddinasoedd fel Santa Cruz ar y tir isel. Nid mater o amddiffyn unrhyw chwaraewr, clwb na chae pêl-droed oedd hyn i Toto, ond amddiffyn ei wlad. Mewn gwlad mor galed, tlawd a rhwygedig, y pwnc llosg hwn oedd un o'r ychydig bethau i uno'r Bolifiaid mewn cynnwrf cenedlatholgar.

★ ★ ★

Tra oedd gobeithion Bolifia o gyrraedd rowndiau terfynol Cwpan y Byd mor denau â'r aer o'n cwmpas, wedi perfformiadau echrydus oddi cartref roedd gan Iwragwai gyfle i fachu lle yng Nghorea a Siapan. Ond, ac roedd o'n andros o 'ond' mawr, roedd angen gêm gyfartal o leiaf yn erbyn y Bolifiaid os am gadw'u breuddwyd yn fyw.

Haws dweud na gwneud! Wedi'r cwbwl, roedd dros ddeugain mlynedd ers iddynt osgoi cweir yn La Paz. Fel arfer, roeddan nhw'n gadael yn brin iawn eu hanadl ac yn brinnach fyth eu pwyntiau.

Un o ddynion caletaf y byd pêl-droed oedd yn hyfforddi Iwragwai – Daniel Passarella. Fo oedd capten Yr Ariannin pan gipion nhw Gwpan y Byd ar eu tomen eu hunain dan storm o *ticker-tape* a beirniadaeth wleidyddol yn 1978. Roedd o'n enwog am fod yn gapten enillwyr Cwpan y Byd, wrth gwrs, ond roedd o'n enwocach fyth am fod yn hen gythraul go iawn.

Nid dyn hawddgar mono fo. Tra'n hyfforddwr tîm Yr Ariannin mynnodd fod y chwaraewyr yn torri'u gwalltiau'n fyr a chael gwared o'u clustdlysau. Merched a phansans oedd efo gwalltiau hir a thyllau yn eu clustiau, yn nhyb y Daniel didrugaredd hwn. Dyn oedd wrth fodd cadfridogion y *junta* a theip y *Daily Mail*, reit siwr.

O leiaf roedd ei edrychiad o'n siwtio'i bersonoliaeth bigog. Doedd o ddim yn ddyn mawr o ran taldra, cofiwch. I feddwl ei fod o wedi bod yn amddiffynnwr rhyngwladol, roedd hi'n syndod gweld pa mor fyr oedd o, ond roedd y gweddill ohono yn ddigon i godi ofn ar unrhyw un. Wyneb creithiog oedd wedi treulio gormod o amser yn yr haul, a llygaid di-liw, di-emosiwn yn llechu dan gap pêl-fas. A bois bach, ffit fel ci bwtshar. Ci bwtshar blin.

Fawr o syndod, felly, bod Tim yn laddar o chwys wrth gamu i ffau'r llewod i geisio cael cyfweliad gyda Daniel Passarella. Wn i'm be fasa fo wedi feddwl o'r *gringos* yn sefyll yn y cefndir (y nesaf yn erbyn ei wal ddychmygol ar ôl y pwffs a'r hipis, dybiwn i) – a doedd o ddim i'w weld y math o berson fasa'n ddigon amyneddgar i adael inni gael Rhys yn gofyn yn Saesneg i Tim ofyn yn Sbaeneg i Daniel ateb yn Sbaeneg i Tim gyfieithu i'r Saesneg i Rhys, os oedd o'n hapus chwarae yn La Paz ai peidio.

Braf oedd gweld mymryn o liw yn dychwelyd i fochau Tim wrth i hyfforddwr Iwragwai ateb yn gwrtais heb roi cweir iddo. Byrdwn neges Passarella oedd fod pawb yn gwybod nad oedd o'n hoffi chwarae pêl-droed yn La Paz. Doedd o ddim wedi gallu ymdopi gyda'r hinsawdd fel chwaraewr a – syrpreis syrpreis – doedd o ddim am newid ei feddwl rwan.

Be oedd yn ddiddorol oedd dysgu bod Iwragwai wedi paratoi mor drylwyr ar gyfer y gêm. Roedd y garfan wedi dod at ei gilydd dair wythnos ynghynt, gan dreulio tridiau yn ninas Cochabamba (7500 troedfedd) cyn symud i fyny i La Paz ei hun ddeunaw diwrnod cyn y gêm.

Roedd hyn wedi creu problem gan fod eu chwaraewyr gorau nhw wedi'u lleoli yn Ewrop. Fel y gŵyr Cymru'n iawn efo Ryan Giggs a Robbie Savage, mae hi'n ddigon anodd cael clybiau i ryddhau chwaraewyr am ychydig ddyddiau – roedd tair wsnos reit yng nghanol tymor yn amhosib. Doedd o'm yn gweld unrhyw bwrpas eu cael nhw draw am ychydig ddyddiau, gan nad oedd o'n credu bod hynny'n ddigon o amser i ymgynefino â'r lle.

Felly, gêm allweddol bwysig gyda charfan wannach nag arfer dan amgylchiadau amhosib amdani. Doedd ryfedd nad oedd 'na wên ar wyneb Passarella y pnawn hwnnw!

* * *

Ar ôl cenedlaetholwyr tanbaid rhagfarnllyd, roedd hi'n amser pwyllo a dilyn trywydd mwy gwyddonol a chymedrol. Roedd hi'n naturiol rywsut y byddai La Paz yn gartref i arbenigwyr meddygol bydenwog ar effaith uchder. Ffwrdd â ni, felly, i'r Instituto de Patologia en la Altura.

Gydag enwau mor debyg, doedd hi'n fawr o syndod fod Dr Gustavo Zubieta-Castillo a Dr Gustavo Zubieta-Callejo yn unfrydol eu barn am effaith uchder ar bêl-droedwyr. Roedd y tad a'r mab wedi bod yn ymchwilio, arbrofi a chenhadu ynglŷn â bywyd yn yr uchelfannau ers sefydlu'r clinig yn 1970.

A'u casgliadau? Mae pwysau cymedrig barometrig lleol yn La Paz yn 65% o'r hyn ydi o ar lefel y môr. Ac yn anhygoel, mae pwysau cymedrig rhannol rhydweliol ocsigen (PaO2 i chi a fi) draean yn llai yn La Paz nag yn Santa Cruz. Rhyfeddol, ynde?

Ac i chi a fi eto, neges y rhai oedd wedi treulio deng mlynedd ar hugain yn astudio'r pwnc oedd fod uchder yn effeithio ar eich perfformiad chi – ella! Yn y bôn, roedd popeth yn dibynnu ar yr unigolyn! Tra oedd hi'n bosib i un aelod o garfan ddioddef yn enbyd, mi fasa hi'n bosib i'r nesaf ymdopi heb unrhyw drafferth, yn ôl y ddau Gustavo.

★ ★ ★

Wedi cael barn bron pawb yn La Paz (heblaw'r boi efo'r rhewgell ar ei gefn – ro'n i'n teimlo nad oedd *raid* holi hwnnw am ei farn, rywsut), dyma benderfynu mai'r unig ffordd i gael ateb pendant oedd drwy wylio'r gêm.

Oedd hi'n bosib chwarae? Oedd. Oedd hi'n bosib chwarae cystal? Nag oedd. Ond rhyw deimlo oeddwn i fod seicoleg yn gymaint o rwystr a ffisioleg bellach. Golygai statws mytholegol *El Nido del Condor* fod gan dimau ofn dod i La Paz i herio tim rhyngwladol symol iawn Bolifia.

Gêm ddiflas ddi-sgôr oedd hi – rhywbeth tebyg i rygbi, am wn i – y math o gêm 'dach chi'n ei chael pan fedrwch chi ddim chwarae pêl-droed go iawn. Gêm llawn mân droseddau (gydag ambell sgarmes go iawn), a'r torri cyson ar lif y chwarae'n fêl ar fysedd Passarella.

Bolifia yn methu ag ennill y gêm oherwydd diffyg gallu'r garfan. Iwragwai yn methu ag ennill gan nad oeddan nhw wedi ystyried bod y fath beth yn bosib. Tra oedd y Bolifiaid yn ceisio manteisio ar yr aer tenau drwy ergydio o bobman, doedd neb wedi deud wrthyn nhw y basa hi'n eithaf syniad anelu at y gôl. Unig dacteg amlwg Iwragwai oedd cicio'r bêl gyn belled â phosib i fyny'r cae, neu hyd yn oed allan o'r cae.

Nid y chwaraewyr oedd yr unig bethau prin o wynt ar y diwedd.

★ ★ ★

Pan o'n i'n blentyn ysgol gynradd, dim ond pum peth wyddwn i am Dde America – tîm pêl-droed Brasil, llosgfynydd Cotopaxi, yr Amazon, Patagonia a Llyn Titicaca. Â ninnau ar stepan y drws, mwy neu lai, faswn i byth wedi gallu maddau i mi fy hyn petawn i heb fynd i weld y Llyn cyn ffarwelio â La Paz.

Yr esgus oedd fod angen recordio darnau i gamera. Y rheswm oedd cael gwireddu breuddwyd. Chawson ni mo'n siomi o gwbwl. Os oedd gweld dinas La Paz am y tro cyntaf yn ysbrydoledig, doedd o'n ddim byd o'i gymharu â tharo llygad ar fawredd Llyn Titicaca.

Teirawr a mwy o daith mewn bws mini – i fyny drwy La Paz ac yna El Alto – cyn camu i mewn i dirlun rhyfeddol yr *altiplano*. O fewn eiliadau roeddan ni wedi cyfnewid prysurdeb llychlyd miliwn o drigolion El Alto am wastadedd enfawr i bob cyfeiriad. Roedd 'na fythynnod cyntefig fan hyn a fan draw, gyda merched yn eu gwisgoedd traddodiadol yn tendio anifeiliaid y teulu.

Ac yn corlannu'r cyfan roedd cadwyn mynyddoedd y Cordillera Real – chwe chant o fynyddoedd, a phob un ymhell dros bymtheng mil o droedfeddi. Afreal braidd, o weld maint y mynyddoedd o'n cwmpas, oedd meddwl ein bod ni eisoes bedair mil ar ddeg o droedfeddi i fyny yn nenfwd De America.

Pan stopiodd gyrrwr y bws mini wrth ochor llyn enfawr, roeddan ni'n meddwl ein bod ni wedi cyrraedd Llyn Titicaca, ond chwerthin wna'th hwnnw – a Tim – wrth i ni estyn ein camerâu. Llyn Huyñaymarkas oedd hwn, sef brawd bach Titicaca. Roedd hwn yn homar o lyn hefyd, a deud y gwir, ond yn ddim, dim o'i gymharu â hwnnw ddaeth i'r golwg wrth i ni barhau ar ein taith i San Pedro de Tiquina – pentref sydd reit ar lan y llyn, ac ar Lwybr y Pererinion rhwng La Paz a Cuzco yn Peru.

Sori, bobol Llanuwchllyn, ond dyma be 'di llyn go iawn. Petaech chi'n gwneud cylch ar fap yn uno Caernarfon, Leeds, Nottingham a Llangurig mi fyddai hi'n dal yn anodd gwasgu Llyn Titicaca i mewn i'r fath ardal enfawr. Nid llyn ydi o, mewn gwirionedd, ond môr sy'n pontio Bolifia a Peru.

Rhaid cyfaddef nad oedd yr hyn a ddigwyddodd nesa'n cydymffurfio'n hollol â gofynion iechyd a diogelwch, ond dyma hurio dau gwch bach oedd mewn gwaeth cyflwr na thacsis gwaethaf La Paz a mentro allan ar y llyn i recordio darn i gamera (a chyfiawnhau cost y bws mini).

Tra oedd Rhys Owen yn eistedd ar flaen un cwch, roedd y llanc ifanc o gapten a minnau yn gorfod gorwedd yn fflat ar waelod y caban, er mwyn osgoi camera Rhys Williams oedd ar y cwch arall. Diolch byth 'mod i'n gorwedd o'r golwg, a deud y gwir, neu mi faswn i wedi dychryn o weld hwnnw'n hongian ar ochor y cwch. A fonta'n dal ei gamera efo un llaw, dim ond blaenau bysedd ei law arall oedd yn ei arbed o rhag ffilmio brithyll enwog y llyn.

Rywsut neu'i gilydd fe lwyddon ni i gwblhau'r tasgau'n ddiogel ac yn sych cyn dychwelyd i'r lan. Wel am hwyl! Llyffanta mewn cychod bach ar un o lynnoedd enwoca'r byd. Un o uchafbwyntiau teithiau'r gyfres, ddwedwn i.

Y trueni mwyaf oedd fod yn rhaid i ni adael mor handi oherwydd prinder amser. Oedd, roedd y ffilmio wedi rhoi cyfle gwych i ni weld rhywfaint o'r byd – ond gwaith ydi gwaith, a chyllideb ydi pres pobol eraill!

Rhaid oedd bodloni, felly, ar gael blas byr iawn o

fawredd Llyn Titicaca, a'i ychwanegu at restr hirfaith o lefydd dwi'n bwriadu ailymweld â nhw cyn cicio'r bwcad.

A sôn am gicio'r bwcad, cawsom deirawr wedyn mewn bws mini yn meddwl am ail hanner ein taith i Bolifia, ac yn fwy penodol am y daith awyren o La Paz i ddinas Santa Cruz.

Dim ond gobeithio bod teiars iawn ar y 767, ynde?

O Rivellino i River Plate

Lle dwi'n dechrau, 'dwch? Roedd treulio wythnos ym Mrasil yn union fel 'tasa cynhyrchydd rhaglen *Jim'll Fix It* wedi neilltuo rhaglen gyfan i mi ar ôl derbyn y llythyr taer yma o Bwllheli:

> *Annwyl Jim,*
>
> *Plîs plîs plîs ga i hedfan mewn hofrennydd rownd Rio, chwara ffwtbol ar hen gae Pele, watshiad gêm yn y Maracana, cael panad efo enillydd Cwpan y Byd, a chwarfod y boi hwnnw sy'n gweiddi 'GOOOOOOOOOOOOOOOOOOOOOOOOOOOOO OOOOOOOOOOOOOOOOOOOOOOOOOOOOOO OOOOOL' bob tro ma rhywun yn sgorio.*
>
> *Diolch yn fawr,*
>
> *DYLAN LLEWELYN (36 oed).*
>
> *O.N. Mae fy ffrind, Rhys (40 oed) yn deud diolch yn fawr am gael cwarfod y dynion sy'n gwisgo dillad merchaid i chwara pêl-droed.*

A chwarae teg i'r hen albino clên, gwireddwyd pob breuddwyd, un ar ôl y llall, ar gyfandir rhyfeddol De America.

★ ★ ★

Ar Orffennaf yr unfed ar bymtheg, 1950, tyrrodd cant naw deg a naw mil, wyth gant pum deg a phedwar o bobol i'r Maracana i wylio rownd derfynol Cwpan y Byd

128

rhwng Brasil ac Iwragwai – record byd sy'n sefyll hyd heddiw. Record hefyd a hoeliodd statws mytholegol y Maracana (ochor yn ochor â llefydd fel y San Siro ym Milan, y Nou Camp yn Barcelona a'r Estádio da Luz yn Lisbon) fel un o'r stadia lledrithiol hynny sy'n cyfareddu cefnogwyr pêl-droed ledled y byd. Mae enw'r Maracana ynddo'i hun yn ddigon i dynnu dŵr o ddannedd rhywun – er dwi'n siwr fod rhoi cartref i rai o'r pêl-droedwyr gorau rioed wedi cyfrannu ryw fymryn at y ddelwedd hudolus hefyd! Y Copacabana, y Carnifal, y Corcovado, Y Maracana. Teg deud mai'r stadiwm ryfeddol ydi un o atyniadau enwocaf Rio.

Yn ddigon eironig, roedd y stadiwm ar ei gwaethaf yn ystod gêm. Roedd 'na rywbeth yn urddasol ynglŷn â'r Maracana gwag wrth edrych i lawr o'r hofrennydd ddiwrnod cyn y gêm. O'r awyr, rydach chi'n cael syniad da o'i mawredd, yn ogystal â sylwi ei bod yn hollol grwn.

A'r bora wedi gêm ddiflas rhwng Flamengo ac America Minas Gerais, roedd cerdded i fyny rhes o risiau o dywyllwch yr ystafelloedd newid i sefyll mewn golau llachar yng nghanol crochan enfawr cwbwl wag yn ddigon i yrru ias i lawr fy nghefn.

Eduardo Galeano, y nofelydd Wrwgwaiaidd o dras Cymreig (Eduardo Galeano Hughes ydi'i enw llawn o, gyda llaw) lwyddodd i ddisgrifo'r emosiwn orau pan ddwedodd o: 'does dim sy'n llai gwag na stadiwm wag'.

Roedd torf o ddeugain mil ar goll mewn stadiwm mor anferthol. Er bod gofynion diogelwch yn golygu mai dim ond – *dim ond?*– lle i ychydig dros gan mil sydd ynddi bellach, gemau darbi Flamengo yn erbyn Vasco da Gama neu Fluminense yw'r unig rai sy'n llwyddo i lenwi'r

Maracana. Mae 'na argyfwng pêl-droed yn y wlad – llawer gormod o gemau a dim digon o dalent. Os 'dach chi ddim ond yn chwaraewr *hanner* da , mi 'dach chi'n gadael Brasil i ennill bywoliaeth. Gyda 98% o bêl-droedwyr proffesiynol ym Mrasil yn ennill y lleiafswm cyflog, sy'n llai na chanpunt y mis, dydi hi fawr o syndod bod cannoedd o Frasiliaid wedi teithio i bedwar ban byd am bres.

Fasach chi ddim wedi sylweddoli'i bod hi'n gêm wael o wrando ar José Carlos Araújo, cofiwch. Mae sylwebwyr pêl-droed Brasil yn fyd-enwog am eu cariad angerddol at y gêm, ac am siarad fel melin bupur ar gyffuriau. Ar ôl deunaw mlynedd ar hugain yn sylwebu ar dair gêm bob wythnos i Radio Globo, José Carlos oedd y felin bupur fwyaf yn Rio – o bell.

Druan o Rhys Williams. Wedi noson wallgof yn llowcio *caipirinhas* – diod genedlaethol ffrwydrol Brasil – ac yn laddar o chwys, bu'n rhaid iddo ffilmio'r felin bupur barablus, a'i ail lais, *a*'i gynhyrchydd mewn cwt sylwebu bach swnllyd a chwilboeth am dri chwarter awr, cyn i Reinaldo roi Flamengo ar y blaen, a ninnau'n cael 'GOOOOOOOOL' hanner munud José Carlos ar dâp. Roedd Rhys yn hapus hefyd.

★ ★ ★

'Sgwn i sut fasa José Carlos Araújo wedi disgrifo doniau pêl-droedaidd Rhys Owen ar faes sanctaidd Santos? Roeddan ni wedi penderfynu mynd ar bererindod i weld unig glwb Brasilaidd yr anfarwol Pele. Ychydig dros fil o goliau mewn ychydig dros fil o gemau – record ryfeddol, a deud y gwir, ac un fymryn yn fwy toreithiog nag un Rhys Owen y pnawn hwnnw yn stadiwm Vila Belmiro.

Amser am gyffesiad bach rwan, dwi'n meddwl. Yn 1990 roeddwn i'n ffilmio gyda chriw *Y Byd ar Bedwar* yn Yr Eidal, adeg rowndiau terfynol Cwpan y Byd. Wrth gerdded at 'ddrysau troi' y gwesty 'ma, gwthiodd rhyw foi canol oed pryd tywyll heibio inni. Yn anffodus, mi gymrodd hi ŵr camera Americanaidd rhagfarnllyd, oedd eisoes wedi datgan nad oedd o'n deall apêl ffwtbol o gwbwl (*'it sucks'*), i nodi'n bod ni newydd gerdded heibio Pele!

Sy'n well na be ddigwyddodd i Ian Gwyn Hughes, am wn i. Yn ôl y sôn, roedd sylwebydd pêl-droed BBC Cymru mewn cinio pêl-droed pan, yn ddiarwybod i Ian, y cerddodd Pele i mewn i'r stafell. Tawelodd y neuadd ym mhresenoldeb y fath seren. Pan welodd Ian chwaraewr enwoca'r byd, atseiniodd ei lais yn reddfol drwy'r neuadd gyfan: '*F&^*%$£ hell, it's Pele!*'

Doedd y tirmon ddim yn or-fodlon i ni botsian ar ei fangre gysegredig, ond cawsom ganiatad gan ddyn mewn siwt i ffilmio Rhys yn ailgreu rhai o goliau gorau Pele ar gyfer y camera. Roedd hi'n mynd yn dda hefyd – hynny yw, tan iddo ergydio am gôl gwbwl, gwbwl wag, ac o lai na degllath, a tharo'r bêl ymhell dros y trawst! Yn ffodus i Rhys roedd y camerâu wedi stopio saethu. (Yn anffodus i Rhys roedd 'na griw o adeiladwyr yn yr eisteddle gyferbyn wedi deffro, ac wrth eu boddau yn gweld y fath fethiant gringoaidd.)

★ ★ ★

Y Maracana. Gwylio llanciau yn cicio pêl ar y Copacabana. Ymweld â chlwb pêl-droed ieuenctid yn nhlodi enbyd Rocinha, *favela* mwya'r byd. Ffwtbol mewn ffrogiau ac Ysgol Bêl-droed Zico. Uchafbwyntiau bob un o'r daith i Frasil. Ond roedd y *piece de resistance* eto i ddod – cwrdd â dau enillydd Cwpan y Byd. Y cyntaf a'r hynaf oedd Joel Antonio Martins – hen ddyn heb ddannedd, a gollodd ei le yn nhîm llwyddiannus 1958 ar gyfer y gêm yn erbyn Cymru. O leiaf gall Joel Antonio Martins ymfalchïo yn ei bedwar cap ar ddeg ar ddechrau oes aur Brasil, yn ogystal â'r ffaith mai chwaraewr o safon y 'Deryn Bach', Garrincha, wna'th ei ddisodli o.

Yn ei saithdegau bellach, roedd Joel yn hen o ran ei edrychiad ond yn ifanc ei ysbryd, ac yn parhau'n driw i'w gyn glwb, Flamengo. Yn wir, roedd o'n dal i weithio iddyn nhw, yn asesu safon y cannoedd o fechgyn sy'n torri'u boliau i fod yn bêl-droedwyr. Joel a'i ffrindiau, Dionisio a'r cawr Silva Batuta oedd yn penderfynu pwy oedd yn cael eu gwahodd yn ôl i sesiynau ymarfer timau Flamengo – neu beidio. Y gobeithion a'r disgwyliadau y tu hwnt o uchel. Y broses yn eithriadol galed. Y siom neu'r gorfoledd yn llethol.

★ ★ ★

Pan o'n i'n wyth oed, dim ond un dyn o'n i isio bod. Na, nid Little Jimmy Osmond, Mike Yarwood, Kevin Keegan na Noddy Holder chwaith. Yn hytrach, Roberto Rivellino – *Reizinho do Parque*, sef 'Brenin Bach y Parc' – oedd f'arwr i. Treuliais oriau di-ri yn trio 'ngorau glas i efelychu rhif unarddeg y tîm gorau a gamodd ar faes pêl-droed erioed. Doedd hi ddim yn hawdd bod yn Rivellino Cymreig. Do'n i ddim yn siarad Portiwgaleg, roeddwn i'n methu'n glir â thyfu mwstash trwchus, ac yn olaf – a mwyaf damniol – roedd fy nhroed chwith i hyd yn oed yn waeth na'r un dde!

Serch hynny, ro'n i'n wyth oed unwaith yn rhagor y

pnawn hwnnw pan gyrhaeddon ni'r Rivellino Sport Center yn un o ardaloedd cyfoethocaf Sao Paulo. Wedi parcio, dyma fynd i chwilio amdano ar yr amryw gaeau artiffisial llawn plant breintiedig. Mam bach, dychmygwch gael enillydd Cwpan y Byd a mêt Pele yn eich hyfforddi chi bob wythnos!

Doedd hi ddim yn anodd ffeindio Rivellino drwy'r rhwydi – doedd o ddim wedi newid dim, a deud y gwir, ers bron i ddeng mlynedd ar hugain. Y fi, nid y fo oedd wedi heneiddio a thwchu, myn uffarn i!

Wel am ŵr bonheddig. Nid yn unig mi gawson ni wneud cyfweliad hir anffurfiol efo fo yn eistedd yn nghanol un o'r caeau ymarfer, ond mi fynnodd ein bod ni'n ymuno ag o am *cafezinho* cryf cyn gadael. Os oedd gwylio Roza'n pincio a phrancio yn Rio yn eithaf afreal, roedd hi'n anodd amgyffred bod y tri ohonom yn sgwrsio rownd bwrdd efo boi oedd yn rhan o chwedloniaeth y gêm. (Sori, *Sky Sports*, ond roedd y gêm yn bodoli *cyn* i Mr Murdoch fachu ar ei gyfle brin ddegawd yn ôl.)

Mewn oriel o anfarwolion ar waliau'r ganolfan, diddorol oedd gweld llun mawr o Rivellino a Billy Bremner yng ngyddfau'i gilydd. Chwerthin yn ysgafn ac ychydig yn hiraethus, dybiwn i, wna'th Roberto (roeddan ni'n ffrindiau mynwesol bellach!) wrth egluro – drwy Endyara – ei fod o wedi colli'i limpyn yn llwyr ar ôl i'r Albanwr pengoch ei gicio fo drwy gydol gêm yn Frankfurt yng Nghwpan y Byd 1974.

Wn i ddim os o'n i'n coelio'i honiad fod y ddau wedi dod yn ffrindiau'n ddiweddarach, gan lythyru'n achlysurol. Doedd Rivellino ddim yn siarad Saesneg, a dwi'n amau nad oedd Portiwgaleg yn rhan allweddol o faes llafur addysgiadol Billy Bremner. Ond eto, ar ôl treulio dwyawr yng nghwmni meistr y gic banana, ro'n i'n fodlon coelio unrhyw beth dan haul.

★ ★ ★

Bora Mawrth, ac roedd hi'n tywallt y glaw yn Rio. Felly, ar ôl brecwast yn yr Hotel Gloria, dyma benderfynu dychwelyd i'n stafelloedd i ddisgwyl am ddyfodiad Endyara a Marco, y gyrrwr. Eiliadau wedi cyrraedd y stafell, canodd y ffôn: 'Rho CNN ymlaen rwan hyn', meddai Rhys Williams yn swta. Roedd hi'n chwarter wedi naw yn Rio de Janeiro. A'r dyddiad? Medi'r unfed ar ddeg, 2001…

Dwi'n meddwl bod y digwyddiad wedi bod yn fwy ysgytwol i ni ym Mrasil gan ein bod ni'n ei wylio fo fel roedd o'n digwydd, fel petai. Nid yn unig roeddan ni'n gwylio CNN – prif ymborth yr ieithyddol ddiog dramor – ond, gan nad oes gwahaniaeth amser rhwng Rio ac Efrog Newydd, roeddan ninnau hefyd wedi deffro i luniau byw o ddinistr y nendyrau.

Cofiwch, doedd ymateb y Brasiliaid fawr gwahanol i hwnnw 'nôl ym Mhrydain. Onid ydi plwyfoldeb yn ffenomen fyd-eang bellach? 'Faint o Frasiliaid sy 'di marw?' oedd yr unig gwestiwn ar feddwl pob person, papur a gorsaf radio yn Rio de Janeiro.

Ddeuddydd yn ddiweddarach, roedd 'na fwy o filwyr nag o ddarpar-deithwyr ym maes awyr rhyngwladol Rio wrth i ni adael am Buenos Aires ar gyfer *el Superclasico*.

★ ★ ★

Gan y gyrrwr tacsi a'n cludodd o'r maes awyr i ganol

dinas Buenos Aires y cawson ni'r berl athronyddol a ganlyn:

'Mae hi'n bosib newid eich enw, eich gwraig a hyd yn oed eich rhyw. Ond fedrwch chi byth, BYTH newid eich clwb.

Maen nhw'n deud bod 'na fwy o stadia pêl-droed yn Buenos Aires nag yn unrhyw ddinas arall yn y byd. Nid stadia dwy a dimau ydyn nhw chwaith, ond rhai go iawn sy'n dal miloedd ar filoedd o gefnogwyr honco bost. Honnodd gohebydd y *Buenos Aires Herald* unwaith fod gan y ddinas fwy o stadia pêl-droed na llyfrgelloedd cyhoeddus, cyn ychwanegu'n gywrain: *'Never has so much knowledge of football been possessed by so illiterate a people'.*

Ond mewn dinas sy'n gartref i ddwsin allan o'r pedwar ar bymtheg o glybiau'r brif adran, mae 'na ddau glwb sy'n sefyll allan – ac sy'n casáu'i gilydd. Mae hi'n union fel dadl iard ysgol pan 'dach chi'n ceisio darganfod prun ai Club Atletico River Plate 'ta Club Atletico Boca Juniors ydi clwb mwya'r Ariannin.

Mae 'na arwydd anferthol y tu allan i brif fynedfa'r Estadio Antonio V Liberti – cartref River Plate – sy'n datgan bod gan y clwb 'falchder o fod y mwyaf'. Tarddiad enw'r clwb ydi'r Rio de la Plata – afon leta'r byd, wrth gwrs – a'u llysenw swyddogol ydi *Los Millionarios*, y milionêrs. (Llysenw'r stadiwm, gyda llaw, ydi'r *El Monumental*. Y fath wyleidd-dra! Yn Buenos Aires o leiaf, peidiwch â choelio unrhyw un sy'n deud nad ydi maint yn bwysig!)

Cofiwch, nid cefnogwyr River Plate ydi'r unig rai sy'n euog o chwarae'r gêm blentynnaidd, 'Mae 'nhad i'n fwy na dy dad di'. Llysenw swyddogol clwb Boca Juniors, ac enw gwefan fwyaf poblogaidd y clwb ydi '*La Mitad Mas Uno*', sy'n cyfeirio at gred y cefnogwyr bod hanner poblogaeth yr Ariannin yn cefnogi Boca. I fod yn fanwl gywir, hanner y boblogaeth ac un. A phwy bynnag ydi'r un hwnnw, wel llongyfarchiadau iddo am fod mor allweddol bwysig: fo ydi'r un sydd wedi galluogi Boca i hawlio'r mwyafrif. Yn yr un modd, '*La Doce*' yw enw grŵp cefnogwyr mwyaf tanbaid Boca. Ystyr '*La Doce*' yw 'deuddegfed' (y deuddegfed dyn). Unwaith yn rhagor, mae cael un yn fwy na 'nhw' o bwys i Boca.

Un peth sy'n sicr, nid jyst gêm ddarbi Buenos Aires ydi hon. Mae hi'n gêm ddarbi genedlaethol. Pan fo'r rhain yn cwrdd, gallwch fentro y bydd cecru a chwffio o Tucuman i Tierra del Fuego, heb sôn am strydoedd Buenos Aires ei hun.

★ ★ ★

Eidalwyr sy'n siarad Sbaeneg ac sy'n eu hystyried eu hunain yn Brydeinwyr yw Archentwyr yn ôl rhai. Ond ar benwythnos y *Superclasico*, 'dach chi un ai'n River neu'n Boca, *Gallinas* neu *Bosteros*. Does 'na ddim modd, na dymuniad, cyfaddawdu pan fo River yn cwrdd â Boca.

Yn ôl cefnogwyr Boca, *Gallinas* ydi River Plate – ieir! Llysenw gwawdiol a roddwyd iddynt gan gefnogwyr Boca i led-awgrymu nad oedd gan y cadiffans cyfoethog ddigon o asgwrn cefn i lwyddo.

Fel teyrnged i bersawr anffodus ardal ddiwydiannol porthladd La Boca, penderfynodd dilynwyr yr ieir gyfeirio at ffans tlawd Boca fel *Bosteros* – y cachwrs!

★ ★ ★

'*No problem*', meddai Nahuel Pan – perchennog gwefan fwyaf poblogaidd River Plate – pan holais am y posibilrwydd o gael achrediadau ar gyfer ffilmio'r dorf yn ystod y *Superclasico*. Cytunodd Nahuel i ddrafftio cais mewn Sbaeneg i'w yrru at swyddog y wasg yng nghlwb River Plate.

'*No posible*', meddai Señor Mussari, swyddog y wasg. Ac i wneud pethau'n waeth, roedd gan y dyn bach mewn siwt fawr gopi o'm llythyr gwreiddiol yn ei law – llythyr a yrrwyd dros dair wythnos ynghynt! Llythyr na chafodd ateb gan Señor Mussari.

Halen ar y briw oedd cymod Señor Mussari tua deng munud yn ddiweddarach. Yn gyntaf, dwedodd fod croeso i ni ddod i'r gêm. Grêt. Ond fasan ni ddim yn cael dod â'r camera! Yna dwedodd ei fod o'n fwy na bodlon rhoi caniatâd i Rhys ffilmio yn y stadiwm – rwan! Bnawn Sul, byddai'r El Monumental dan ei sang wrth i saith deg mil o gefnogwyr unllygeidiog heidio i ferw gwyllt y *Superclasico*. Ar bnawn dydd Gwener dim ond tirmon ac ychydig o golomennod oedd yno i gadw cwmni i Rhys a'i gamera segur. Ar ben arall y ffôn, '*no problem*' oedd ymateb Nahuel unwaith yn rhagor! Ond o leiaf y tro yma fe ychwanegodd: '*I will arrange something*'. Ond be, Nahuel bach? Be?

★ ★ ★

Roedd cefnogwyr River Plate wedi cael gorchymyn (milwrol, bron) i gwrdd yn y Monumental am naw o'r gloch fora Sul, wyth awr cyn y gic gyntaf (ar y cae, beth bynnag!). Awgrymodd Nahuel y byddai'n syniad da i ni fod yno hefyd, nid yn unig er mwyn ffilmio'u paratoadau trylwyr, ond i geisio sleifio'n gynnar ac answyddogol i'r stadiwm. A rhaid deud ei bod hi'n edrych yn eithaf addawol am gyfnod wrth i ni gael rhwydd hynt i ffilmio o fewn y stadiwm.

Roedd Nahuel yn f'atgoffa o Clark Kent braidd. Ddeuddydd ynghynt roedd o wedi dod am sgwrs i'r gwesty, ac wedi edrych fel clerc bach digon parchus yn ei goler a thei twt. Heddiw, roedd o'n edrych yn ddyn peryg iawn – heb eillio, heb goler, heb dei, ond â'i lygaid ar dân tu ôl i'w sbectol haul. Dyma'i gynefin o, dyma lle'r oedd o hapusaf. Doedd neb yn meiddio deud wrth Nahuel be i 'neud ar ddiwrnod y gêm. Roedd Nahuel fel cadfridog yn teyrnasu ar derasau El Monumental. Am fwy na theirawr roedd ei ffôn symudol yn sownd wrth ei glust wrth iddo gyd-gysylltu'r holl logisteg gyda manylder obsesiynol bron.

Gwirfoddolwyr oedd Nahuel a'i ffrindiau, yn rhoi o'u hamser a'u harian cynyddol brin er lles River Plate. Rhwng y wefan, y teithio a'r trefniadau, anodd deall sut roedd Nahuel yn medru canfod amser i wneud ei waith 'go iawn'. Ac fe ddaeth hi'n gwbwl glir nad lle i laesu dwylo oedd y Monumental ar fora'r *Superclasico*, wrth i ddwsinau o gefnogwyr frysio fel morgrug mân i osod darnau jig-sô y mosêc yn yr union fannau cywir. Mosêc, balŵns, baneri – doedd fiw i unrhyw beth beidio â bod yn berffaith.

Cefnogaeth ddiamod oedd hyn gan Nahuel a'i ffrindiau. Iddyn nhw roedd hi cyn bwysiced, os nad yn bwysicach, i guro cefnogwyr Boca. Nid yn gorfforol, cofiwch, ond yn hytrach cario'r dydd o ran y pasiant. Roedd Nahuel yn cydnabod bod Boca wedi cael y gorau o'r gemau ar y cae yn y blynyddoedd diweddar, ond yn ôl eu posteri a'u baneri anferthol River fyddai'n ennill brwydr y cefnogwyr, doed a ddelo.

Aeth pethau'n dda y bora hwnnw – cyfweliadau diddorol a digon o luniau i gyfleu'r prysurdeb trefnus a'r brwdfrydedd tanbaid. Aeth pethau'n rhy dda, mewn gwirionedd. Cyn cinio, doedd 'na ddim golwg o blismyn na swyddogion diogelwch. Ar ôl cinio, roedd hi fel 'tasa'r *junta* wedi dychwelyd i Buenos Aires. Roedd plismyn arfog a stiwardiaid ym mhobman; yn waeth fyth, roedd yr holl giatiau a fu'n agored drwy'r bora wedi cael eu cau. Sut goblyn fasan ni'n cael mynediad i'r maes ei hun rwan? Roeddan ni wedi'n cloi allan!

★ ★ ★

Crafodd Walter Ariel Brooks ei ben unwaith eto. Yn wreiddiol o Batagonia, ond bellach yn byw yn y brifddinas, roedd o wedi cytuno i'n cynorthwyo ni'n ystod ein hymweliad. Ond roedd o'n methu'n lân â chanfod y geiriau priodol – yn Gymraeg, Sbaeneg na Saesneg – i esbonio be ddigwyddodd nesaf yng nghysgod prif eisteddle'r Monumental. Gwelsom Nahuel ger un o'r giatiau mawr caeëdig, a phan glywodd o am ein trybini gofynnodd inni aros yno, tra âi o i 'sortio' pethau. Aeth draw i siarad yn ddigon llechwraidd efo stwcyn o foi pryd tywyll mewn *shellsuit* coch, du a gwyn – lliwiau River Plate.

'Does gen i ddim *syniad* be sy'n digwydd rwan,' meddai Walter yn ddryslyd, wrth i ni wylio Nahuel yn sgwrsio'n fwyfwy bywiog fan draw gyda'r llanc oedd yn ei ugeiniau cynnar. Roedd hi'n teimlo fel oes cyn i Nahuel droi a cherdded yn bwrpasol tuag atom: *'Don't ask anything. Don't talk to anyone. Don't stop. Just follow*

139

him,' coethodd Nahuel cyn dychwelyd i gyfarwyddo'i sioe fawr. Felly, gyda'r corrach bach cyhyrog yn arwain, wele'r ddau Rhys, Walter a minnau yn cerdded tuag at y giard oedd wedi wfftio Walter pan blediodd hwnnw'n hachos ni'n gwrtais brin hanner awr ynghynt.

Does gen i ddim syniad be oedd enw'n ffrind newydd, ond efallai y byddai Moses yn addas. Symudodd fôr o goch o'r neilltu o'n blaenau, ac yn bwysicach fyth agorwyd y giât yn ddidrafferth gan y surbwch mewn iwnifform. Roeddan ni yng nghrombil y stadiwm o leiaf.

Er bod plismyn a stiwardiaid ym mhobman, feiddiodd yr un ohonyn nhw'n stopio ni, er gwaetha'r camera mawr ar ysgwydd Rhys. Pwy bynnag oedd y boi bach yma, roedd ganddo ddylanwad eithriadol. Wedi cerdded hanner ffordd rownd y stadiwm, dyma gamu i mewn i lifft aeth â ni'n syth i olau dydd – a berw rhyfelgar cefnogwyr mwyaf gwallgo'r bydysawd.

Ac yna, heb unrhyw halibalŵ, ysgydwodd Moses law pob un ohonom ac i ffwrdd â fo, yn ôl i ganol miri'r dorf swnllyd. Yn ddiarwybod i Señor Mussari ac adran-y-wasg aneffeithiol River Plate roeddan ni a'n camera yn y stadiwm, diolch yn bennaf i rym rhyfeddol Moses a chysylltiadau eang Nahuel. Mawr oedd ein diolch.

'Peidiwch â gofyn. Jyst peidiwch. Fedra i ddim esbonio,' oedd ymateb cyntaf Walter. 'Fel hyn mae pethau'n digwydd yn Yr Ariannin,' ychwanegodd, fel 'tasa fo'n ymddiheuro am rywbeth. Trefn anhrefnus yn mynd a chi reit at ymyl y dibyn, cyn i rywun ymddangos i wneud ffafr â chi yn y diwedd. Dyna sut roeddan nhw'n gwneud pethau yn Yr Ariannin. Synnwn i ddim nad oedd y fath chwarae ar ymyl y dibyn wedi cyfrannu'n sylweddol tuag at argyfwng ariannol enbyd y wlad. Ychydig wythnosau wedi'n hymweliad ni aeth yr hwch drwy'r siop, gan greu – heb fod yn annisgwyl o gwbwl i'r Archentwyr, dybiwn i – y dyledion rhyngwladol mwyaf a welwyd erioed.

Dim ond ar ôl dod adref y ces i wybod (drwy ebost Nahuel) mai un o arweinwyr y *barra bravas* oedd Moses, a rhaid imi ddeud 'mod i'n falch nad oeddan ni wedi cael gwybod hynny ar y pryd. Y *barra bravas* – y gangiau garw – ydi'r grwpiau hwliganiaid peryg bywyd sy'n felltith ar bêl-droed Yr Ariannin. Nid bois bygwth geiriol mo'r rhain, yn saff y tu ôl i linell o blismyn; nid bois dyrnau bob tro, chwaith. Roedd cyllyll a hyd yn oed gynnau'n rhan annatod a derbyniol o is-ddiwylliant llwythi rhyfelgar y *barra bravas*.

Yn 1994 enillodd River Plate y *Superclasico* o ddwy gôl i ddim. Wedi'r gêm ymosodwyd ar fws o gefnogwyr y *Gallinas* gan gang arfog o gachgwn go iawn y *Bosteros*, a saethwyd dau yn farw. O fewn oriau roedd cefnogwyr Boca wedi peintio graffiti 'River 2 Boca 2' ar waliau'r ddinas.

Mae dylanwad yr hwliganiaid yn afiach, a deud y gwir. Fasach chi'n meddwl y basa'r clybiau'n awyddus i wahardd yr hwliganiaid, ond mae hi'n haws dweud na gwneud pan ydach chi'n byw mewn ofn. Yn ôl Nahuel, gwell gan berchnogion y clybiau gael y *barra bravas* oddi mewn yn piso allan, nag ar y tu allan yn piso i mewn arnyn nhw. O'r herwydd, mae ganddyn nhw rym eithriadol o fewn clybiau pêl-droed Yr Ariannin. Dyna pam eu bod nhw wastad yn llwyddo i gael tocynnau a chludiant rhad ac am ddim. Dyna pam bod Moses wedi medru'n tywys ni, yn gwbwl ddigywilydd, heibio swyddogion diogelwch a stiwardiaid River Plate heb unrhyw wrthwynebiad na chwestiynu. Yn syml iawn, roedd Moses a'i debyg yn byw eu bywydau y tu hwnt i'r rheolau.

★ ★ ★

Nid gêm ydi'r *Superclasico* ond achlysur. Ac roeddan ni reit yng nghanol y miri. Nid mater o ffilmio gêm o gantri swyddogol oedd hyn, ond ymdrech i gael blas ar bethau drwy lygaid y cefnogwyr. Rywsut neu'i gilydd roedd dau ar hugain o ddynion yn cicio pêl yn ail sâl i saith deg o filoedd o Archentwyr byddarol. Yn wahanol i nifer o dorfeydd Ewropeaidd, nid ymateb i ddigwyddiadau ar y cae y maen nhw yn Yr Ariannin. O tua awr cyn y gic cyntaf tan y chwiban olaf, tydyn nhw ddim yn stopio canu ac ysgogi'r tîm.

Roedd un pen i'r cae yn fôr o goch a gwyn y *Los Borrachos del Tablon* (hwliganiaid River Plate), gyda melyn a glas *La Doce* yn llenwi'r pen arall. Lliwiau Boca, gyda llaw, yn deillio o draddodiad y porthladd. Roedd criw o sylfaenwyr y clwb yn sefyll ar y cei yn ardal La Boca yn cecru ynglŷn â pha liwiau a gaent i grysau'r clwb newydd. Doedd dim modd cytuno ar liw, felly cytunwyd mai'r unig ffordd i ddatrys y broblem oedd mabwysiadu lliwiau baner y llong nesaf i ddocio yn yr harbwr. Llong o Sweden gyrhaeddodd gyntaf, a melyn a glas fu lliwiau adnabyddus y clwb enwog byth ers hynny.

Dwi rioed wedi profi awyrgylch cystal. Gwallgofrwydd lloerig, enllibio rif y gwlith a gwawdio di-baid. Ac yna – y gêm! Waeth befo'r argyfwng ariannol, y prinder *pesos*. Mae pêl-droed yn ffordd o fyw i'r Archentwyr ac

142

yn ddihangfa o ddiflastod bywyd bob dydd. Efallai fod y chwaraewyr gorau wedi'i heglu hi am borfeydd brasach Ewrop, ond gan nad yw hynny'n opsiwn i drwch y boblogaeth mae'r cefnogwyr yn parhau i heidio i'r Monumcntal, neu'r Bombonera, ar gyfer eu ffics o afrealaeth.

Anodd deud os mai cadw pawb yn hapus 'ta'n flin wna'th y gêm gyfartal:

> 'I don't understand it. Against teams who play good football we play beautifully and win. Then we struggle against Boca with their shitty ugly football.'

Doedd Nahuel ddim yn swnio'n hapus. Ond wedi ychydig funudau o synfyfyrio, gwenodd gan gofio rhywbeth oedd yn llawer pwysicach: *'What did you think of our show?'*

Ac yna aeth pawb am adra. Casineb llwyr drosodd – tan tro nesaf.

Helo, Moldofa – Tarâ Galilor

Hoffwn ymddiheuro'n gwbwl ddiffuant i bobol Rwmania imi roi'r argraff yn gynharach yn y llyfr mai Bwcarest oedd twll-tin y byd. Doeddwn i ddim wedi bod yn Moldofa bryd hynny. Anodd 'ngweld i'n *gorfod* ymddiheuro i'r Moldofiaid, rywsut.

★ ★ ★

Sgrialodd fflyd o dacsis drwy strydoedd llethol wag y ddinas dywyll. Yr unig beth i dorri ar y duwch du bitsh oedd grwnjian pum injan a golau gwan priflampau pum car ar ras – mewn rhes.

Ella fod 'sgrialu' yn or-ddeud braidd. Roedd y ceir yma'n rhy hen a diegni i fedru 'sgrialu' go iawn, ond roeddan nhw'n brysio cystal ac y gallen nhw.

Roedd y pum tacsi wedi'n codi ni'r tu allan i Westy Twristaidd Cosmos. (Nid 'Cosmos' y cwmni teithio i lefydd heulog mo'r 'Cosmos' hwn, cofiwch, ond un o westai mwya'r brifddinas fawr ddiarth – gwesty na fyddai byth bythoedd yn ymddangos ym mhamffledi'r 'Cosmos' arall.) Roedd y *concierge* wedi sgwennu enw clwb nos ar scrap o bapur a'i roi i Bibydd Brith o ddreifar y car cyntaf. Ffwrdd â ni felly fel sioe nofwyr syncroneidd-iedig, yn gyntaf drwy strydoedd cefn hurt o gul ac yna i lawr strydoedd mawr afresymol o lydan, cyn stopio'n sydyn y tu allan i ddrws ffrynt mawr du, cil-agored.

Wedi talu i'r gyrwyr dyma bawb yn rhuthro allan o'r

144

cerbydau a heidio drwy'r drws mawr. Pwy oedd pawb, felly? Wel, yn gyntaf, ryw ddwsin o gefnogwyr tîm pêl-droed cenedlaethol Cymru. Ac yna ryw hanner dwsin o *chwaraewyr* tîm pêl-droed cenedlaethol Cymru. Nid y tîm go iawn, cofiwch (roedd ganddyn nhw gêm bwysig drannoeth, wedi'r cwbwl), ond yn hytrach rhai o hogia'r tîm dan un ar hugain oedd yn cadw cwmni i ni yn y tacsis mewn tywyllwch. Roedd rhain wedi chwarae – a cholli o gôl i ddim – yn erbyn eu cyfoedion y pnawn hwnnw. Torri syched, boddi siom a dianc o'r Cosmos am ychydig oriau âi â bryd y cefnogwyr a'r chwaraewyr fel ei gilydd.

Oherwydd eu hoedran a'u ffitrwydd naturiol roedd y pêl-droedwyr wedi brasgamu i fyny'r grisiau tuag at sŵn y disgo. Yn wir, roedd Robbie Savage eisoes yn dod yn ei ôl i lawr y grisiau, yn ysgwyd ei ben, erbyn i mi fystachu i'r top! Hawdd gweld pam ei fod o wedi troi'n ôl. Cerddais i mewn i stafell eithaf bach oedd yn llawn o... wel, *neb* a deud y gwir.

Cast y ffilm drasiedi arbennig yma oedd tri bownsar, dynas ganol oed y tu ôl i'r bar, DJ ifanc brwdfrydig a dwsin o ddynion yng nghrysau pêl-droed coch Cymru nad oedd cweit yn edrych fel pêl-droedwyr proffesiynol iawn. A'r lleoliad? Clwb nos cwbwl wag (ar wahân i'r uchod), rywle yn nhwllwch Chisinau, prifddinas Moldofa.

Roedd y bownsars yn brysur – hynny yw, roeddan nhw'n brysur jyst yn edrych yn beryg bywyd. Roedd y DJ yn brysur hefyd, mewn cwt bach pren yng nghornel bella'r stafell, yn tyrchu mewn bocs dal recordiau hen ffasiwn fel 'tasa fo'n chwilio am rywbeth fyddai'n apelio at ei gynulleidfa newydd.

Doedd y ddynas ganol oed ddim yn brysur. Dynas wedi diflasu'n llwyr – efo'i gwaith a'i bywyd, mae'n siwr gen i – ac anodd deud os mai cnoi gwm 'ta cnoi cil oedd y bladras wrth iddi bwyso ar y bar yn llnau dan ei gwinedd efo ffon goctel blastig.

A'r sowndtrac perffaith? Cân fu yn rhif un yn y siartiau ledled Ewrop gyfan, ac yna'n anthem etholiadol Tony Blair a Llafur Newydd, wrth gwrs – 'Things Can Only Get Better' gan D:Ream.

Wnaethon nhw ddim.

* * *

Faint ohonoch chi sy'n gwybod lle mae Moldofa, 'ta? Fawr neb, fetia i, a doeddwn innau ddim yn gwybod chwaith pan dynnwyd yr enwau allan o'r het ar gyfer rowndiau rhagbrofol Ewro 96. Wel am grŵp deniadol! Yr Almaen, Bwlgaria, Albania, Georgia a Moldofa.

Roedd yr Almaen yn hen gyfarwydd – fy nhrip cynta' rioed dramor i wylio Cymru yn Köln yn 1989, a'r daith drybeilig i Nürnberg ddwy flynedd yn ddiweddarach – a doedd taith arall yno ddim yn apelio rywsut (er imi fynd i Dusseldorf yn y diwadd!). Braf gweld enwau gwledydd newydd er mwyn cael profiadau gwahanol, ond pam ddim Portiwgal, Hwngari, Malta a Denmarc, myn uffarn i?

Moldofa – pwy goblyn oedd yn gwybod be oedd enw prifddinas Mol-blincin-dofa? A deud y gwir, doedd fawr neb i weld yn gwybod be oedd enw iawn y wlad: *Moldova* medd yr atlas, *Moldavia* medd cyfeirlyfr yn y llyfrgell. Kishinev oedd y brifddinas yn ôl rhai, tra oedd eraill yn ffafrio Chisinau. Yn sicir i chi, doedd 'na ddim galw wedi bod i gyhoeddi llyfr *Rough Guide* i'r wlad fach newydd sbon hon.

Ac yn wir, mi oedd hi'n wlad newydd sbon danlli, achos fuodd hi rioed o fewn cof yn wlad gwbwl annibynnol cynt. *Moldavia* oedd enw'r cynnig cyntaf ar greu gwlad bron i saith gan mlynedd yn ôl, ond *Moldova* ydi'r enw swyddogol bellach.

Yn ddaearyddol, mae hi wedi'i gwasgu'n dynn rhwng Rwmania i'r gorllewin a'r Wcrain i'r dwyrain. Yn hanesyddol, darn o'r Rwmania wreiddiol ydi'r Foldofa fodern, ond darn fu dan law Rwsia rhwng 1812 ac 1861 ac yna'n un o bymtheg gweriniaeth Yr Undeb Sofietaidd rhwng 1944 ac 1989. O ran cenedl, Rwmaniaid yw dwy ran o dair poblogaeth Moldofa, a Rwmaneg yw'r iaith swyddogol. (Gyda llaw, Kishinev oedd enw Rwsiaidd y wlad, tra oedd y Rwmaniaid yn cyfeirio ati fel Chisinau.)

Gwlad gymhleth, felly, ac iddi dri rhaniad gweddol glir o ran ei phobol. Roedd rhai'n eu hystyried eu hunain yn Foldofiaid (a dim byd arall, fel petai), tra oedd y Rwsiaid oedd yn byw yn rhanbarth dwyreiniol Transdniestr wedi bod yn ymladd un ai am annibyniaeth i'w hardal neu i gael closio'n ôl at Rwsia. Ond i'r mwyafrif llethol o boblogaeth Moldofa, uno â Rwmania oedd y nod. A ta waeth am gymhlethdodau'r wers hanes, y gwir gonest ydi'ch bod chi'n eithaf despret os mai'ch nod chi ydi bod yn rhan o *Rwmania*!

★ ★ ★

Fel y daith i Fwcarest, Stansted oedd y man cychwyn unwaith yn rhagor. Dim caws a fodca TAROM y tro hwn ond dipyn o steil, wrth i ni deithio yng nghwmni carfan Cymru ar awyren wedi'i hurio'n arbennig.

Carfan Cymru ac Enzo. Draig oedd Enzo – nid un go iawn, ond faswn i ddim yn meiddio awgrymu hynny i'w pherchennog. Roedd Huw Chick o Gorwen yn wyneb cyfarwydd ar dripiau Cymru ac yn ddiweddar roedd o wedi prynu draig fel masgot. Pam Enzo? Wel, penderfynodd ar Enzo fel enw i'w ffrind newydd ar ôl y dewin canol cae Belgaidd, Enzo Scifo. Pam hwnnw, Duw a wyr!

Mae Enzo wedi bod yn fwy triw i Gymru na Ryan Giggs, er gwaethaf sawl trawma poenus. Cafodd bwythau yn ei stumog ar ôl i gyllell finiog heddlu'r Iseldiroedd ei rwygo'n agored yn 1996 wrth chwilio'n ofer am gyffuriau. Dair blynedd yn ôl, bu'n rhaid i Huw dalu pridwerth ar ôl i rai o gnafon mwyaf mileinig Corwen herwgipio Enzo a gyrru llythyr wedyn i Huw yn bygwth torri un o glustiau llipa'r ddraig druan i ffwrdd.

Ond 'nôl yn '94, roedd 'na dipyn gwell siâp ar Enzo – masgot answyddogol Cymru. Holodd Huw a fyddai Barry Horne yn fodlon dal Enzo wrth arwain y tîm allan cyn y gêm. Gwrthodwyd y cynnig, gwaetha'r modd, a bu'n rhaid i Enzo fodloni ar wylio'r gêm yng nghwmni Huw a gweddill y cefnogwyr teithiol.

★ ★ ★

Glaniodd yr awyren yn nhywyllwch rhyfeddol maes awyr Chisinau. Gwlad ddiarth, ond biwrocratiaeth hen gyfarwydd. Diolch byth ein bod ni wedi teithio gyda'r parti swyddogol, neu yno basan ni o hyd! Bu'n rhaid disgwyl am oesoedd am rywun yn rhywle i wneud rhyw benderfyniad am rywbeth. Yng nghanol llymdra llwydaidd y maes awyr a'i swyddogion roedd y cyfieithydd swyddogol yn disgleirio – stynar a hanner mewn cot ffyr a llond pen o berocseid.

Dyna i chi syniad busnes gwych, gyda llaw – agor siopau gwerthu perocseid yn Nwyrain Ewrop. Fasach chi'n gwneud ffortiwn! (Yr unig syniad busnes gwell dwi 'di gael ydi agor siop yn gwerthu fflagiau'r Unol Daleithiau yn Baghdad. Swnio'n beryg? Ydi, ond meddyliwch am yr holl 'Stars and Stripes' gaiff eu llosgi'n ddyddiol o flaen y camerau teledu yn y protestiadau honedig yno.)

'Blondes have more fun,' yn ôl pob sôn, ond doedd y perocseid ddim wedi gwella bywyd undonog y gyfieith-wraig druan. O fewn ychydig oriau i gyrraedd ein gwesty, roedd hi wedi bod yn cnocio ar ddrysau rhai o'r chwaraewyr yn cynnig gwasanaethau rhyngwladol di-iaith, petaen nhw'n ei helpu hi i ffoi o'i mamwlad.

A phwy allai ei beio hi. Wedi'r maes awyr anghynnes, cafwyd taith mewn tywyllwch llwyr i ganol y ddinas. A hithau heb unrhyw adnoddau naturiol, roedd Moldofa'n mewnforio ynni a thanwydd o'r Wcrain. Yn naturiol ddigon, roedd rheiny o'r farn mai neis fyddai cael tâl am y nwyddau rywbryd. Yn anffodus, roedd Moldofa'n sgint. Dim pres, dim trydan a dim cadw-mi-gei arall! Felly, rhaid oedd cynilo ynni ar y nos Fawrth, er mwyn sicrhau bod yna ddigon i gynnal y llif-oleuadau'r noson ganlynol.

Cofiwch, efallai mai da o beth oedd y tywyllwch y noson honno. Petai'r chwaraewyr wedi gallu gweld y gwesty'n iawn, mi fasan nhw wedi gwrthod gadael y bws, beryg. Doedd Gwesty'r Cosmos ddim cynddrwg â'n gwesty gwarthus ni ar ein noson gyntaf ym Mwcarest, ond doedd hwnnw ddim yn honni bod yn un o brif westai *gwlad* gyfan. Dwi wedi aros mewn nifer o lefydd gwaeth, ond tydw i rioed wedi talu cymaint am le mor llwm â hwn.

Ac yn sicir i chi, fasach chi ddim yn disgwyl i garfan bêl-droed ryngwladol aros yn fanno. Golygai awch-am-faldod arferol carfan Cymru bod y frwydr seicolegol wedi'i cholli ymhell cyn gadael Stansted. Yn anffodus roedd safonau moethusrwydd Moldofa yn hen diwn gron gan y chwaraewyr, y tîm rheoli a'r wasg byth ers tynnu'r enwau allan o'r het. O'r eiliad y cyrhaeddon ni'r gwesty roeddan nhw'n ysu i gael gadael. Dyna oedd y gwahaniaeth rhwng y cefnogwyr a'r chwaraewyr – gorfod mynd yno oeddan nhw, a ninnau wedi dewis mynd. Doedd pwdu a swnian plentynnaidd yn helpu diawl o neb…

Sori os ydw i'n dechrau swnio'n bregethwrol, ond fedra i ddim dallt pam na fedrith y chwaraewyr wneud rhywbeth positif i lenwi amser rhwng prydau bwyd a sesiynau ymarfer, yn hytrach na chysgu, chwarae cardiau a fflip-fflopian o gwmpas cyntedd y gwesty.

Ryw dair blynedd yn ôl yn yr Almaen, cafodd chwaraewyr Schalke orchymyn i gwrdd ar faes ymarfer y clwb am chwech o'r gloch – y bora! Nid i redeg rownd cae, ond i ddal bws i bwll glo lleol. Yno, cawsant gyfle i fynd dan ddaear i weld amgylchiadau gwaith y glowyr. Bwriad yr hyfforddwr oedd dangos i'r garfan pa mor freinteidig oedd eu bywydau bras nhw o'i gymharu â bywydau rhai o gefnogwyr selocaf y clwb yn Nyffryn y Ruhr.

Pam na wnaiff y Gymdeithas Bêl-droed drefnu i hogia

Cymru gael mynd i ymweld ag ysgol neu ysbyty dramor? Byddai'r fath ymweliad yn PR gwych, yn ogystal â chwistrellu dos bach o realiti bywyd caled gwledydd fel Moldofa i'r babis Mam cyfoethog.

★ ★ ★

Roedd Chisinau'n fy nharo i fel arbrawf seicolegol gan yr awdurdodau. Amgueddfeydd, cofgolofnau a swyddfeydd 'Y Parti' fel 'tasan nhw oll yn fwriadol fawr er mwyn atgoffa pob unigolyn pa mor fach a di-nod oeddan nhw o'u cymharu â'r wladwriaeth. A fedrwch chi 'mond dyfalu sawl dinas ddiflas debyg oedd 'na'n rhygnu 'mlaen rhwng Moscow a Vladivostock.

Roedd tlodi Moldofa'n dra gwahanol i'r tlodi hwnnw a welsom ar strydoedd Bwcarest ddwy flynedd ynghynt. Er bod prifddinas Rwmania'n byw ar ddibyn serth yn economaidd a chymdeithasol, roedd yno liw, sŵn a llond strydoedd o ddyfeisgarwch. Nid felly Chisinau. Yn y bôn, doedd y Moldofiaid ddim yn eich taro chi fel pobol mor despret â thrueniaid amddifad Bwcarest. Despret? Nag oeddan. Digalon? Yn bendant. Roedd hi'n wlad mor unffurf, mor unlliw ac mor undonog – dim rhyfedd nad oedd fawr o ysbryd a hwyl yn perthyn i drigolion Chisinau. Anobaith ym Mwcarest. Di-obaith ym Moldofa.

Ac yn y traddodiad Sofietaidd gorau, doedd mynd i siopa'n fawr o opsiwn. Roedd 'na giosg bach handi yng nghyntedd y gwesty'n gwerthu sigarets, poteli fodca a chardiau post o ddanteithion y ddinas – lluniau cyffrous o'r *Executive Committee of the Kishinev City Soviet of People's Deputies* a'r *State Academic Opera and Ballet*

Theatre of the Moldavian SSR' – ond os am bresantau amgenach, rhaid oedd mentro allan.

Roedd y farchnad fawr agored yn llawn pobol yn gwerthu cig, ffrwythau a llysiau. Dwi'n amau a fyddai cogydd teithiol carfan Cymru wedi prynu unrhyw beth o fama, cofiwch – golygfa gignoeth (yn llythrennol felly!) ydi honno o stondinau sy'n cael eu defnyddio fel lladd-dai a chownteri cig ar yr un pryd!

Golyga diffyg sgiliau ieithyddol ar y ddwy ochor na chefais wybod yn union pam roedd un ddynas yn gwerthu hanner parau sgidiau ar ochor stryd ger y farchnad. Roedd 'na ddigon o 'siopau' tebyg – ryw deimlad o: 'duwcs, be am ista lawr a gwerthu rwbath yn fama?' ac *yna* gweld be oedd ganddyn nhw i'w werthu. Fasach chi'n meddwl mai marchnad eithaf cyfyng fyddai yna i rywun fasa'n trio gwerthu sgidiau i bobol ungoes ym Moldofa, ond hei lwc iddi!

Lawr y lôn roedd 'na ambell enghraiffт arall o fenter marchnad rydd. Tra oeddan ni'n cerdded yn ôl i'r gwesty clywsom gerddoriaeth bop yn dod trwy ffenast adeilad. Dyma fynd i fusnesu gan gerdded i mewn i brototeip HMV Moldofaidd. Chwarae teg, roedd dewis rhyfeddol o helaeth o CD's ar y silffoedd – 'run ohonynt yn gopi gwreiddiol, cofiwch! Nid bod hynny'n poeni'r bobol ifanc hynny oedd yn sefyll o gwmpas yn gwrando ar y math o gerddoriaeth fasach chi'n disgwyl ei glywed mewn *cabaret* ciami yn Salzburg.

Ta waeth, am hanner awr swreal bu hanner dwsin o gefnogwyr Cymru a'r run faint o Foldofiaid syfrdan yn cynnal disgo anffurfiol. Cofiwch, bu'n rhaid dwyn perswâd ar y Moldofiaid i ymuno yn yr hwyl – roeddan nhw'n edrych arnom fel 'tasan ni newydd lanio mewn llong ofod. Anos fyth oedd eu perswadio nhw i feiddio troi'r sain i fyny!

Ar ôl gadael y parti, swreal fu gweddill y pnawn hefyd! O fewn pum can llath, camodd cwpwl ifanc tuag atom yn eithaf petrusgar – bachgen hir-wallt yn dal llaw ei gariad gyda chamera Polaroid yn ei law arall. Mewn Saesneg pwyllog, holodd hi os oeddan ni isio iddo fo dynnu'n llun ni. 'Pam lai,' atebodd Rhys. 'Da iawn,' meddai hithau, ac fe dynnwyd y llun. 'Pum doler, plis,' ychwanegodd fel ôl-nodyn wrth i'r llun ymddangos.

Wel, wn i ddim sut fath o gynllun busnes oedd gan y David Bailey Moldofaidd ond roedd hi'n grêt eu gweld nhw'n gwneud rhywbeth mor anghonfensiynol mewn gwlad mor geidwadol o gomiwnyddol – heblaw mai'r heddlu cudd oeddan nhw! Gyda llaw, roedd y llun yn un sobor o sâl!

* * *

Fel pob adeilad swyddogol arall yn yr hen Foldofa Sofietaidd, roedd y gwesty'n anferth gyda dros saith gant o stafelloedd gwely, llyfrgell gyda dros bum mil o lyfrau, swyddfa bost, salon trin gwallt, crydd, stafell fwyta (yn cynnwys cerddorfa) a neuadd gyngerdd. Ac fel pobman arall ym Moldofa roedd o'n hen ffasiwn gythreulig gydag oglau tamp a llwydni ym mob cornel o'r ddau lawr ar hugain. Teledu heb lun, teliffon heb dôn a stafell molchi heb sebon na shampŵ. Ond o leiaf roedd y cocrotshis yn rhad ac am ddim.

* * *

Y Stadionul Republican oedd yr unig le ym Moldofa imi weld unrhyw gynnwrf ymysg y bobol. Er bod cynifer ohonynt isio bod yn rhan o wlad arall, roedd 'na hen edrych ymlaen cenedlaetholgar am y gêm yn erbyn 'Tara Galilor' (Cymru i chi a fi) – y gêm gystadleuol go iawn gyntaf i'w chynnal ym Moldofa ers iddynt ennill annibyniaeth. Ella nad oedd fawr neb 'di clywed sôn am Foldofa o'r blaen – hyd yn oed o fewn yr Undeb Sofietaidd roedd hi'n cael ei hystyried yn weriniaeth ddigon di-nod – ond roedd camu i'r cae pêl-droed yn rhoi cyfle iddyn nhw gamu i sylw'r byd.

Ac o gofio bod Moldofa wedi curo Georgia oddi cartref yn eu gêm go iawn gyntaf brin fis ynghynt, does ryfedd i'r stadiwm fod dan ei sang y noson honno wrth i bobol chwifio'u baneri'n hyderus. Roedd hi'n foment emosiynol pan ganon nhw'r anthem genedlaethol gyda balchder ac arddeliad.

Trueni nad oedd cymaint o falchder cenedlaethol yn perthyn i hogia Cymru. Tara Galilor, myn uffarn i! Basa taro rhech tu hwnt i Gymru y noson gywilyddus honno. Mi fasa Tara Bethan a Tara Palmer-Tomkinson wedi cystadlu'n well na thîm Mike Smith.

Rhaid deud bod y Moldofiaid yn wefreiddiol eu chwarae, ac fe sgorion nhw goliau arallfydol wrth gipio'r pwyntiau. Roedd Cymru, nid am y tro cyntaf na'r olaf, yn druenus o wangalon. Roedd o'n ganlyniad cwbl annisgwyl i bobol gartref, ond ar ôl gweld agwedd y chwaraewyr yn ystod ein hymweliad byr â Moldofa, doedd o ddim cymaint o syndod.

Os oedd yna un isafbwynt is na pherfformiad Cymru, anodd credu y gallai unrhyw beth blymio islaw'r ymweliad â thoiledau cyhoeddus y stadiwm yn ystod hanner amser. Faswn i byth yn f'ystyried fy hun yn foi gor-sensitif, a dwi 'di hen arfer cael rhywun yn gwlychu fy sgidiau mewn toiledau wrth feysydd pêl-droed ac aml i stadiwm. Ond roedd y toiled dan yr eisteddle yn y Stadionul Rcpublican yn farbaraidd.

Un peth ydi sefyll mewn rhes o gefnogwyr yn gwlychu wal. Peth arall ydi mentro i mewn i stafell fawr wlyb a drewllyd ble mae 'na ddwsinau o ddynion yn eistedd ar eu cwrcwd gyda'u trowsusau rownd eu fferau, yn cachu'n gyhoeddus i mewn i dyllau yn y ddaear! Roedd fama'n gwneud i'r gwesty ym Mwcarest edrych ac ogleuo fel y Ritz.

★ ★ ★

Yr unig gysur oedd ein bod ni'n mynd adra'n syth o'r stadiwm. Anodd oedd peidio rhoi llond ceg i'r chwaraewyr am eu hymdrechion tila, ond 'taw pia hi' fuodd hi! Doedd neb isio colli'r ffleit.

Roedd pawb yn eistedd ar yr awyren erbyn tua hanner nos – ac eistedd a disgwyl y buon ni am rai oriau. Esboniodd y peilot fod ganddon ni broblem fach. Roedd Ewrop gyfan dan niwl trwchus, a olygai nad oedd hi'n bosib glanio am danwydd ychwanegol ym Mhrâg. Un o sgil-effeithiau'r oedi, petaen ni'n methu cychwyn cyn bo hir, oedd y byddai'r criw wedi rhedeg allan o'u horiau gwaith statudol cyn cyrraedd Stansted. Petai hynny'n digwydd byddai'n rhaid cael criw newydd o Brydain cyn i ni godi o Chisinau. Ond roedd problem arall – doedd dim modd i'r rheiny hedfan atom oherwydd yr un niwl. Andros o gylch dieflig, oedd yn plesio neb ond y gyfieithwraig druan oedd yn dal i obeithio cael dianc efo ni.

Wn i ddim pa fath o lefel yswiriant oedd gan

Gymdeithas Bêl-droed Cymru bryd hynny, ond wedi teirawr yn styc ar yr awyren penderfynwyd cychwyn. Rywsut neu'i gilydd, gyda thanc eithaf gwag reit siwr, fe lanion ni'n ddiogel yn Stansted – gan addo unwaith yn rhagor na fasan ni'n trafferthu efo'r fath shambyls o dîm byth eto.

Gyda llaw, chawson ni ddim bwyd ar y ffleit adra. Mi *oedd* 'na fwyd ar yr awyren, cofiwch, a braf oedd gwylio'r chwaraewyr a swyddogion y Gymdeithas Bêl-droed yn stwffio'u hunain, tra oedd yr unig bobol oedd wedi talu am deithio'n llwgu. Neis, 'de?

Mi wna i adael y gair ola i Huw Chick ac Enzo. Tra'n disgwyl yn ddiflas a blinedig tua chefn yr awyren ym maes awyr Chisinau, daeth Neville Southall draw. Nid i sgwrsio efo ni'r gwehilion, ond i fflyrtio efo'r stiwardes handi. Meddai Huw, jyst ddigon uchel, gydag Enzo ar ei lin: *'If you'd have tried as hard on the pitch as you are with her, we wouldn't have bloody lost, Nev'.*

Atebodd o ddim.

Sori, Moldofa...

...ac ymddiheuriadau lu i Rwmania hefyd, tra dwi wrthi. Yn ei lyfr gwych, *Holidays in Hell,* sgwennodd y dychanwr Americanaidd P.J. O'Rourke am hysbyseb a welodd mewn papur newydd Pwyleg oedd yn cynnig cyfnewid fflat dwy-lofft yn Warsaw am sach-gysgu yn Efrog Newydd! Ond mae'n rhaid bod 'na fyd o wahaniaeth rhwng twll o le a lle mewn twll.

Gwledydd a phobloedd mewn twll dwfn diwaelod o ganlyniad i arbrofion gwleidyddol anffodus a dogmâu unbenaethol oedd Moldofa a Rwmania. O'r herwydd, doeddach chi ddim yn disgwyl gwesty pum seren, bywyd nos byrlymus a bwydlen gastronomegol hirfaith. Esgus – neu'n hytrach y rheswm – dros fynd i'r fath wledydd oedd gemau pêl-droed Cymru, siwr iawn. Fasa neb llawn llathan wedi dewis mynd ar gyfyl Moldofa na Rwmania am wyliau go iawn bryd hynny, ond roedd ffwtbol yn ysgogiad ichi fentro dros y môr er mwyn cael cipolwg ar fywydau dirgel a digalon y Carpathiaid.

★ ★ ★

Damia! Fedra i ddim dal yn ôl mwyach. Waeth i chi wybod rwan hyn mwy na pheidio. FEDRA I DDIM DIODDA GWLAD BELG. Na'i phobol, na'i threfi, na'i threnau, na'i gwestai, na'i bwytai, na'i chwrw, na'i phob affliw o ddim arall chwaith. Ac yn arbennig felly ei phrifddinas. Dyna ichi dwll o le a hanner. Nodweddion achubol? Dim. Fasa'n well gen i dreulio Ionawr cyfan yn cysgu'n noethlymun mewn sach-gysgu yn Warsaw.

Wir i chi, dwi wedi trio 'ngorau glas i fod yn gymedrol wrth gynllunio'r bennod yma ond mae rhagfarn cryf yn andros o beth anodd i'w oresgyn – yn enwedig rhagfarn sydd â chyfiawnhad eithriadol y tu cefn iddo.

Cas. Creulon. Senoffobig. Brwnt. Celwyddog. (Dyna ddigon am y Belgiaid am y tro!) Annheg? Pwy, fi? Nhw ddechreuodd.

Ydach chi isio i mi restru rhai o'r rhesymau pam fod gen i'r fath gasineb perffaith tuag at y fath fwngral o wlad anghynnes? Nag oes? Wel sori, mae hi'n rhy hwyr – mae'r hylif atgasedd yn llifo go iawn bellach.

Da yw dant i atal tafod

Pan o'n i'n bedair oed, ac yn 'tŵrio' drwy Ewrop mewn Morris 1100 efo Mam, Nain a Taid Efailnewydd, dechreuais ddiodda o'r ddanno'dd mwya' annifyr yng Nghanol y Schwarzwald (Y Goedwig Ddu). Erbyn cyrraedd Gwlad Belg roedd yn rhaid mynd â fi at ddeintydd. Ac mewn deintyddfa oeraidd yn nhref Namur y collais i fy nant cynta' rioed. Dwi'n gwbwl sicir hyd heddiw fod y deintydd hwnnw'n gwenu pan dynnodd o'r dant allan. Gweithred gwbwl ddiangen yn saff i chi – ond pobol sadistig fel'na ydi'r Belgiaid, yn 'y marn a 'mhrofiad i.

Mwyaf poen, poen methiant

Mae rhaglen *Sgorio* wedi bod yn defnyddio 'cariwyr' ers pymtheg tymor bellach i dywys tapiau'n ôl yn wythnosol o ddinasoedd megis Barcelona, Madrid, Rhufain, Hamburg, Berlin a Munich.

Fel aelod o'r criw cynhyrchu fu'n trefnu ffleits cost-effeithiol ar gyfer y cariwrs cydwybodol, y cwestiwn cyntaf fasa rhywun yn ei gael gan Tom Alun, Rich neu Martin oedd: 'Lle dwi'n mynd penwsnos yma?' Yr ail gwestiwn yn ddiffael fyddai: 'Ddim efo blydi *Sabena*, naci?' Nid bois ffysi mo'r rhain – wedi'r cwbwl roeddan nhw wedi hen arfer codi yn oriau mân y bora (bob pen i'r siwrna), a delio efo swyddogion diogelwch arfog mewn stiwdios teledu ledled Ewrop berfeddion nos wrth gasglu tapiau. Ond byddai pob gobaith yn troi'n anobaith wrth glywed bod yn rhaid iddynt hedfan efo Sabena, a olygai newid awyren ym Mrwsel; roedd hynny'n ddigon i dorri'u calonnau nhw cyn cychwyn. Yn y bôn, roedd raid dewis Sabena gan eu bod nhw gymaint rhatach na phawb arall. A'r rheswm *pam* eu bod nhw gymaint rhatach? Rheol economaidd syml galw a chyflenwi, wrth gwrs. Doedd neb isio hedfan efo Sabena, oedd yn golygu digonedd o seddi gwag efo nhw tra oedd y lleill yn llenwi mewn chwinciad.

Sabena yw cwmni awyrennau cenedlaethol Gwlad Belg. Neu i fod yn fanwl gywir, Sabena *oedd* cwmni awyrennau cenedlaethol Gwlad Belg, tan i bethau fynd yn ffliwt a'r cwmni fynd i'r wal ym mis Hydref 2001. Bechod!

Mewn cefnfor o gwmnïau gwael, Sabena oedd y 'Titanic' awyrol a ddrylliwyd gan wasanaeth sobor, amserlennu chwit-chwat, diffyg cwrteisi enbyd ac arweiniad Belgaidd. Yn wir, mi greda i fod methiant Sabena'n deud cyfrolau am bersonoliaeth gwlad gyfan.

Gwastraff papur oedd amserlen Sabena gan nad oedd unrhyw awyren o eiddo'r cwmni yn glynu ato. A deud y gwir, y cydraddoldeb aneffeithiolrwydd yma oedd eich unig gysur chi wrth frysio'n ôl o'r cyfandir am stiwdio Barcud yng Nghaernarfon ar fora Llun. O leiaf, pan oeddach chi'n gadael Rhufain am Brwsel yn hwyr, roeddach chi'n gwybod y byddai'r awyren am Fanceinion yn hwyr hefyd (os nad oeddach chi'n eithriadol o anlwcus). *Lwcus* bod dwy ffleit yn hwyr – dyna'r effaith mae Gwlad Belg yn ei gael ar resymeg dyn!

Tydi hi ddim yn natur y Belgiaid i wneud pethau'n hawdd i estroniaid. Mae staff maes awyr Brwsel yn feistri corn ar wneud pethau'n anodd i ddarpar deithwyr. Un o hoff dactegau'r diawliaid slei ydi newid giatiau awyrennau ar y funud ola. Mi fedrwch chi lanio ym Mrwsel (yn hwyr, wrth gwrs) efo cerdyn bordio yn dynodi pa giât i fynd ati am y ffleit nesaf. Ond nid dyna be gaiff ei ddangos ar y sgrin deledu o'ch blaenau. Felly, a chithau ar frys i ddal y cysylltiad, mi 'dach chi'n chwilio am arwyddion. Pa arwyddion? Beth am chwilio am rywun all ddangos i ba gyfeiriad ddylsech chi redeg? Dwi'n fodlon betio can ewro na 'newch chi byth ffeindio rhywun sy'n gallu'ch helpu chi ym maes awyr Brwsel. Ddim yn gallu, ac yn bwysicach fyth mae'n ymddangos na tydyn nhw ddim *isio* helpu neb chwaith.

Dwi wedi sôn eisoes na tydi'r Belgiaid ddim yn hoffi estroniaid. A deud y gwir, tydi Belgiaid ddim yn licio'i gilydd chwaith! (Fel Cymry i raddau, mae'n siwr, ond efo lot mwy o fwstashis a pheth wmbrath lot llai o hiwmor.)

A hithau'n 'wlad g'neud' go iawn, mae'r rhaniadau'n gwbwl amlwg – hyd yn oed pan 'dach chi'n chwilio am air o gyngor yn y maes awyr. Codiad gwar a ryw fwmian *'je ne sais pas'* gewch chi gan y Walwniaid, mewn arddull llawn cystal ag y basach chi'n ei ddisgwyl gan eu cefndryd deheuol Ffrengig. Syllu'n syn yw un o gemau traddodiadol y Fflandrysiaid gogleddol, cyn cyfarth eu fersiwn nhw o *'je ne sais pas'* mewn Fflcmineg crachboeraidd sydd hefyd, yn ôl pob sôn, yn cyfieithu fel: 'Twll dy din di mêt, ma gin i betha gwell i neud na helpu pobol ddiarth fatha chdi'.

Taw pia hi

Rywsut neu'i gilydd roedd hi'n anorfod mai merch o Blackpool oedd Shelley Shore – merch landlordes tafarn Y Castell ym Mhwllheli. Roedd hi'n ddigon bodlon cadw cwmni imi wrth ddreifio rownd a rownd dre bob noson yn Ford Fiesta Mam, tra 'mod i'n ceisio dyfalu'r ffordd orau i awgrymu mai da o beth fyddai parcio'r car am awran fach yn nhwllwch maes parcio lan môr Glandon.

Dwi'n amau bod Mrs Shore, mam Shelley, wedi bod rownd y bloc hefyd, fel petai. Wn i ddim os mai'i ffansïo hi 'ta'i hofni hi o'n i mewn gwirionedd – roedd hi ar ei thrydydd gŵr yn barod – ond roeddwn i wedi penderfynu mai callach o beth coblyn oedd i hogyn dwy ar bymtheg oed fel fi ddisgwyl am Shelley yn y car, yn hytrach na mentro i'r tŷ tafarn i ofyn amdani.

Un nos Sadwrn mi ddeudodd Shelley fod ei mham am imi ymuno â nhw am ginio Sul y pnawn canlynol, yn y fflat uwchben Y Castell. Roedd hi'n sych ar y Sul ym Mhen Llŷn bryd hynny, ond ddim hanner mor sych â 'ngheg i pan gerddais i fyny'r grisiau i gwrdd â Mrs Shore a'i gŵr diweddaraf am y tro cynta' go iawn.

Chwarae teg iddyn nhw, mi ges i groeso cynnes a chwrtais wrth sôn am bynciau lefel A (*'never saw any point in 'em meself, love'*) ac addysg uwch (*'ooh, you've gor yerself a bit of a boffin, eh Shell?'*). Yna daeth yn amser i eistedd rownd bwrdd a bwyta cinio dydd Sul go hwyr.

Yn tŷ ni, roedd Mam yn rhoi bowlenni llysiau ar y bwrdd gan adael i bawb helpu eu hunain. Nid felly roedd pethau'n gweithio yn Blackpool, mae'n amlwg – roedd popeth eisoes wedi'i osod yn daclus ar ein platiau ni yn y gegin. *'Thank you, Mrs Shore,'* medda' fi. *'Less of the Mrs Shore, love – just call me Shirley!'* medda' hithau gyda gwên.

Gwaetha'r modd nid Dustin Hoffman o'n i, a Shirley Shore oedd hi nid Anne Bancroft na Mrs Robinson. Felly mi gewch chi anghofio'n syth bin am unrhyw gyffesion o anweddustra cudd ar bnawn Sul. Ffantasi llwyr fasa hynny – go iawn, fe drodd y Sul hwn yn hunllef personol. Tra 'mod i'n ymdrechu'n frwd i wneud argraff dda ar Shirley, sylweddolodd Shelley pa mor ddiflas a strêt o'n i mewn gwirionedd. Trodd yr anarchydd diedifar yn flaenor capal dros banad o de!

Yn naturiol, mi adawodd hi imi orffen fy mhryd cyn oeri tuag ataf, ond a deud y gwir mi fasa'n well gen i 'tasa hi wedi deud wrtha'i am godi fy mhac cyn y cegiad cyntaf. Petai hi wedi gwneud hynny, mi faswn i wedi cael osgoi'r brysyl sprowts oedd wedi cael eu gosod ar fy mhlât. Mater o daflu ceiniog fyddai hi i benderfynu prun dwi'n gasau fwyaf – sbrowts 'ta seleri – ond y pnawn hwnnw dewisais gynyddu'r ffalsio gwên-deg wrth gadw'n ddistaw a chladdu sbrowtan yng nghanol y tatws a'r grefi cyn cau llygaid a llyncu'n galed. A minnau bron â chyfogi wrth i'r blas dreiddio drwy'r tatws, mi wnes i rywbeth cwbwl hurt, dwl ac anesboniadwy – claddu'r fforc mewn sbrowtan arall a'i rhoi yn fy ngheg. Nefi blw, doedd hi ddim mor ddel â hynna!

Erbyn diwedd y noson roedd Shelley wedi gweld reit trwydda' i, ac fe barodd oglau'r sbrowts yn hirach na'r garwriaeth. Rheswm amwys i ddal dig yn erbyn Brwsel a'r Belgiaid, mi wn, ond mi wneith o'r tro i mi.

Gorau cam, cam cyntaf

Cefais ragflas o agweddau heddlu Gwlad Belg ym Mrwsel ym mis Mawrth 1991. Wedi buddugoliaethau da gartref yn erbyn y Belgiaid ac yna oddi cartref yn Lwcsembwrg, roedd 'na lwythi o gefnogwyr wedi heidio draw i Wlad Belg am y gêm gyfatebol.

Fel defaid braidd, roedd nifer fawr o'r cefnogwyr wedi ymgasglu yn y Grand Place hanesyddol a thrawiadol reit yng nghanol y ddinas. Roedd hi'n andros o bnawn braf cyn y gêm ac roedd pawb mewn hwyliau da 'yn edrych ymlaen at y gêm fawr. Roedd cefnogwyr o bob cwr o Gymru wedi tyrru i Frwsel i roi hwb hyderus i dîm Terry Yorath.

Roedd 'na bresenoldeb heddlu wedi bod yn y Grand Place drwy gydol y dydd, ond fasach chi ddim wedi deud ei fod o'n ormodol. Hynny yw, tan tua pedwar o'r gloch. Yn raddol, heb inni sylwi go iawn, roedd 'na fwy a mwy o heddlu wedi cyrraedd y sgwâr enfawr. A mwya' sydyn, fel defaid mi roeddan ni wedi'n corlannu. Roedd 'na sawl stryd gul yn arwain allan o'r sgwâr ond am ryw reswm annelwig roedd faniau'r heddlu wedi blocio pob un y pnawn hwnnw. Ar ôl selio pob ffordd allan, fesul un fe gaewyd pob un o'r bariau prysur. Heb ddiod, a heb ffordd allan o'r Grand Place, y cam nesaf oedd gwthio'r cefnogwyr i un gornel. Sgubodd rhes hir o heddlu yn eu lifrau gwrth-derfysg i lawr o dop y sgwâr gyda chŵn, ceffylau a gynnau dŵr pwerus yn gefn bygythiol gerllaw.

Duw a ŵyr pam, ond roedd 'na rai cannoedd ohonom wedi cael ein caethiwo'n ddirybudd. Camodd dyn hirwallt mewn siaced ledar frown ymlaen ac esbonio'u bod nhw am fynd â ni i'r stadiwm. Nid mewn bysus nac ar unrhyw dram na thrên, cofiwch – roedd y plisman cudd ffeind am i ni gael taith gerdded fach ganol pnawn!

Yn anffodus, roedd nifer o'r cefnogwyr wedi gadael eu tocynnau yn eu stafelloedd yn y gwahanol westai, gan fwriadu'u nôl yn ddiweddarach, ac roedd tocynnau ar gyfer ffrindiau a oedd wedi gadael y sgwâr ym meddiant cefnogwyr eraill. Ymateb haerllug yr heddlu pan ofynnwyd a fyddai modd mynd i nôl y tocynnau i'r gwestai oedd gwthio pawb tuag at un o'r strydoedd oedd yn arwain allan o'r Grand Place.

Doedd ganddon ni ddim clem pa mor bell oedd y stadiwm, nac i ba gyfeiriad yr oedd hi. Fasach chi'n meddwl y basach chi'n teimlo'n hynod o ddiogel yng nghwmni cymaint o heddlu, basach? Ond yng nghanol sŵn yr hofrennydd uwchlaw, y cŵn yn cyfarth a'r ceffylau'n gweryru'n annifyr o agos atoch, heb sôn am yr holl oleuadau'n fflachio, roedd rhywun yn teimlo dan warchae braidd.

Wedi yfed am rai oriau roedd hi'n eithaf naturiol bod trwch y fintai o orymdeithwyr anwirfoddol isio (ac angen) ufuddhau i alwad natur. Holodd hogyn o Faesteg a fyddai modd cael stopio i ddefnyddio toiled. Ysgwyd ei ben wna'th y surbwch o heddwas. Holodd un o'r Cofis be fasa'n digwydd 'tasa fo'n dynwared y Mannekin Pis 'ta? *'Ve vill arrest you'* oedd yr ymateb cryno. Roedd 'na gynifer ohonom mewn cryn boen erbyn hyn fel y penderfynwyd caniatau i ni stopio am wagiad go despret. Gwarth o beth oedd gorfod disgwyl ein tro wrth i'r heddlu, yn eu lifrau bygythiol, fynd â ni fesul ugain i biso'n gyhoeddus yn erbyn wal stryd. Tydw i ddim isio gor-ddramateiddio'r digwyddiad, ond rhaid cyfaddef bod 'na elfennau Natsiaidd iawn yn perthyn i edrychiad ac ymddygiad heddlu Gwlad Belg y diwrnod hwnnw.

Wnes i ddim sylweddoli'n syth bin, ond roeddan nhw'n mynd â ni rownd a rownd mewn cylchoedd. Nid taith i weld rhai o brif atyniadau Brwsel mo hon, ond ymdrech i ladd amser a sobri cefnogwyr Cymru.

Wedi dros ddwyawr o gerdded dyma gyrraedd y stadiwm o'r diwedd, ac yn null traddodiadol amaturaidd y Belgiaid doedd giatiau'r stadiwm ddim wedi agor a chawsom rwydd hynt i wasgaru i'r bariau prysur o amgylch y Vanden Stockstadion.

Roedd hi'n amlwg nad oedd yr awdurdodau yng Ngwlad Belg yn gwahaniaethu rhwng gwahanol gefnogwyr pêl-droed. Doedd affliw o neb i weld yn pryderu am yr annhegwch amlwg o ystyried pob cefnogwr fel hwligan neu ddarpar-hwligan. Peth peryg ydi pardduo pobol yn y fath fodd.

Ond o leiaf roedd hi'n gysur bod yr hogia wedi cael gêm gyfartal, ac na fasa'n rhaid dychwelyd i'r hofal am amser maith wedyn.

Enw da yw'r trysor gorau

'*You football fans just have to expect this type of thing*' – dyna eiriau Swyddog Dyletswydd Llysgenhadaeth Prydain ym Mrwsel mewn sgwrs ffôn, tua phedwar mis ar bymtheg yn ddiweddarach.

Dwi 'di teimlo rioed fod *'garbage in, garbage out'* yn ddisgrifiad hynod addas o alluoedd cyfrifiaduron: tydyn nhw 'mond cystal â'r wybodaeth a'r cyfarwyddiadau y mae pobol yn ei fewnbynnu. Ac yn sicir fe brofodd hynny'n wir yn sgil ein hymweliad â Gwlad Belg ym mis Tachwedd 1992. Gêm bwysig arall – yn rowndiau rhagbrofol Cwpan y Byd y tro hwn – ond taith oedd nid yn unig yn ddiflas o ran y pêl-droed ond ag iddi oblygiadau dychrynllyd o ran rhyddid unigolion.

★ ★ ★

Roedd pawb mewn hwyliau da pan stopion ni am fechdan saim yn un o gantîns bwyd trycars ar ochor yr A5 tua Croesoswallt. Ar ôl bechdan sosej a sôs brown, ac ymweliad â'r portalŵ, ffwrdd â ni eto am faes awyr Birmingham. Rywsut neu'i gilydd, tra oeddan ni'n bwyta roedd dau rabsgaliwn wedi dringo ar ben to'r garafan a dwyn y Ddraig Goch oedd wedi bod yn chwifio yno ochor yn ochor â baneri pob cenedl arall oedd yn debygol o basio heibio.

Roeddan ni rywle rhwng Yr Amwythig a Telford pan welis i'r hofrennydd gyntaf. Roedd hi'n eithaf isel, ac fel 'tasa hi'n ein dilyn ni. Ond ar y llaw arall roedd hon yn lôn brysur, a digon o fynd a dwad arni inni beidio poeni'n ormodol.

Hynny yw, tan i'r bws mini bach o Bwllheli ddod i lawr y slipffordd oddi ar yr M54 er mwyn ymuno â gwallgofrwydd beunyddiol yr M6. Un hofrennydd, dau sbidcar Jaguar, dau gar Panda, tri motorbeic a Black Maria, myn uffarn i. Gyda channoedd ar gannoedd o geir yn llusgo heibio cawsom ein hamgylchynu gan fwyafrif gweithlu Heddlu Canolbarth Lloegr.

Mae'n rhaid eu bod nhw wedi dilyn y bws mini anghywir, meddan ni wrthon ein hunain ac wrth ein gilydd. Tra oeddan ni'n styc mewn cyrch gwrthderfysgol, mae'n siwr fod 'na fws mini llawn Semtex o Dundalk yn mynd dow-dow heibio adeilad yr RAC jyst lawr lôn...

Ond na, ymddengys mai ni oedd *public enemy number one*. Yn ôl y plismon a gamodd i mewn i'r bws, roedd dynas ger Nesscliffe wedi ffonio i riportio bod rhywun wedi dwyn fflag o do ei chantîn. Chwarae teg i'r heddwas, pan glywodd o'n bod ni'n mynd i'r maes awyr er mwyn mynd i wylio pêl-droed eglurodd fod ganddon ni dri munud i benderfynu'n cam nesaf: cyfaddef a mynd, neu ddeud dim a cholli'r ffleit. Tynnwyd y Ddraig Goch o fag yn y cefn, a chwarae teg i'r dreifar mi aeth â'r fflag at y plismon a chynnig mynd ag o (y fflag) a bocs siocled mawr ac ymddiheuriadau'r hogia'n ôl i'r ddynas ar ei ffordd adref!

O edrych yn ôl, mi fasa noson mewn cell yn Walsall wedi bod yn fwy pleserus na Brwsel.

★ ★ ★

Erbyn amser cinio dydd Mawrth ro'n i wedi cwrdd â'm ffrindiau o Gaerdydd, a dyma'r pump ohonom yn penderfynu dal trên i weld y gêm dan 21 oedd yn cael ei chynnal y noson honno yn nhref fach Kortrijk (neu Courtrai) oddeutu hanner can milltir o Frwsel, reit ar y ffin efo Ffrainc. Mi fasa hi'n braf cael dianc o awyrgylch ormesol Brwsel am ychydig oriau, ac yn ogystal roeddwn yn awyddus i weld hogyn o Bwllheli, Stephen Pugh, yng ngharfan Cymru am y tro cyntaf.

Cyrhaeddwyd gorsaf drenau Kortrijk ganol pnawn. Wrth gamu oddi ar y trên cawsom ein hamgylchynu gan dîm pêl-droed cyfan o blismyn, gyda dau gi ffyrnig yr olwg fel eilyddion. Aethpwyd â ni mewn fan i brif orsaf heddlu Kortrijk. Dyma ofyn pam ein bod ni'n cael ein trin fel hyn. *'Procedures,'* meddan nhw. Yn ddiweddarach ceisiodd un esbonio'u bod nhw'n gwneud hyn rwan er mwyn gallu'n nabod ni a'n diystyru petai 'na helynt yn ystod ein hymweliad!

Nid yn unig roeddan nhw isio manylion enw, cyfeiriad, dyddiad a man geni a swydd, ond roeddan nhw'n mynnu tynnu lluniau ohonom yn rêl adar jêl yn dal cerdyn o'n blaenau efo rhif personol arno. Doedd gwrthod ddim yn ddewis – pan fynnodd un o'r hogia nad oedd o am gael tynnu ei lun, dywedwyd yn blwmp ac yn blaen wrtho y basa gwrthod cydweithredu yn golygu aros yn yr orsaf heddlu tan iddo gydsynio.

Doeddan ni ddim wedi gwneud unrhyw beth. Yn wir, chawson ni mo'n cyhuddo o unrhyw beth. Ond roeddan ni'n euog – o fod yn gefnogwyr pêl-droed.

* * *

Roedd oddeutu hanner cant o gefnogwyr wedi dal y trên olaf o Kortijk. Roedd oddeutu hanner cant o blismyn yn disgwyl amdanom ym mhrif orsaf drenau Brwsel. Roeddan nhw wedi selio pob ffordd allan ac roeddan nhw eisiau gweld ID pawb. Roedd gan un plismon ddarn papur yn ei law yn llawn enwau, ac roedd hi fel fel 'tasa nhw'n tshecio ID pawb i weld os oeddan nhw'n ymddangos ar y rhestr.

Ro'n i wedi gadael fy mhasport yn y gwesty a bu'n rhaid i'r plismyn yma, fel rheiny yn Kortrijk, fodloni ar gerdyn credyd fel tystiolaeth adnabod. Doedd Rhys ddim mor ffodus – cafodd o'i lusgo i mewn i fan plismyn a'i gludo gyda Chymro arall i orsaf heddlu Canol Brwsel. Ceisiodd ei frawd holi beth oedd yn digwydd a'r unig gyngor a gafodd oedd i adael yr orsaf yn syth bin a mynd i'r orsaf heddlu drannoeth.

Er gwaethaf agwedd ddi-hid y llysgenhadaeth (*ein* llysgenhadaeth, hynny yw) pan ffoniodd Gwil nhw'r noson honno, roeddan ni wedi hanner disgwyl y byddai'r heddlu wedi sylweddoli mai camddealltwriaeth oedd o wedi'r cyfan, ac y byddai Rhys yn cael ei ryddhau ben bora. Ond wedi dwyawr yn disgwyl am wybodaeth neu esboniad yn yr orsaf heddlu, dywedwyd bod Rhys wedi cael ei ystraddodi am fod ei enw o ar restr o hwliganiaid pêl-droed. Roedd pawb 'di gwylltio, a brodyr Rhys yn gandryll, ond ofer fu'r protestio wrth i'r plismon fygwth mai dyna fyddai'n digwydd i ninnau petaen ni ddim yn gadael ei orsaf o'n syth.

★ ★ ★

Diolch i ddycnwch, amynedd a phenderfyniad penstiff y teulu, llwyddwyd i ddatrys y cawdel celwyddau a arweiniodd at brofiadau erchyll Rhys ym Mrwsel. Cafodd ei gadw yn y ddalfa am un awr ar bymtheg. Cafodd ei archwilio a thynnwyd ei lun o eto. Gwrthodwyd unrhyw gyswllt â'i ffrindiau ac â'i deulu. Chafodd o ddim cymorth cyfreithiol na llysgenhadol. Dywedwyd wrtho nad oedd ganddo unrhyw hawliau gan ei fod o yng Ngwlad Belg ac yn atebol i gyfraith y wlad honno. Ar ôl llofnodi ffurflen nad oedd o'n ei dallt, aethpwyd ag o i Ostend i gael ei ystraddodi.

Fel daeargwn, dechreuodd y teulu lobïo a llythyru'n helaeth at dri aelod seneddol yn San Steffan, un aelod seneddol Ewropeaidd, y Swyddfa Gartref, y Swyddfa

Dramor, Heddlu De Cymru, Heddlu Gwlad Belg, y Comisiwn Ewropeaidd, yr Ombwdsman Ewropeaidd, Swyddfa'r Cofrestrydd Diogelwch Gwybodaeth, Llysgenhadaeth Prydain ym Mrwsel, Llysgenhadaeth Gwlad Belg yn Llundain, sawl adran o lywodraeth Gwlad Belg, ac yn olaf, y National Criminal Intelligence Service neu NCIS.

Yn y bôn, cafodd Rhys ei arestio a'i ystraddodi oherwydd bod ei enw o ar restr o hwliganiaid a yrrwyd gan NCIS yn Llundain at heddlu Gwlad Belg cyn y gêm yn Nhachwedd 1992.

Y cwestiwn amlwg nesaf ydi, sut goblyn oedd enw Rhys ar y fath restr? Wel, ddwy flynedd ynghynt roedd Rhys yn un o ddeg ar hugain o Gymry oedd yn teithio ar drên i wylio gêm ryngwladol yn Lwcsembwrg. Nid yn annhebyg i'n profiadau diweddarach ni yn Kortrijk, gorfodwyd y cefnogwyr i roi manylion a thynnu lluniau ar orchymyn yr heddlu trafnidiaeth oedd yn disgwyl am y trên yn nhref Arlon.

Wedi'r broses hirwyntog a gwastraffus cafodd pob un o'r cefnogwyr barhau â'u siwrna i Lwcsembwrg. Ond yn gwbwl ddiarwybod iddyn nhw roedd y data a'r lluniau a gasglwyd yn Arlon wedi dechrau ar eu taith wenwynig drwy systemau cyfrifiadurol Ewrop. Gyrrodd heddlu Gwlad Belg restr o enwau a lluniau'r deg cefnogwr ar hugain at NCIS yn Llundain, gan ddeud bod pob un ohonyn nhw wedi cael eu harestio am fod yn feddw ac am ymosod ar yr heddlu.

Yn 1992, gyda Chymru ar fin ymweld â Brwsel eto, gofynnodd awdurdodau diogelwch Gwlad Belg am fanylion gan NCIS o hwliganiaid o Gymru yn eu ffeiliau nhw. Wel, gan nad oedd unrhyw un yn NCIS wedi cwestiynu dilysrwydd neu gywirdeb y wybodaeth wallus a gawsant ddwy flynedd ynghynt, gyrrwyd yr enwau 'nôl i'r Belgiaid fel rhai euogfarnedig. Euog, er nad ocddan nhw wedi cael eu cyhuddo o unrhyw drosedd. Euog, er nad oeddan nhw wedi wynebu llys barn. Euog, er nad oeddan nhw hyd yn oed yn ymwybodol eu bod nhw wedi cael eu cofrestru'n euog.

Dyma rai o'r enwau oedd ar y darnau papur gan y plismon yng ngorsaf drenau Brwsel yn Nhachwedd 1992, wrth gwrs; fawr o syndod felly fod enw Rhys wedi tynnu sylw. Ac roedd hyn yn fy mhoeni innau'n arw.

Os oedd rhoi manylion a thynnu llun yn 1990 wedi achosi arestio ac ystraddodi yn 1992, onid oeddwn innau bellach ar ryw fath o felt symudol torcyfreithiol ar ôl yr halibalŵ yn Kortrijk? Fasa gen *i* ffeil bersonol sbesial yn NCIS, tybed?

Wn i'm os mai lleddfu pryderon 'ta'u cynyddu nhw wna'th help llaw Dafydd Wigley, a deud y gwir. Fe ddechreuodd o wneud ymholiadau ar fy rhan gyda'r Swyddfa Gartref ond roedd yr atebion a gafwyd yn ddigon i godi ofn arnoch chi.

Mewn llythyr at Rhys a'i frodyr gan bennaeth NCIS, yr Arolygydd Bryan Drew, ar y pedwerydd ar hugain o Dachwedd, 1992, nodwyd fel a ganlyn:

> *In reply to your enquiries I can confirm that your name was on a list provided by this unit to the Belgian authorities.*

Ond mewn ateb at Dafydd Wigley gan y Swyddfa Gartref a anfonwyd ar y pedwerydd ar ddeg o Ionawr, 1993, ceir:

I understand from the National Criminal Intelligence Service that no names of Welsh football supporters were given to the Belgian Police.

Anhygoel. Celwydd noeth. Ac yn dilyn ymholiadau pellach gan Aelod Seneddol anfodlon iawn, wele ateb yn syth o enau Syr Humphrey yn *Yes Minister* – yr agosaf gewch chi at gyfaddefiad gwleidyddol o dwyll a chelwydd, dybiwn i:

I regret to say that we misinformed you about this… I am so sorry for the misunderstanding.

Mi gymrodd hi bedair blynedd o lythyru ac ymgyrchu (heb atebiad i unrhyw lythyr gan yr awdurdodau Belgaidd, gyda llaw) cyn i enw Rhys gael ei glirio'n swyddogol. Pedair blynedd o fyw tan gwmwl gyrfaol, gyda phobol gyffredin bron yn unfrydol eu barn: 'Mae'n rhaid 'i fod o 'di gneud *rhywbeth*'. Wedi'r cwbwl, pobol onest ydi plismyn, ynde?

Yn fy achos i, cafodd Dafydd Wigley sicrwydd pellach gan Arglwydd Ferrers nad oedd fy enw na 'ngwep hyll i (nid geiriau Arglwydd Ferrers na Dafydd Wigley, gyda llaw!) ar unrhyw ffeil gan NCIS. Ond ddeng mlynedd a mwy yn ddiweddarach, gydag Ewrop yn closio at ei gilydd a'r llywodraeth yn ysu i gasglu cymaint o wybodaeth ag y mae'n bosib amdanom, rhaid cyfaddef 'mod i'n dal i deimlo ias oer pan fydd y swyddog yn y maes awyr yn cymryd fy mhasport, ac yn dechrau teipio…

Real Madrid 1 Swreal Madrid 2

Helsinki 2002

Roedd Dafydd wedi 'blino' yn arw. Roedd o wedi bod ar
daith 'ddiwylliedig' o amgylch Helsinki, ar ôl gadael
maes awyr Manceinion ddiwrnod a hanner yn ôl. Bar
Hemingway, Molly Malone's, O'Malleys, On The Rocks
a Pub Pete, lle maen nhw'n cynnal 'Awr Hapus' rhwng
naw a phump bob dydd, wyddoch chi.

★ ★ ★

Yn y cyfamser, roedd rhai ohonom wedi ymlwybro i dre
brennaidd Valkeakoski, tua chan milltir i'r gogledd o
Helsinki. Roedd camu i mewn i stadiwmValkeakoski fel
cerdded i mewn i warws IKEA. Stadiwm gyfan wedi'i
chreu o goed – fawr o syndod o ystyried mai melin bapur
oedd prif gyflogwr y dref. Y felin oedd perchnogion a
landlordiaid F. C. Haka, y clwb pêl-droed lleol hefyd. A
diolch i bresenoldeb hanner dwsin o simneiau myglyd tu
ôl i'r gôl bellaf, y felin bapur oedd prif lygrwr yr ardal
heb os. Wedi hanner awr yn Valkeakoski roeddwn i'n
teimlo fel 'taswn i wedi bod yn cnoi darn o ffôr bai tŵ.

Ers i dîm dan un ar hugain Cymru ennill eu gêm
ddwytha, roeddwn i wedi llwyddo i briodi, cael dau o
blant a newid cyflogwr deirgwaith. Roedd hi'n anorfod
eu bod nhw'n mynd i lwyddo rywbryd! A dyna'r
broblem, ynde – sut goblyn faswn i'n teimlo petai
llanciau ifanc Cymru'n digwydd ennill gêm, a minnau

ddim yno fel tyst i'r digwyddiad hanesyddol? Prun fasach chi'n ddeud ydi'r gosodiad mwyaf trawiadol o'r ddau yma: *'I was there,'* 'ta *'I could've been there, but couldn't be bothered'?*

Colli wna'th Cymru yn Valkeakoski. Colli'n anlwcus ac yn anhaeddiannol, ond colli jyst run fath. A cholli wnes innau hefyd. Pan sgoriodd Adam Burchill (llanc dwy ar bymtheg oed o Arsenal) i roi Cymru ar y blaen, ro'n i'n sefyll mewn portalŵ yng nghefn yr eisteddle pren. Mae gen i ofn meddwl be faswn i wedi'i wneud 'tasa'r Ffiniaid heb sgorio dwy wedyn!

★ ★ ★

Roedd Dafydd wrth ei fodd pan stopiodd y tacsi. Ac yntau'n despret am ei wely a phob cerbyd yn llawn, roedd o wedi ystyried cerdded yn ôl i'r hostel. Ond yna cofiodd nad oedd ganddo obadeia lle'r oedd ei lety. Rwan, diolch i'r Samariad yn ei gerbyd, roedd o am fod yn ei wely mewn llai na deng munud.

Mi ddylsai mwydro'n feddw gyda gyrwyr tacsi fod yn gamp Olympaidd – rhoddai gyfle i ni'r Cymru wneud cryn argraff ar y byd athletau. Roedd Dafydd ar ei orau y noson honno wrth sgwrsio â'r gyrrwr croenddu. O Nigeria oedd o'n dod yn wreiddiol, ond roedd o 'di byw yn Helsinki ers ychydig flynyddoedd.

Mwya' sydyn, Dafydd oedd y Samariad wrth i'r gyrrwr ddechrau bwrw'i fol tra'n disgwyl i'r coch droi'n wyrdd. Roedd ei wraig wedi'i adael o gan fynd â'r plant efo hi, medda' fo wrth Dafydd dan deimlad. Ychwanegodd ei bod hi'n anodd iawn cael gwaith sefydlog hefyd.

Yn naturiol ddigon, roedd Dafydd yn cydymdeimlo'n arw â'i fêt newydd a phenderfynodd roi tip go lew iddo ar ddiwedd y siwrna. Pan barciodd y gŵr o Nigeria tu allan i'r Eurohostel, trodd Dafydd ato a gofyn faint oedd y gost. Syllodd ei gyfaill arno'n syn am ychydig eiliadau, cyn gofyn be oedd Dafydd yn ei feddwl.

'*How much for taxi?*' esboniodd Dafydd.

'*Taxi? What taxi?*' atebodd y Nigeriad.

'*You mate,*' medd Dafydd. '*How much for the journey home?*'

'*No, no, no. I am not a taxi. It's just I was lonely and wanted to talk to someone. Thank you.*'

Tallinn 1994

Yn ddiweddar, mae Tallinn wedi ennill enw da iddi'i hun fel canolfan dwristaidd ffyniannus. Yn wir, treuliodd cannoedd o Gymry noson neu ddwy llawn bwrlwm ym mhrifddinas Estonia cyn y gêm ryngwladol fythgofiadwy yn erbyn Y Ffindir.

Ond 'nôl ym mis Mai 1994 doedd Tallinn ddim cweit mor cŵl fel cyrchfan i ymwelwyr. Roedd hynny'n well i'r pedwar ohonon ni, wrth gwrs. Ac yn rhatach. A deud y gwir, er gwaetha'n hymdrechion glew, roedd hi'n eithriadol o anodd gorwario yn Tallinn bryd hynny.

Roedd 'na rywbeth eithriadol o braf mewn cael ymweld â Tallinn mor gynnar ar ôl i'r wlad fechan dorri'n rhydd o'r gormes Sofietaidd. Bellach, dwi'n amau bod dyfodiad y twristiaid (ac yn eu sgil y giamstars rheiny sydd am elwa, yn gyfreithiol weithiau, ar dwpdra a diniweidrwydd yr ymwelwyr newydd) yn bygwth difetha harddwch ac urddas yr 'Hen Dref' ganoloesol.

Yr unig faen tramgwydd yn Estonia yn 1994 oedd y Rwsiaid. Er bod bron i draean y boblogaeth yn Rwsiaid, roeddan nhw'n estroniaid yn Estonia gan fod y llywodraeth newydd wedi'u hanwybyddu nhw'n llwyr ers ennill annibyniaeth dair blynedd ynghynt. Chafodd y Rwsiaid ddim hawl pledleisio yn etholiadau agored cynta'r wlad newydd yn 1992, a chyfyngwyd ar eu hawl i wneud cais am ddinasyddiaeth Estonaidd.

Yn naturiol, bryd hynny, doedd Rhys na finnau'n gwybod dim am y berthynas fregus oedd yn dal i fodoli rhwng Rwsia ac Estonia. Doeddan ni ddim yn gwybod fod y gyrrwr yn Rwsiaidd chwaith. Ac yn sicir doeddan ni ddim yn gwybod ei fod o'n feddw gaib!

Efallai fod y gyrrwr tacsi *macho* a fynnodd rasio'i fêt drwy strydoedd gwlyb Kiev ym mis Mehefin 2001 gyda'r nodwydd yn cyffwrdd 160 cilometr yr awr yn beryclach dyn – ond o leiaf roedd hwnnw'n sobor, ac yn berchen ar fodur go solat. Roedd gyrrwr yr hen Lada yn Tallinn yn feddw, yn flin, ac yn benderfynol o gyflawni hunan-laddiad – a llofruddiaeth.

Roedd hi eisoes wedi bod yn daith anghyfforddus ond fe waethygodd pethau'n arw pan newidiodd y golau i goch, reit o flaen criw o filwyr ifanc oedd yn sefyll ar ochor y stryd. Rhaid cyfaddef 'mod i wedi synnu ryw ychydig ei fod o wedi gallu agor ei ffenast, ond roedd hi'n gwbwl ryfeddol ei weld o'n hongian allan o'r ffenast yn gwneud stumiau ac yn sgrechian i gyfeiriad y milwyr.

Wn i ddim os oedd y milwyr wedi gwylltio ai peidio. Wna'th y dreifar ddim disgwyl am ymateb ac fe sgrialodd drwy'r golau coch a rownd y gornel ar ddwy olwyn. Petawn i'n ysgafnach dwi'n amau y byddai'r car wedi troi drosodd, ond rywsut neu'i gilydd fe lwyddodd i sythu'r car tra'n bytheirio yn erbyn Estonia a'r Estoniaid. Chafodd o ddim tip.

Drannoeth, cyfle i siopa ryw fymryn, a chyfle i weld siop ryfedda'r byd. Rhwng ein gwesty ni a gwesty'r chwaraewyr roedd 'na siop wych oedd yn llawn nwyddau gorllewinol. Digonedd o nwyddau ond fawr ddim dewis, gwaetha'r modd.

Roedd yno focsys bach, bocsys mawr a hyd yn oed focsys canolig eu maint. Ond yn gwbwl, gwbwl anhygoel, yr unig beth ar werth yn y siop yma oedd – Corn Fflêcs! Bocsys ar focsys ar focsys o Gorn Fflêcs!

Ynysoedd Ffaröe 1993

Nid y lle pellaf i fynd iddo i wylio gêm ryngwladol, ond un o'r rhai anoddaf. Tydi o fawr pellach i'r gogledd nag ynysoedd yr Hebrides Allanol ond mae'r dewis o gludiant yn eithriadol o gyfyngedig – cwch ara' deg o Scrabster ar gorun tir mawr Yr Alban, hedfan i'r gogledd-orllewin (drwy hedfan yn gyntaf i'r dwyrain ac am Copenhagen cyn dal ffleit arall ddrud), neu nofio.

Diolch i'r drefn, golygai perfformiadau canmoladwy tîm Terry Yorath fod digon o alw i fedru siartro awyren arbennig i fynd â chriw o gefnogwyr yn syth o faes awyr Caerdydd i faes awyr Vagar ar yr ynysoedd anial.

Bing Bong! Will Dillon Flowelin please contact the information desk.

A minnau wedi bod yn llyffanta rownd Caerdydd drwy'r nos ac wedi wfftio cwsg, wnes i ddim deall y neges ddaeth dros yr uchelseinyddion ym maes awyr Caerdydd yn syth bin. Pan ddaeth y 'Bing Bong' am yr eildro, dyma frysio at y ddesg a gofyn os mai f'enw i oeddan nhw'n ei fwtsiera.

Diolch yn fawr, Rhodri Tomos! Fo oedd cynhyrchydd

rhaglen 'Ar y Marc' ar Radio Cymru. Fo oedd y gŵr oedd
yn gwybod nad oeddwn ar gael i gyfrannu y Sadwrn
hwnnw. Fo oedd y boi benderfynodd mai difyr fyddai
'nghyfweld i ar y ffôn jyst cyn i ni gychwyn ar ein taith.
Nid fy nghyfraniad mwyaf disglair, beryg!

Wnes i'm deffro nes imi glywed y capten yn
cyhoeddi'n bod ni'n paratoi i lanio. Wel, be ddeudodd o
oedd ei fod o am *drio* glanio! (Ffaith ddifyr i'r rhai
ohonoch chi sy'n ymddiddori mewn ffeithiau bach
dibwys – llain lanio Maes Awyr Vagar yw'r llain lanio
ryngwladol fyrraf yn y byd. Ffaith na chafodd ei gwerth-
fawrogi ar yr awyren wrth i'r peilot esbonio ei fod o'n
gobeithio glanio'n ddiogel er gwaetha niwl trwchus.)

Rwan, mae nifer o feysydd awyr y byd wedi'u lleoli
ymhell o ganol y dinasoedd y maen nhw'n eu
gwasanaethu. Ond siawns nad oes 'na 'run maes awyr
rhyngwladol arall sydd dair ynys (taith bws a dwy long
fferi) o'r brif, os nad yr unig, dref.

Mi gymrodd hi oriau i gyrraedd gwesty to tywyrch
Forøyar uwchlaw'r brifddinas, Tórshavn. Nid y bws na'r
fferis oedd ar fai, cofiwch, ond y ffaith i'n bws ni fod yn
styc am oesoedd mewn ciw hir. A'r dihiryn euog?
Ffarmwr, siwr iawn – yn gyrru dow-dow tra'n tynnu
trelar gor-gyfarwydd Ifor Williams!

Atlanta 2001

Mae 'na rywbeth swreal yn digwydd ar bron pob taith,
ond anodd credu y gwnaiff unrhyw beth guro'r noson yn
nhalaith Georgia pan aeth Rhys Williams a minnau i'r
pictiwrs efo dwy bêl-droedwraig o Shanghai! Gadewch i
mi esbonio...

Roedd gwesty moethus y Westin Peachtree yn homar o

adeilad reit yn nghanol *downtown* Atlanta – y gwesty talaf yn hemisffêr y gogledd, yn ôl pob sôn. Ond er bod y ferch glên yn nerbynfa'r gwesty wedi deud mai ar y trigeinfed llawr oedd f'ystafell i, wnes i'm cweit deall pa mor uchel oedd hynny nes imi ddigwydd edrych allan trwy'r ffenast wydr enfawr, a gweld *hofrenyddion* yn gwibio heibio – is-blincin-law!

★ ★ ★

Ym mis Mehefin 1999, llwyddodd yr Americanwyr i adennill Cwpan y Byd i ferched drwy guro Tseina ar giciau o'r smotyn. Yn digwydd bod, ro'n i ar wyliau teuluol yn Florida bryd hynny, ac am y tro cyntaf erioed gwelwyd *'soccer'* yn cael sylw teg gan wasg draddodiadol gul a phlwyfol yno – bron mor gul a phlwyfol ac un-llygeidiog â'r wasg Gymreig, efo'i hobsesiwn am beli siâp ŵy. Bron iawn.

Roedd o'n help bod y tîm Americanaidd yn cael hwyl arni, wrth gwrs, ond llwyddwyd i ddenu bron i gan mil o gefnogwyr ar gyfer y rownd derfynol yn y Pasadena Rose Bowl. Mwy na thorf rownd derfynol y dynion rhwng Yr Eidal a Brasil yn yr un stadiwm yn 1994!

Roedd Llywydd FIFA, Sepp Blatter, un ai wedi ei gyfareddu gan y gystadleuaeth neu'n gweld pledleisiau arlywyddol ychwanegol pan honnodd: *'The Future of Football is Feminine'*. Byddai siniciaid yn amau mai cyfeirio at wardrob David Beckham neu shampŵ David Ginola roedd Sepp Blatter, ond y gwirionedd oedd fod merched fel Mia Hamm, Brandi Chastain a Briana Scurry yn arwyr oll i'r cannoedd o filoedd o enethod.

Yn sgil llwyddiant y gystadleuaeth, a'r synau calonogol o du FIFA, penderfynodd yr Americanwyr sefydlu cynghrair merched newydd sbon, fyddai'n denu goreuon y byd i hyrwyddo ffyniant y gêm.

Sun Wen oedd capten Tseina, prif sgoriwr Cwpan y Byd, enillydd pleidlais Chwaraewraig y Gystadleuaeth, a chyd-enillydd Chwaraewraig y Ganrif. A hi oedd prif darged trefnwyr WUSA - y gynghrair newydd gyffrous. Yn rhyfeddol, wedi misoedd o drafod gwleidyddol, rhoddwyd yr hawl iddi adael tir mawr Tseina am ryddid ac arian gorllewinol. Arwyddodd Sun Wen i glwb proffesiynol yr Atlanta Beat. Clwb newydd. Byd newydd. Gwlad newydd. Ac roeddan ni wedi teithio i Georgia i weld sut oedd un o'r chwaraewyr gorau rioed yn ymdopi yng nghanol cyffro'r antur cwbwl newydd yma.

* * *

'*You come cinema with us?*' holodd Shen Jun, mêt Sun Wen o Shanghai. Roedd hi 'di dianc o Tseina rai blynyddoedd ynghynt a bellach yn gweithio mewn banc yn Des Moines, Iowa. Roedd hi'n treulio wythnos efo'i hen ffrind i'w helpu i setlo mewn gwlad ddiarth – un yr oedd gan ei phobol ffordd o fyw mor wahanol i'r hyn yr oedd Sun Wen yn gyfarwydd ag o

Edrychodd Rhys Williams arna i. Edrychais i arno fo. Ond cyn i ni fedru penderfynu ar ffordd dda o ddeud 'diolch ond dim diolch' roedd Shen Jun wedi diflannu, gan adael Rhys a minnau i fwyta *sweet and sour chicken* o Panda Express, a Sun Wen i orffen Big Mac ei ffrind.

Roedd Shen Jun yn dipyn o gês – yn dipyn o rebal direidus, a deud y gwir. Roedd y ddwy ohonyn nhw wedi ymaelodi â'r academi bêl-droed leol yn Shanghai yn eu harddegau. Carchar oedd o, meddai Shen Jun, a diawl o ddim rhyddid yno i feddwl na gwneud unrhyw beth heb ganiatâd. Pharodd hi ddim yn hir iawn yno.

Deud bod yr academi'n iawn wna'th Sun Wen, cyn esbonio bod popeth wedi'i reoli'n llwyr fel 'tasan nhw yn y fyddin. Pryd i gysgu, pryd i ddeffro. Pryd i fwyta, *be* i'w fwyta. Ymarfer ben bora mewn tywydd garw. Ddim yn cael gweld eich teuluoedd am wythnosau. Gwthio, gwthio, gwthio i wella, gwella, gwella...

Efallai fod Sun Wen wedi cael budd o'r pymtheng mlynedd gafodd hi dan oruchwyliaeth hyfforddwyr caled yn Shanghai, ond roedd bywyd Americanaidd yn andros o sioc iddi. Mwya' sydyn, mewn gwlad ddiarth a'r iaith yn anghyfarwydd iddi, roedd rhaid iddi wneud pethau ar ei liwt ei hun. 'Y Clwb' neu'r 'Wlad' oedd yn gyfrifol am wneud popeth dan haul yn Tseina, ond yma yn Atlanta roedd disgwyl iddi hi ddysgu dreifio, dewis rhywle i fyw a choginio'i bwyd ei hun. Doedd ryfedd bod y Big Mac wedi apelio!

★ ★ ★

Yn gynharach, roedd y twristiaid Tsieineaidd ym Mharc 'Centennial' Atlanta wedi bod yn syllu arnom am oesoedd cyn magu digon o hyder i agosáu a gofyn ai Sun Wen oedd 'hi'. Wedi cadarnhad, gloddest o wenu, ysgwyd llaw a thynnu lluniau digidol. Eglurodd Shen Jun wrthym fod Sun Wen yn un o fabolgampwyr enwocaf Tseina, byth a beunydd yn hysbysebu rhywbeth ar y teledu. Wel, o ystyried bod 'na dros biliwn a chwarter o bobol yn byw yn y wlad, teg deud bod ganddi reit siwr glwb cefnogwyr fyddai'n codi cywilydd ar y Terfeliaid, hyd yn oed.

Yn y bôn, roedd Sun Wen yn cyfateb i rywun fel

Ronaldo ym myd pêl-droed y dynion. (Ond anodd gythreulig fyddai dychmygu Ronaldo yn mynd â chi i'r pictiwrs, ynde?)

Rhuthrodd Shen Jun yn ôl atom yn neuadd fwyd y ganolfan siopa, gan chwifio bwndel o docynnau. *'Lush Our Too!'* meddai, yn wên o glust i glust. Roedd hi'n swnio ychydig yn fwy awyddus na phawb arall. Yn amlwg, doeddan ni ddim isio pechu, ond yr un mor amlwg, doeddan ni ddim isio mynd i wylio ffilm nad oeddan ni rioed wedi clywed sôn amdani chwaith. Roedd Sun Wen, y bêl-droedwraig broffesiynol, yn gwybod fod ganddi gêm bwysig yn erbyn y Bay Area Cyber-rays y noson ganlynol.

'Velly good film. Jackie Chang velly funny,' ychwanegodd Shen Jun – a dyma'r geiniog yn disgyn o'r diwedd. Jackie Chang... Chris Tucker... *Rush Hour 2*, siwr iawn!

Wel am noson anhygoel os buo un rioed. Dau Gymro'n treulio dwyawr yn gwylio ffilm kung-fuaidd wael wedi'i lleoli yn Hong Kong efo dwy ferch o Shanghai mewn canolfan siopa yn America. Od iawn.

Gorau Chwarae, Cydchwarae

Galw Gari Tryfan y byddai pobol pan oeddan nhw mewn trwbwl erstalwm. Mae'r oes 'di newid, yn tydi? Ac nid er gwell, chwaith. Galw Gary Pritchard – fy nghyd-fwydrwr 'Ar y Marcaidd' – wnes i am gymorth:

'Gary?'

'Iawn, Dyl?'

'Nadw, deud gwir. Fedri di'n helpu fi, plis?'

'Be tisho?'

'Wyt ti 'di bod yn Budapest, do?'

'Do. Pam?'

'Lle ma'r êrport yno?'

''Sgen i'm syniad, sori.'

'Tria gofio. Ydio'n bell o'r canol?'

'Wn i'm.'

'Blydi hel, fedri di'm cofio o *gwbwl*, 'ta?'

'Efo trên esh i, 'sdi.'

Bum munud yn ddiweddarach, canodd y ffôn symudol:

'Dyl? Gary sy 'ma eto. Be uffar 'dach chi'n neud yn Budapest? O'n i'n meddwl ma' yn Bosnia oeddach chi wsnos yma?'

'Stori hir, Gary bach. Stori hir.'

★ ★ ★

Dyw hi'n fawr o syndod fod stori gwlad mor gymhleth â

Bosnia yn, wel, andros o gymhleth. Anodd credu bod 'na wlad mwy rhwygedig ar y blaned hon. Cawdel llawn casineb. Y Moslemiaid yn casau'r Serbiaid a'r Croatiaid. Y Croatiaid Catholigaidd yn methu diodda'r Moslemiaid a'r Serbiaid. A Serbiaid Uniongred Bosnia yn dyheu am fod yn rhan o wlad arall, ac yn llythrennol am waed unrhyw un nad oedd mor 'bur' â nhw.

Rhyw feicrocosm o'r hen Iwgoslafia ydi Bosnia mewn gwirionedd. Heb law haearnaidd Tito i lywio'r llong sigledig yn weddol glir o'r creigiau am gyfnod go lew (er bod yr holl densiynau rhwng y gwahanol garfanau gor-genedlaetholgar 'yno o hyd' drwy'r blynyddoedd hynny hefyd), ffrwydrodd y wlad yn ffiaidd yn dilyn refferendwm ar annibyniaeth yn 1992.

Lladdwyd bron i chwarter miliwn o bobol mewn tair blynedd. Digartrefwyd cannoedd o filoedd a diwreidd-iwyd miloedd ar filoedd mwy, dim ond am fod pobloedd wedi penderfynu nad oeddan nhw'n fodlon cyd-fyw'n heddychlon â'i gilydd mwyach.

Yn sgil Cytundeb Heddwch Dayton a arwyddwyd yn 1995, rhannwyd diffeithwch Bosnia yn ddau. Ffederasiwn y Moslemiaid a'r Croatiaid ar un llaw, a chilfach Serbaidd lled-annibynnol Gweriniaeth Srpska ar y llall.

Moslemaidd... Serbaidd... Croataidd; Islam... Catholig... Uniongred. Maen nhw'n deud bod 'na wastad ddwy ochr i bob dadl, yn tydyn? Ond yn Bosnia, mae'n rhaid cael tair...

★ ★ ★

Wnes i ddechrau amau nad oedd yr Iwgoslafiaid yn cymryd y gêm gyfeillgar ormod o ddifri pan welson ni un

184

o sêr amlyca'r garfan, Savo Milosevic, yn gadael Gwesty Bosna am ddau o'r gloch y bora – ar fora'r gêm! Nid ditectif mohonof ond roedd o'n edrych yn *rhy* daclus rywsut, a 'di mynd ryw fymryn yn ormodol dros-ben-llestri efo'i *aftershave,* i rywun goelio mai jyst stretshio'i goesau oedd o. A'r dystiolaeth fwyaf damniol oedd y wên slei a'r winc wybodus roddodd o wrth ddisgwyl i dri Cymro blinedig stryffaglu allan o'r lifft!

Doedd hi ddim yn gêm bwysig, a deud y gwir, ond mi oedd o'n *achlysur* pwysig. Ma' raid ei fod o – wedi'r cwbwl, roedd Iwgoslafia wedi gyrru'r garfan gryfaf bosib i Banja Luka.

Mijatovic a Mihaljovic, Drulovic a Djukic, Kovacevic a Kezman. Heb anghofio Milosevic wrth gwrs. Enwau cyfarwydd, dylanwadol a llwyddiannus gyda chewri Ewropeaidd fel Lazio, Juventus, PSV, Porto a Valencia. Ac enwau oedd ar gefn crysau'r cannoedd o'u cefnogwyr fu'n disgwyl amdanyn nhw am oriau tu allan i'n gwesty.

Y gêm dan sylw oedd honno rhwng y clwb pêl-droed lleol, Borac, a thîm cenedlaethol Iwgoslafia. Yr esgus oedd dathliad penblwydd y clwb o Banja Luka yn bymtheg a thrigain oed. Y gwir reswm oedd atgyfnerthu perthynas Serbiaid Bosnia gyda'r famwlad.

Roedd hi'n gwbwl amlwg mai Iwgoslafia ydi tîm cenedlaethol Serbiaid Bosnia. Doedd ganddyn nhw affliw o ddim diddordeb yn nhîm cenedlaethol Bosnia. Os nad oeddach chi'n gwisgo crys Red Star neu Partizan Belgrade roeddach chi'n gwisgo crys glas Iwgoslafia.

Ond os oedd y croeso'n gynnes i holl swyddogion a chwaraewyr Iwgoslafia, roedd o'n danbaid i Savo Milosevic. Ar daith fer rhwng y bws a'r gwesty, roedd y bloeddio a'r cymeradwyo'n fyddarol wrth i ddynion canol oed wthio heibio'r heddlu i gofleidio'r *local hero*. Wedi'r cwbwl, roedd o'n un ohonyn nhw, yn doedd – bachgen gafodd ei eni a'i fagu'n lleol. Yn naturiol, roedd y bobol wedi ymfalchio yn ei lwyddiant ar feysydd pêl-droed Lloegr, Sbaen a'r Eidal ers blynyddoedd, ond yn bwysicach fyth roedd yno falchder eithriadol ei fod o'n eu cynrychioli nhw yn y crys glas cenedlaethol. Onid oedd o'n gwybod yn iawn sut oeddan nhw'n teimlo am y wlad a arferai fod yn gartref iddyn nhw?

Mewn cyfweliad gyda Rhys Owen yn gynharach y noson honno, cyfeiriodd Milosevic (Savo, nid Slobodan) at y gêm fel digwyddiad afreal. Gêm rhwng clwb o un wlad a thîm cenedlaethol gwlad arall. Gyda phawb yn cefnogi'r ddau dîm. Dau dîm, dwy wlad – ond un genedl. Y genedl Serbaidd.

★ ★ ★

Football has an important role in the global arena when it comes to creating understanding between people.

Geiriau Lars Gustafsson, aelod seneddol o Sweden, pan enwebodd o bêl-droed am Wobr Heddwch Nobel yn ddiweddar oedd y rheinia. Mae'n amlwg na fuodd Lars Gustafsson rioed yn Bosnia!

Wedi'r rhyfel sefydlwyd tri chynghrair pêl-droed cwbwl annibynnol – un Moslemaidd, un Croataidd ac un Serbaidd. Ond er i gynghreiriau'r Moslemiaid a'r Croatiaid uno maes o law, dewis llwybr unig arwahanrwydd wnaeth Gweriniaeth Srpska.

Tydi Cymdeithas Bêl-droed Gweriniaeth Srpska ddim yn defnyddio'r acronym FARS ar chwarae bach, wyddoch chi! Bob tro oedd UEFA a FIFA yn trio dod â phawb at ei gilydd, roedd swyddogion FARS yn llwyddo i weld rhwystrau yn y print mân.

Penderfynodd UEFA a FIFA mai dim ond yr NSBiH yn Sarajevo fyddai'n cael cydnabyddiaeth swyddogol i gynrychioli pêl-droed Bosnia gyfan. Ond gan mai Moslemiaid oedd yn rhedeg hwnnw, doedd Serbiaid Bosnia ddim yn fodlon dod allan i chwarae. Yn y bôn, felly, roedd clybiau a chwaraewyr Srpska yn bodoli mewn gwactod llwyr – dim cydnabyddiaeth, cynrych-iolaeth na chystadleuaeth rhyngwladol.

Doedd hyn ddim yn deg iawn, yn ôl Rodoljub Petkovic, Ysgrifennydd Cyffredinol FARS. 'Rydan ni, fel chi, yn wlad o fewn gwlad arall,' medda' fo, cyn ychwanegu: 'ond yn wahanol i chi dydan ni ddim yn cael cydnabyddiaeth. Sut fasach chi'n teimlo petai FIFA'n deud mai dim ond yr F.A. yn Llundain gaiff ddelio â phêl-droed yng Nghymru a'r Alban?'

Yn reddfol, roeddan ni'n teimlo'i bod hi'n swnio'n ddadl go gref, ond nad oedd 'na fawr o hygrededd iddi mewn gwirionedd. Tydi Serbiaid Bosnia ddim isio annibyniaeth go iawn, na bod yn rhan o Bosnia ochor yn ochor â'r Moslemiaid a'r Croatiaid chwaith. Yn hytrach, maen nhw'n awchu am gael bod yn rhan o Serbia estynedig. Roedd cael eu 'gwlad' eu hunain yn well opsiwn na rhannu cae gyda'r gelynion, ond nid dyna oedd y dewis cyntaf o bell ffordd.

A'r sgôr ddiweddaraf o Bosnia:

F.C. Penstiffrwydd 1   C.P.D. Cymodi 0.

* * *

Dair wythnos yn unig wedi cyflafan 9/11, roedd 'na lefydd yn Ewrop y basa'n well gen i fynd iddyn nhw na'r

187

Balcanau ffrwydrol. Ond rhaid deud na chawson ni unrhyw drafferthion o gwbwl. Yn wir, cawsom groeso llawn cystal yn Banja Luka ag yn unman arall ar ein teithiau.

Efallai 'mod i braidd yn euog o osod nodweddion ystrydebol i'r ddelwedd orllewinol o'r Serbiaid rhyfelgar, ond roedd hi'n anodd cynhesu tuag atyn nhw. Yr argraff ges i oedd eu bod nhw'n bobol eithriadol o ddwys, ond cythreulig o ddig. 'Gwell gwgu na gwenu' oedd polisi answyddogol Serbiaid Banja Luka. Wedi meddwl, dwi'n amau mai'r llygaid tywyll, gwag, diemosiwn Serbaidd sy'n anesmwytho rhywun. Llygaid pôcer perffaith – 'sgen rywun ddim clem be sy'n mynd trwy'i meddyliau nhw..

Roedd Sasa ac Igor yn hogia digon clên, mae'n rhaid imi ddeud, ac yn barod iawn i helpu. Smociwr di-baid o gyfieithydd oedd Igor Mihaljovic. Fficsar uchelgeisiol a dipyn o sbif mewn siwt oedd Sasa Acic. Ond ddeng mlynedd yn ôl roedd y ddau'n filwyr ifanc ar y ffrynt-lein. Ac fel pawb arall yn Banja Luka roeddan nhw'n hynod ddiflewyn ar dafod...

Taniodd Igor sigaret arall cyn holi, *'What did you think of September 11?'* Dros goffi oedd hyn, ar deras Hotel Bosna brin awr ar ôl i ni gyrraedd Banja Luka.

'Awful,' medd Rhys Owen.

'We told the West, but you didn't listen,' oedd ymateb Sasa, fel 'tasa fo'n rhan o act ddwbwl slic – cyn gadael i'r ieithyddol fwy hyddysg Igor roi darlith ar beryglon Islam. Yn amlwg, mi oedd o wedi bod yn paratoi'n drylwyr am y ddarlith. Rywsut neu'i gilydd, llwyddodd Igor i gerdded y llwybr cul hwnnw rhwng dadansoddiad

cymedrol a phropaganda gwenwynig. Efallai'n wir fod 'na gelloedd peryglus o Al Qaeda yn ffynnu yn Sarajevo, ond roedd hi'n anos derbyn ei awgrym amwys fod y digwyddiadau diweddar yn Efrog Newydd yn cyfiawn-hau'r driniaeth gafodd Moslemiaid Bosnia gan fyddinoedd di-drugaredd y Serbiaid.

Roedd hi'n anodd ymlacio yng nghwmni'r ddau. Ro'n i wastad ar bigau'r drain bob tro roedd Sasa neu Igor yn troi ataf, a dechrau holi'n fanwl yn eu dull di-falu-cachu nodweddiadol Serbaidd. Rhaid oedd bod yn ofalus iawn wrth ofyn ac ateb cwestiynau mewn ffordd onest, ac eto ffordd nad oedd yn pechu – neu'n waeth fyth wylltio – y bobol oedd yn gofalu amdanom. Roedd rhywun isio, ac yn wir *angen*, eu holi nhw am gyflafan Srebrenica lle llofruddiwyd oddeutu wyth mil o Foslemiaid gan fyddinoedd parafilwrol Serbaidd mewn un diwrnod du yn 1995. Oeddan nhw'n credu bod 'arwyr' fel Radovan Karadzic a Ratko Mladic yn euog o droseddau yn erbyn dynoliaeth? Be fyddai'n digwydd i Slobodan Milosevic, arweinydd y famwlad, yn Yr Hâg?

A minnau rioed wedi'm gweld fy hun fel person taeog, braf fyddai meddwl y byddai gen i ddigon o asgwrn cefn i ofyn y fath gwestiynau. Ond pwyll pia hi pan mae 'na dri ohonach chi a pheth wmbrath ohonyn nhw. Hawdd fasa rhoi troed go heglog yn y baw gwleidyddol sensitif drwy ofyn cwestiwn mor syml â: *'How do you say that in Serbo-Cro… ummmm… Serbian?'*

Cofiwch, doeddan nhw ddim i weld yn or-sensitif pan holodd Rhys Williams os oedd y ddinas wedi cael ei dinistrio gan y rhyfela. Yn gwbwl ddi-hid, esboniodd Igor mai'r unig adeiladau gafodd eu dinistrio oedd mosgau'r Moslemiaid – roedd pob un o'r mosgau, fel y Moslemiaid hwythau, wedi diflannu. Rhyfeddol!

★ ★ ★

Roedd Igor, Sasa a phob un o swyddogion clwb Borac a'r FARS yn torri eu boliau isio siarad efo ni – y criw teledu tramor cyntaf i'w ffilmio nhw ers diwedd y rhyfel. Yn ôl Sasa, roeddan nhw'n teimlo bod y gorllewin wedi anwybyddu llais Serbiaid Bosnia'n llwyr, mewn ymgais i liwio'r farn gyhoeddus yn eu herbyn. Dyna pam y cawson ni'n trin fel pobol dipyn pwysicach nag oeddan ni go iawn.

Roedd y lletygarwch yn wych – ar y noson gyntaf, mi gawson ni wledd o fwyd traddodiadol yn y gwesty. Pryd traddodiadol-gomiwnyddol, hynny yw. Doedd y rhan fwyaf o'r fwydlen ddim ar gael, roedd yr ystafell fwyta anferthol bron yn gwbwl wag, a phrif nodweddion y ddynes oedd yn gweini arnom oedd popsocs a – ia siwr – perocseid! Drannoeth, mynnodd perchennog Borac ein bod yn ymuno efo fo a'i gyfeillion am ginio swmpus ar bnawn bendigedig o Hydref ar lan afon Vrbas.

Byrdwn neges y Serbiaid oedd eu bod nhw wedi mynd i'w gwlâu un noson yn byw mewn un gwlad, ac wedi deffro trannoeth yn byw mewn gwlad arall. Gwlad nad oeddan nhw isio byw ynddi.

Roedd llygaid Igor ar dân wrth ofyn os o'n i'n dallt be oedd o'n ei ddeud. Yn amlwg, roedd cael esbonio yn bwysig iddyn nhw. Yn ogystal, roeddan nhw'n flin mai nhw oedd yn cael eu beio am holl erchyllterau'r rhyfel – mai nhw a dim ond y nhw oedd y rhai drwg. Roedd 'na falchder yn llais Igor pan ddangosodd o'r gofeb i'r *partizans* a fu'n ymladd yn erbyn llywodraeth Natsiaidd

Croatia hanner can mlynedd ynghynt. Ac i atgyfnerthu ei bwynt, ychwanegodd, er gwybodaeth, fod yr *Ustashe*, llywodraeth Natsïaidd Croatia, wedi llofruddio a digartrefu cannoedd o filoedd o Serbiaid.

Gadewais Igor yn sefyll o flaen y gofeb. Ro'n i'n falch ei fod o wedi cael deud ei ddeud, ond ro'n i wedi anobeithio'n llwyr gyda thueddiadau dinistriol pobloedd y Balcanau. Pobol sy'n methu'n glir â dileu'r gorffennol er mwyn dechrau o'r newydd.

★ ★ ★

Ond, ac mae o'n andros o 'ond' mawr, efallai fod Lars Gustafsson yn iawn. Efallai *fod* modd i bêl-droed wella'r hinsawdd yn Bosnia. Ym mis Ebrill 2002, wedi blynyddoedd o daro'u pennau yn erbyn wal o styfnig-rwydd a drwgdybiaeth, cytunodd FARS i uno efo'r Gymdeithas Bêl-droed yn Sarajevo. Uno sylwer, nid *takeover*. Cafwyd cyfaddawd digonol ar bob ochor i fedru creu cynghrair unedig newydd sbon o fewn Bosnia – un o'r ychydig lefydd lle caiff y tair ochor gwrdd yn gyson.

Efallai mai pwysau economaidd ac nid awydd cynhenid sy'n gyfrifol am eu cael nhw i gydchwarae, ond o leiaf mae o'n gam positif. Bellach, mae 'na lygedyn o obaith y gall clwb Borac fynd am y canmlwyddiant. Nhw oedd unig glwb llawn amser Srpska ond doedd ennill gemau'n hawdd ddim yn ennyn diddordeb na denu'r torfeydd. Os am barhau, roedd angen her newydd ar y cefnogwyr, y chwaraewyr, y cyfarwyddwyr a'r noddwyr.

Bellach, hefyd, mae cystadlu yn Ewrop drwy gynghrair gydnabyddedig yn nod realistig i glybiau fel Borac – cyfle i gwrdd â'r byd mawr modern ar ôl degawd o arwahanrwydd distrywiol.

Uchelgais Slobodan Karalic, Cadeirydd Borac, yw cael cystadlu unwaith yn rhagor mewn rhyw fath o Swperlîg y Balcanau, yn erbyn rhai o gyn-gewri'r hen Iwgoslafia fel Red Star, Partizan, Dinamo Zagreb a Hadjuk Split.

Be maen nhw'n ddeud am gropian a cherdded, 'dwch?

★ ★ ★

Ar y noson gyntaf yn Banja Luka, cefais alwad ffôn gan Nicola: 'Mae dy Dad 'di ffonio – deud bod Swissair 'di mynd i'r wal'.

Drannoeth, collais fy mhen yn llwyr efo'r ferch yn swyddfa Swissair yn Llundain. Rhifau ffleit Swissair oedd ar ein tocynnau ond awyrennau Crossair oedd wedi'n hebrwng ni i Bosnia. Gan mai drwy Swissair yr oeddan ni wedi bwcio esboniodd y ferch nad oedd ein tocynnau ni'n ddilys. Roeddan nhw wedi bod yn ddigon da ar y daith allan ond ddim bellach, mae'n amlwg. Pethau rhyfedd ydi'r partneriaethau cwmniau awyrennau yma ynde? Addo bob dim dan haul fel rhan o ryw *'global alliance'*, ond yr eiliad mae 'na broblem yn codi, sori, tydi o ddim byd i 'neud â ni. Roedd ganddon ni docynnau ar gyfer y ffleit, ond os oeddan ni isio hedfan mi fyddai'n rhaid inni dalu am y tri tocyn *eto*.

Ac yna'r *coup de grace* pan ddeudodd fod y ffleit yn llawn. Grêt. Gyda thocyn ar gyfer y ffleit yn fy llaw roedd y ddynas yma'n deud rwan bod dim lle i mi beth bynnag.

Gofynnais pa drefniadau fasa Swissair yn eu gwneud i gael y tri ohonom adra. Wel am ddiniwed, 'de – meiddio meddwl bod 'na ddyletswydd ar gwmni awyrennau i gynorthwyo'u teithwyr.

You'll have to make your own way home,' meddai Madam.

'At least I'll still have a job in the morning,' meddwn innau'n haerllug, a rhoi'r ffôn i lawr.

Mwy o alwadau ffôn rhyngwladol wedyn, cyn darganfod tair sedd ar ffleit handi – o Budapest.

Bu'n rhaid imi yrru o Banja Luka i Budapest gan ddilyn cyfarwyddiadau hynod ddamcaniaethol wedi'u sgriblo ar gefn cerdyn post gan Igor. Gorchwyl digon anodd dan unrhyw amgylchiadau, ond cofiwch roedd yn rhaid i ni ddreifio drwy Weriniaeth Srpska a Croatia, cyn hyd yn oed gyrraedd y ffin â Hwngari. A hynny mewn car rhent o Sarajevo.

Roedd hi'n deimlad od croesi'r ffin rhwng Gweriniaeth Srpska a Croatia yn Bosanska Gradiska – un o'r ychydig fannau croesi agored rhwng y ddwy wlad. Chawson ni ddim trafferth o gwbwl, ond roedd rhywun yn ymwybodol iawn o hanes diweddar pobol y rhan honno o'r byd.

Roedd y golygfeydd reit dros y ffin yn Croatia yn iasol – pentref ar ôl pentref anghyfannedd ac annaearol ddistaw yn llawn adfeilion rhyfel. Ond mwya' sydyn roeddan ni ar y brif lôn ddeuol rhwng Zagreb a Belgrâd, ac roedd pob awgrym o'r rhyfel wedi diflannu'n llwyr.

Slavonski Brod, Dakovo, Osijek a Beli Monastir, cyn cyrraedd y ffin â Hwngari. Rhaid deud nad oedd hon yn edrych fel taith pum can cilometr ar y rhacsyn map o 'mlaen i, ond saith awr yn ddiweddarach y cyrhaeddon ni gyrion Budapest, a chwilio am symbol cyfarwydd awyren ar arwyddion.

'Peidiwch â phoeni, hogia, mi 'na'i ffonio Gary Pritchard. Mae o 'di bod yma o'r blaen…'

Y Gwir

Nadreddai'r ciw o'r tu allan i'r siop drin gwallt yn ôl i gyfeiriad Leppings Lane. Yn rhyfeddol, er gwaetha'r tensiwn a'r emosiwn, arhosodd pawb eu tro yn amyneddgar. Prin fyddai'r galw am gael defnyddio ffôn y salon heddiw, wrth gwrs – onid oes gan bawb o leiaf un ffôn symudol bersonol bellach? Ond ar y prynhawn hyfryd o wanwyn hwnnw ar ddiwedd yr wythdegau, dim ond iypis oedd yn 'symudol'. Roedd pob un ohonon ni ar bigau'r drain i ffonio adref i ddeud ein bod ni'n ddiogel. Wnaeth *pawb* ddim cyrraedd ffôn.

Os oeddwn i ar bigau'r drain, beth am bawb gartref? Teg fyddai deud bod Mam yn tueddu i fyw ar ei nerfau – mae hi'n berson sy' wastad yn poeni am bawb a phopeth. Hanner gwag yw gwydr Mam, doed a ddelo, ac yn fwy na hynny mi fasa hi'n hanner disgwyl i'r gwydr dorri a'ch brifo chi o ran sbeit – yn syml iawn, fe ddychmyga Mam y senario waethaf posib bob tro. Ond, y tro hwn, efallai fod ganddi le i bryderu.

Yn gynnar y bora hwnnw roeddwn wedi gadael y tŷ i deithio tua'r dwyrain yng nghwmni Arwel a Huw Iestyn o'r Ffôr, yn ogystal ag Andrew Paganuzzi o Nefyn. Wythnos ynghynt bu Arwel, Andrew a minnau ar daith traws gwlad go iawn i wylio Lerpwl yn curo Norwich yn Carrow Road. Taith fer fyddai hon heddiw o'i chymharu â honno, ond taith i wylio gêm llawer pwysicach.

Diolch i'n tocynnau tymor roedd ganddom sicrwydd o docynnau ar gyfer gêm fwya'r tymor hyd yma. Y gwrthwynebwyr oedd Nottingham Forest. Y gystadleuaeth oedd rownd gynderfynol Cwpan F.A. Lloegr. Y dyddiad oedd Ebrill y pymthegfed, 1989. A'r lleoliad? Stadiwm Hillsborough yn Sheffield.

★ ★ ★

Teimlai'r pedwar ohonom ein bod yn eithriadol o ffodus i gael gafael ar docynnau i'r gêm, a deud y gwir. Mae tocyn tymor i fod i warantu tocyn i bob gêm gartref a phob gêm gwpan. Ond tydi hynny ddim yn cymryd i ystyriaeth resymeg chwit-chwat ac esgeulus yr awdurdodau pêl-droed.

Union flwyddyn ynghynt roedd Hillsborough wedi cynnal rownd derfynol rhwng yr un dau glwb ac roedd Lerpwl wedi cwyno am ddosraniad y tocynnau. Ond, er gwaethaf protestiadau gan y cefnogwyr a chlwb Lerpwl, doedd y Gymdeithas Bêl-droed ddim yn gweld rheswm i newid eu trefniadau.

Roedd cyfartaledd torf Lerpwl y tymor hwnnw ymhell dros ddeugain mil – dros ddwywaith yn fwy na chyfartaledd torf Nottingham Forest – gydag oddeutu saith mil ar hugain o berchnogion tocynnau tymor yn Anfield. Ond gyda hanner cant a phedwar o filoedd o docynnau ar werth ar gyfer y rownd gynderfynol rhwng dau o glybiau gorau Lloegr, dyma benderfynu mai doeth o beth fyddai dosrannu'r tocynnau fel a ganlyn:

Clwb Pêl-droed Lerpwl:	*24,256*
Clwb Pêl-droed Nottingham Forest:	*29,800*

Hynny yw, 50% o'r cyfartaledd torf i gochion glannau Merswy; 150% i gochion y Trent. Gwallgofrwydd llwyr.

'Rhesymau diogelwch' oedd yr esboniad swyddogol a roddwyd am y dosraniad tocynnau anghytbwys, gyda llaw. Diffiniad od (yn fy marn i, ta beth) – creu sefyllfa ble mae un ochor o'r maes yn llawn dop, tra mae digon o le i chi gael gêm bump bob ochor ben arall y maes. Na, yn syml iawn, roedd hi'n fwy cyfleus i'r heddlu roi cefnogwyr Nottingham Forest ar y Kop enfawr yn Hillsborough – teras gyda lle i un fil ar hugain o bobol – gan greu prinder tocynnau affwysol lawr Leppings Lane.

★ ★ ★

Y rheswm pennaf pam fod Mam yn poeni'n fwy nag arfer oedd fy mod wedi rhyw led-awgrymu y noson cynt y baswn i'n trio cyfnewid tocyn eistedd am gwpwl o docynnau teras.

Y tymor blaenorol, tocyn teras ges i ac Arwel ar gyfer corlan 3 ar Leppings Lane. Roedd pawb wedi'u pacio'n dynn fel sardîns ar y teras yn 1988 – dwyawr gythreulig o annifyr, â 'nhraed prin yn cyffwrdd y llawr drwy gydol y gêm.

Roeddwn yn falch, felly, o gael tocyn yn eisteddle'r Gogledd y flwyddyn ganlynol. Drutach, wrth gwrs, ond o leiaf mi faswn i'n gallu gweld y gêm yn iawn. Roedd y tri arall wedi cael tocynnau eistedd hefyd, ond roeddan nhw yn eisteddle'r Gorllewin oedd yn codi yng nghefn teras Leppings Lane.

Ychydig ddyddiau cyn y gêm fawr, cefais alwad ffôn gan hen ffrind o Brifysgol Manceinion oedd yn byw yn Sheffield ac yn gefnogwr brwd Sheffield Wednesday. Holi oedd o os o'n i'n dod draw ac os oedd gen i docyn

196

sbâr iddo fo. Cwestiwn 'tafod mewn boch' oedd o, ond llwyddodd i hadu syniad yn fy mhen. 'Sgwn i a fyddai modd cyfnewid un tocyn drud am ddau docyn rhad?

Yn digwydd bod, wnes i ddim cyfnewid tocynnau – cwrddais â Paul amser cinio ger ei gartref yn ardal Loxley, a mynnodd na fyddai hi'n deg iddo fo, fel cefnogwr niwtral, gymryd lle cefnogwr go iawn. Diolch i'r drefn.

Ond tan imi ffonio o'r salon trin gwallt, doedd Mam ddim yn gwybod ymhle roeddwn i wedi landio. Tan imi ffonio, doedd ganddi ddim syniad a o'n i'n fyw ai peidio. Hyd y gwyddai hi, ro'n i a Paul reit yng nghanol y drychineb.

★ ★ ★

Cyrhaeddais Hillsborough tua chwarter i dri, ac roedd hi'n draed moch tu allan i Leppings Lane. Yn wahanol i'r flwyddyn flaenorol, doedd 'na ddim system giwio o gwbwl tu allan i'r giatiau mynediad oedd wedi eu neilltuo ar gyfer cefnogwyr Lerpwl. Dim ond cannoedd, os nad miloedd, o gefnogwyr yn ceisio cael mynediad i'r teras neu'r eisteddle cyn i'r gêm ddechrau.

Oherwydd tagfeydd traffig enbyd yn dilyn damwain ddifrifol ar yr M62 ac oedi arferol Bylchau Snake a Woodhead, roedd 'na filoedd o Lerpwl yn cyrraedd yn hwyr. Yn syml iawn, heb unrhyw system ffiltro ger y stadiwm roedd y newydd-ddyfodiaid yn cyrraedd cefn y ciw yn gynt nag oedd pobol yn y blaen yn mynd drwy'r giatiau. Doedd ryfedd, felly, bod cymaint ohonom yn styc y tu allan. Tra oedd chwedeg o giatiau yn gwasanaethu bron ddeng mil ar hugain o gefnogwyr Forest – sef un am bob pum cant ohonynt – dim ond tair giât ar hugain oedd yn gwasanaethu ffans Lerpwl y diwrnod hwnnw, sef un am bob mil a mwy ohonom. Ac yn waeth fyth, roedd pob un o'r giatiau ar gyfer cefnogwyr Lerpwl wedi eu lleoli i lawr yr un stryd gul.

Ddwy flynedd ynghynt gohiriwyd y gic gyntaf yn y rownd ragbrofol rhwng Leeds United a Coventry City am chwarter awr oherwydd problemau traffig. Diystyrwyd hyn fel opsiwn posib gan y plismon oedd yng ngofal y gêm hon: plismon oedd â'r nesaf peth i ddim profiad o blismona gemau pêl-droed, ac a oedd wedi cael ei apwyntio ar fyr rybudd i gymryd lle'r plismon oedd yng ngofal pethau yn 1987 ac 1988, ar ôl i hwnnw gael ei drosglwyddo (dan gwmwl) dair wythnos ynghynt.

*　*　*

Doedd 'na ddim trefn o gwbwl ar Leppings Lane. Anghofia i byth weld plismon ar gefn ceffyl wedi ei lwyr amgylchynu gan gefnogwyr, yn bloeddio trwy fegaffon fod yn rhaid i bobol symud. Ond i ble? Doedd yna ddim digon o giatiau'n agored o'n blaenau, a channoedd mwy yn brysio i lawr yr allt tuag atom heb fod yn ymwybodol o'r sefyllfa beryglus. Doedd dim modd i'r ceffyl na'r plismon na'r cefnogwyr chwaith ddianc i unman.

Wna'th neb edrych ar fy nhocyn wrth imi fynd drwy'r giât ac i ddiogelwch eisteddle'r Gogledd fel y dechreuai'r gêm. Agorwyd y giât dyngedfennol ychydig eiliadau'n ddiweddarach. Doedd gan y creaduriaid tua'r blaen yng nghorlannau 3 a 4 ddim gobaith dianc wrth i ddwy fil o gefnogwyr heidio drwy'r giât a agorwyd ar orchymyn y plismon â gofal am y gêm – y Prif Uwcharolygydd Duckenfield o Heddlu De Efrog.

Yn syth o flaen y giât roedd twnnel serth yn arwain pobol at y cae ac at gorlannau gorlawn 3 a 4. Flwyddyn ynghynt roedd heddlu a stiwardiaid wedi sefyll ger ceg y twnnel i sicrhau nad oedd gormod o gefnogwyr yn llifo trwodd. Pan oedd y corlannau canol dan eu sang, roeddynt yn cyfeirio pawb tuag at y corlannau eraill cymharol wag bob pen i Leppings Lane.

Syml. Hawdd. Effeithiol. Ond doedd 'na neb ger y giât i gyfeirio cefnogwyr yn ddiogel yn 1989.

Flwyddyn ynghynt roeddwn innau wedi cael fy ngwasgu'n gas yn yr union le yr oedd cannoedd o gefnogwyr bellach yn brwydro am eu heinioes. Eleni roeddwn yn gorfod edrych i lawr ar y gwasgedd anhygoel oedd yn digwydd tu ôl i gôl Bruce Grobbelaar. Doeddan nhw ddim yn gallu symud naill ai ymlaen, yn ôl neu hyd yn oed i'r ochor – roeddan nhw'n gaeth mewn caetshis o ddur caletaf Sheffield. Mae'r cofnod canlynol o'r cwest yn deud y cwbwl:

> *I suddenly realized that the guy next to me was dead, his eyes were bulging and his tongue out. It was sheer horror. People had lost control of their bodies and the smell was horrible.*

Wyddoch chi mai'r peth mwyaf dychrynllyd am ddigwyddiadau'r pnawn hwnnw yng Ngorllewin Sheffield oedd sylweddoli jyst pa mor hawdd oedd hi i rywun farw. Effaith sinema a theledu, am wn i, oedd wedi gwneud imi gysylltu marwolaeth gyda gwaed a gôr ym mhobman – ond nid fel'na oedd hi yn Hillsborough. Yn iasol, gwyliais bron i gant o gefnogwyr cyffredin yn marw mewn gêm ffwtbol reit o 'mlaen i. A hynny heb imi hyd yn oed sylwi beth oedd wedi digwydd. Cyflafan afreal o lân – welais i ddim diferyn o waed.

Roedd hi'n amlwg bod nifer aruthrol yn dioddef pan ddechreuodd y rhai mwyaf ffodus geisio ffoi am eu bywydau drwy ddringo un ai i'r eisteddle tu cefn i'r teras neu dros y ffensys pigog ac ar y cae. Hwliganiaid yn ceisio difetha'r gêm oedd ymateb unionsyth, amlwg yr heddlu. Gwarth o beth fod y fath *mindset* wedi perswadio'n swyddogion diogelwch honedig i ddefnyddio pastynau i waldio dwylo'r rheiny oedd yn ceisio dringo'r ffens i ddiogelwch. Afiach oedd gweld plismyn yn gwthio pobol yn ôl i ganol y meirw – siawns nad oedd rhai o'r plismyn hynny wedi gallu gweld bod cyflafan yn digwydd brin bumllath o'u blaenau.

Roedd hi fel 'tasa'r heddlu wedi cael eu parlysu'r diwrnod hwnnw – gwyliwch y lluniau teledu ac fe welwch mai'r cefnogwyr eu hunain achubodd y blaen wrth geisio achub bywydau ffrindiau, brodyr, chwiorydd, rhieni a phlant. Y cefnogwyr benderfynodd ddefnyddio'r byrddau hysbysebu fel stretsieri dros dro, tra'n disgwyl i'r gwasanaethau brys ymateb yn ddigonol. A thra cynorthwyai'r cefnogwyr griw yr *un* ambiwlans a gwirfoddolwyr ifanc Brigâd Sant Ioan oedd ar ddyletswydd y pnawn hwnnw, roedd dwsinau o blismyn yn sefyll mewn rhes ar draws y cae – i rwystro cefnogwyr Lerpwl rhag rhedeg at ochor Forest. Mae'n siwr nad oedd o wedi croesi meddwl swyddogion Heddlu De Efrog bod cefnogwyr Lerpwl yn brysur yn ceisio achub bywydau.

Roeddan ninnau'n styc yn yr eisteddle – yn gwybod fod 'na rywbeth mawr o'i le, ond heb wybod yn union be oedd wedi digwydd. Ond, fel ym mhob gêm bêl-droed dan haul, roedd yno bobol o'n cwmpas ni oedd wedi dod â radio poced efo nhw. Cyn bo hir, roeddan ni'n ymwybodol fod 'na bobol wcdi'u hanafu'n ddrwg, rhai yn ddifrifol. Ond mwya' sydyn gwelais griw o gefnogwyr yng nghrysau coch y tîm yn cario rhywun ar un o'r byrddau hysbysebu, a rhewais. Wn i ddim pwy oedd o, ond roedd ei fraich o'n hongian yn llipa ar ongl cwbwl annaturiol dros ymyl y stretsier dros dro. Dim ond bryd hynny y gwnes i sylweddoli bod 'na gôt dros ei wyneb...

★ ★ ★

Roedd y daith adref dros y Pennines yn un ddistaw a digalon. A hir. Union flwyddyn yn ôl, doedd ddiawl o ots ganddon ni am y tagfeydd traffig wrth inni gropian drwy Deepcar, Stocksbridge, Tintwistle, Hyde a Stockport, a'r sgarffiau coch yn chwifio o ffenestri'n ceir. Roedd honno'n noson o ddathlu, gyda thrip i Wembley ar y gorwel.

Prin fu'r sgwrsio yn y car wrth inni wrando ar y radio am y bwletinau diweddaraf, ac am unrhyw esboniad neu eglurhad. Roedd pawb jyst isio mynd adref gyn gynted â phosib er mwyn gweld eu hanwyliaid. Ac i roi taw ar yr adroddiadau a'u cynnydd diddiwedd ar niferoedd y meirw. Doedd 'na ddim deg marwolaeth wedi'u cadarnhau'n swyddogol pan gychwynnon ni o Sheffield am Ogledd Cymru. Deg. Deunaw. Pump ar hugain. Pymtheg ar hugain.Deugain a phedwar. Hanner cant... Roeddan nhw 'di cyrraedd wyth deg rhywbeth erbyn i mi weld fy nheulu.

★ ★ ★

'Ond doedd yr hwligans 'na yn Sheffield yn ofnadwy,

201

'dwch?' meddai'r ddynas o 'mlaen i yn is-swyddfa'r Herald ym Mhwllheli. Nid efo fi roedd hi'n siarad ond efo dynas arall oedd isio rhoi hysbys yn rhifyn nesa'r *Caernarfon & Denbigh.*

Ro'n i wedi galw heibio i ofyn am hysbys i ymgyrch hel arian at gronfa Hillsborough – cynnig pitw Arwel a minnau i helpu'r teuluoedd oedd wedi colli rhywun, ac efallai i wneud i'r ddau ohonom deimlo fymryn yn llai euog.

Brathais fy nhafod am eiliad a cheisio cyfri i ddeg. Ro'n i wedi cyrraedd tri cyn penderfynu... *Sdwffiwch hyn, sgin yr ast ddim hawl deud y fath betha hurt.*

'Sgiwsiwch fi, ond ar ba sail 'dach chi'n deud hynna?' gofynnais iddi, yn grynedig braidd, cyn ychwanegu: "Tasach chi di bod yno, fel fi, fasach chi ddim yn meiddio yngan y fath nonsans.'

A chyda'r rhagrith gorau posib dyma hi'n troi ataf, a deud: 'O, mab John a Joyce wyt ti, 'de? Sori, do'n i ddim yn awgrymu bod pobol fel *chdi* yn hwliganiaid, 'sdi'. Bactracio nawddoglyd efo rhywun roedd hi'n 'i 'nabod' – rhywun 'parchus' – ond yn fwy na bodlon pardduo carfan gyfan o bobol na wyddai hi ddim byd amdanynt.

Ro'n i wedi gwylltio efo'r golffwraig adweithiol, ond wrth edrych yn ôl, pwy all ei beio yn ei hanwybodaeth? Nid hi oedd ar fai am ei chamargraff o be'n union ddigwyddodd y diwrnod hwnnw yn Sheffield. Mae pobol yn tueddu i goelio'r wasg a'r heddlu, yn tydyn?

THE TRUTH: SOME FANS PICKED POCKETS OF VICTIMS; SOME FANS URINATED ON THE BRAVE COPS; SOME FANS BEAT UP PC GIVING KISS OF LIFE.

Dyna, diolch i ffynhonnell ddienw a dewr oddi mewn i Ffederasiwn yr Heddlu, oedd pennawd tudalen flaen y *Sun* ar Ebrill y pedwerydd ar bymtheg. Ansensitif iawn, brin bedwar diwrnod wedi'r marwolaethau, ond yn bwysicach fyth yn gelwydd noeth, cywilyddus. Ymddiheurodd y *Sun* yn ddiweddarach, wrth gwrs, ond dwi'n amau bod gan hynny fwy i wneud efo ad-ennill ychydig o'r cylchrediad coll ar Lannau Merswy nag unrhyw foesoldeb tabloidaidd.

Doedd deud y gwir ddim yn flaenoriaeth i'r Prif Uwcharolygydd Duckenfield ychwaith. Ar y pnawn Sadwrn hunllefus hwnnw, mynnodd y celwyddgi haeru wrth Graham Kelly o'r Gymdeithas Bêl-droed mai cefnogwyr Lerpwl oedd wedi gwthio'r giât allweddol yn agored. A dyna oedd byrdwn eglurhad Graham Kelly i'r wasg – neges a yrrwyd o amgylch y byd mewn amrantiad. Cefnogwyr Lerpwl oedd ar fai – dyna be ddwedodd yr heddlu. Dyna be ddwedodd y Gymdeithas Bêl-droed felly. *Rhaid* ei fod o'n wir. Ac mae hi'n dipyn haws allforio enw drwg nag enw da, yn tydi?

★ ★ ★

Roeddwn i'n gwylio'r teledu ar fy mhen fy hun mewn fflat ar y Broadway ym Mhontypridd pan wna'th effeithiau Hillsborough fy nharo go iawn. Roedd gêm gyntaf Lerpwl ers y drychineb yn cael ei darlledu'n fyw o Barc Goodison. Cafwyd munud o dawelwch ac yna canwyd *You'll Never Walk Alone*. Mewn stafell ddigysur mewn tŷ dilewyrch i stiwdants mewn tref ddi-nod, llwyddais i fwrw fy mol mewn distawrwydd unig. Dechreuais grio. Beichio crio, a deud y gwir – doedd 'na ddim modd stopio, wrth i'r dagrau bistyllio i lawr fy mochau.

★ ★ ★

Trodd y dagrau yn ddicter. Yn ei adroddiad swyddogol eithaf cynhwysfawr ym mis Awst 1989, mynnodd Ustus Taylor mai gorlenwi oedd achos y drychineb a diffyg arweiniad yr heddlu oedd y rheswm pennaf pam y collodd naw deg chwech o gefnogwyr pêl-droed eu bywydau.

Mae briwiau'r teuluoedd yn dal yn agored iawn hyd heddiw ar ôl dioddef siom ar ôl siom o du'r awdurdodau. Chân nhw mo'u plant na'u partneriaid yn ôl – mae hi'n anhebygol y cân nhw unrhyw gyfiawnder nac atebion i'w cwestiynau bellach, chwaith.

Pam fod adroddiadau plismyn wedi cael eu cywiro a'u newid ar gais cyfreithwyr Heddlu De Efrog? Pam y cafodd Mr Duckenfield rwydd hynt i ymddeol ar sail meddygol, gyda phensiwn llawn, gan osgoi unrhyw achos disgyblaeth? Pam y cymrodd hi naw mlynedd i'r teuluoedd gael gweld y ffeiliau a gadwyd am y meirw? Pam fod y crwnar wedi gwrthod derbyn tystiolaeth o'r cyfnod ar ôl chwarter wedi tri y diwrnod hwnnw, er bod nifer o lygad-dystion wedi honni bod rhai o'r meirw'n dal yn fyw bryd hynny? Pam nad oedd Cyngor Dinas Sheffield wedi diweddaru tystysgrif ddiogelwch Hillsborough ers 1979? A sut yn y byd y credai Brian Clough bod ganddo'r hawl i sgwennu llyfr yn cyhuddo cefnogwyr Lerpwl o lofruddio'u pobol eu hunain?

Hyd heddiw, does neb wedi derbyn cyfrifoldeb go iawn am yr hyn a ddigwyddodd y diwrnod afiach hwnnw. Byddai rhai'n awgrymu ei bod hi'n hen bryd i'r

teuluoedd geisio anghofio am yr hyn a ddigwyddodd yn
Hillsborough yn ôl yn 1989, gan edrych ymlaen at y
dyfodol.

Haws dweud na gwneud, wrth gwrs. Wedi'r cwbwl, sut
basach chi'n teimlo 'tasa'ch plentyn chi'n mynd allan i
weld gêm ac yn dod adra mewn arch?

Teigrod Lepatoa

Damia Air France. A South African Airways hefyd. Dwi'n siwr fod Lesotho yn wlad hyfryd a'r bobol yn eithriadol hynaws, ond diolch i esgeulustod aneffeithlon a chelwydd noeth staff y ddau gwmni yn Johannesburg a Maputo, ches i fawr o gyfle i weld y wlad go iawn. Ond dwi'n amau imi weld digon ohoni i gredu y basa'n hawdd iawn gwirioni efo'r wlad a'i phobol.

Dim ond ugain o bobol oedd ar ein hawyren fach ni o Johannesburg. *Un* carwsél yn unig oedd 'na ym maes awyr Maseru yn Lesotho. Y newyddion da oedd bod hynny'n golygu na chymrodd hi lawer o amser i mi dderbyn y newyddion drwg: roedd cesys y ddau Rhys wedi cyrraedd yn ddiogel ond doedd 'na ddim golwg o 'magiau i.

Er bod pawb arall wedi mynd drwy'r tollau ac i gôl eu teuluoedd – i'w ceir, i'w cartrefi ac i'w gwlâu hefyd, hyd y gwyddwn i – roedd 'na ddau gês yn dal i fynd rownd a rownd. Monsieur rywbeth-neu'i-gilydd o Montreal oedd yr enw ar dagiau'r cesys sbâr, gydag enw a chyfeiriad ei westy ym Maputo o dan yr enw. Hynny yw – Maputo, Mozambique.

Diolch i'r system gyfrifiadurol ryngwladol, roedd y dirgelwch wedi'i ddatrys erbyn i ni gyrraedd gwesty'r Maseru Sun. Roedd Monsieur rywbeth-neu'i-gilydd wedi cyrraedd Maputo ond heb ei fagiau. Roedd y rheiny ym Maseru. Efo fi. Roedd fy magiau i ym Maputo. Efo'r Canadiad Ffrengig.

Na phoener, medd y ferch siriol o South African Airlink – yfory bydd y bagiau a'u perchnogion yn cael aduniad.

★ ★ ★

Roedd Thabang Matjama ar ben ei ddigon pan enillodd ysgoloriaeth i ddilyn cwrs newyddiaduraeth yng Nghaerdydd. Ond tra oedd y cyw-ohebydd wedi bod yn dysgu'i grefft yn Ne Cymru, roedd hogia'r tîm ffwtbol lleol yn gweld ei golli o'n arw. Pan ddaeth o'n ôl i Maseru dri mis yn ddiweddarach, cafodd wybod nad oedd y tîm wedi chwarae ers iddo adael. Roedd y bêl, eu hunig bêl, wedi byrstio.

Roeddan ni wedi gobeithio helpu tîm Thabang a thimau tebyg. Yn un o'r bagiau coll roedd chwe phêl newydd sbon o Gymru. Ac yn y bag arall, digon o ddillad a diaroglydd *Lynx Africa* (be arall!) i gadw pawb yn ffres a pharchus yn nhymheredd llethol deheudir Affrica.

★ ★ ★

Drannoeth, cyn dechrau ffilmio, roedd yn rhaid mynd i'r maes awyr i nôl y bagiau a'r peli. Wel, dyna oedd y syniad beth bynnag. Roedd bagiau Monsieur Montreal wedi mynd am Maputo, ond doedd 'na ddim golwg o 'magiau coll i. Yn anffodus, nid Heathrow, JFK na Schiphol mo maes awyr Maseru. 'Ddôn nhw ddim tan fory rwan,' meddai Maleshoane ar ddesg South African Airlink.

Ag eithrio crys T crychlyd, ro'n i'n gwisgo'r unig ddillad oedd gen i, mewn gwlad estron ymhell o gartref. Gwlad estron uffernol o boeth. Ond ar y daith hir i Butha

207

Buthe yn y gogledd, enghraifft berffaith o gyfeillgarwch a haelioni'r Baswtiaid.

Roedd Thabang a Lineo Phachaka o swyddfa Dolen Cymru-Lesotho yn despret i helpu. Chwarae teg iddyn nhw, cynigiodd y ddau roi benthyg dillad imi tan y byddai'r bagiau'n cyrraedd.

Roedd 'na ddau faen tramgwydd amlwg. Yn gyntaf, peth bach tenau oedd Thabang. Ac yn ail, roedd Lineo ymhell dros ei hanner cant. O ia, ac yn ddynes!

Roedd hi'n cael pas efo ni i'w chartref yn nhref Leribe, ac er ein bod ni ymhell ar ei hôl hi o ran amser, mynnodd fod y tri Chymro a Thabang a Mafa'r gyrrwr yn cael saib, paned a rhywbeth i'w fwyta cyn mynd i gwrdd â swyddog datblygu chwaraeon rhanbarthol Butha-Buthe. A thra oedd y lleill yn bwyta, gofynnodd Lineo i mi fynd trwodd i'w llofft i ddewis dillad dros dro.

Dyna ichi sefyllfa anodd, ynde! Roedd hi wedi trefnu gwesty, car a chyfweliadau ar ein cyfer. Roedd ganddi gysylltiad cryf â Chymru. Ac roedd fy nghyfeillion yn brysur yn gwledda yn ei chegin hi. Be fasach *chi* wedi'i 'neud?

Roedd y jîns efo llinyn gwasg elastigedig yn asio'n wych efo'r flows flodeuog drilliw! Hynny yw, yn siwtio cyn brifathrawes ysgol ganol oed, lond ei chroen o Affrica. Ond ddim cystal i mi, gwaetha'r modd.

Nid 'mod i wedi wfftio'i charedigrwydd anhygoel, cofiwch. Diolchais yn helaeth iddi, gan addo y baswn i'n dychwelyd yr owtffit iddi cyn mynd adra.

Amser cyffesu. Sori, Lineo, wnes i ddim gwisgo'ch jîns chi na'ch blows chi – yn gyhoeddus. A rwan, peidiwch *chithau* â 'nghamddallt i, achos tydw i ddim yn cyffesu i unrhyw dueddiadau anfethodistaidd, ond gan nad oeddan ni am weld Lineo eto tan ein diwrnod olaf yn Lesotho mi benderfynais wisgo'r dillad am ryw bum munud bob noson er mwyn rhoi mymryn o hoel defnydd arnyn nhw.

★ ★ ★

'Wna'th ryw Charlie o Air France ym Maputo ffonio 'ma neithiwr i ddeud bod dy fagia di gynno fo. Roedd o isio gwbod fedri di fynd i 'nhôl nhw.'

Roedd Nicola druan wedi drysu. Ro'n i 'di gwylltio'n gacwn. Ond ddim hannar cymaint ag yr o'n i drannoeth pan honnodd Air France yn Jo'burg fod Charlie'n gwadu iddo weld y bagiau. Dyna ichi od – ddeuddydd ynghynt roeddan nhw wedi cadarnhau bod y bagiau wedi mynd i Mozambique, ond rwan roedd Charlie'n deud nad oedd o rioed wedi'u gweld nhw. Ond, rywsut neu'i gilydd, roedd o wedi llwyddo i ffonio gwraig yr unig Gymro oedd wedi colli dau fag ym Maputo! (Dim byd i'w wneud â'r enw a'r rhif ffôn ar y labeli bagiau, siwr iawn!)

★ ★ ★

Ar gyfandir tlawd, mae Lesotho gyda'r tlotaf. Maen nhw'n dibynnu cryn dipyn ar Dde Affrica – gwlad sydd, nid cymaint yn ffinio hefo, ond yn llwyr amgylchynu gwlad y Basuto. Tydi'r tlodi ddim yn gwbwl amlwg – nid yn y modd yr ystyriwn ni bellach dlodi a newyn Affricanaidd. Yn hytrach, yr argraff yr o'n i'n ei gael oedd mai problemau dan yr wyneb oedd rhai Lesotho.

Prif allforion y wlad yw ei phobol. Mae 60% o ddynion Lesotho yn ennill bywoliaeth dros y ffin yn Ne Affrica. Yn ôl Thabang, pan ddôn nhw adra at eu teuluoedd, mae nifer yn dod â 'phresant' go afiach efo nhw. Ymddengys bod y gweithwyr alltud yn gwario rhan helaeth o'u cyflogau ar fercheta ac yfed yn nhreflannau'r cymydog. Roedd argyfwng AIDS difrifol yn Lesotho.

★ ★ ★

Er 'mod i wedi gorfod ymweld â maes awyr Maseru o leiaf unwaith bob diwrnod, cawsom gyfle i weld dipyn o'r wlad. Jyst digon i godi chwant am chwaneg! Mi welson ni bethau rhyfeddol – cyfareddol, a deud y gwir. Ond be dreiddiodd drwodd yn fwy na dim oedd y mwynhad amlwg roedd y plant a'r oedolion yn ei gael o gicio pêl, er gwaetha'r diffyg adnoddau mwyaf elfennol.

Cawsom groeso tywysogaidd gan blant Ysgol San Steffan yn Mohale's Hoek, tref amaethyddol ryw gant a hanner o filltiroedd i'r de o'r brifddinas.

Doeddan nhw ddim yn ein disgwyl ni – roedd y trefnydd lleol wedi anghofio, ac wedi mynd ar gwrs i Maseru.

Dim ond pum munud gymrodd hi i'r brifathrawes drefnu dau dîm a phêl. Yna, gêm ffwtbol dan haul crasboeth canol dydd rhwng plant troednoeth ar gae caletach na haearn Sbaen.

Ond, heb os, pentref Lepatoa i'r gogledd oedd y lleoliad mwyaf cofiadwy i unrhyw gêm bêl-droed welais i rioed, mewn unrhyw wlad. Byddai'n rhaid agor stadiwm ar Mars i gael lle mwy trawiadol! Roedd Svalbard ac American Samoa yn lleoliadau anial, ond roedd yr 'anial' yma'n wahanol – gêm ar ben mynydd yng nghanol nunlla.

To Affrica. Dyna be maen nhw'n galw Lesotho. Wedi'r cwbwl, does unman yn Lesotho'n is na thair mil o

210

droedfeddi. Yn wir, pwynt isa'r wlad fynyddig hon ydi'r pwynt isa' ucha'n y byd – os ydach chi'n dallt be sgen i.

Roeddan ni bron deirawr yn hwyr yn cwrdd â Letsoha Mantutle yn ei swyddfa yn Butha-Buthe. Andros o foi diymhongar a dwys, oedd wedi colli'i wraig yn eithriadol o ifanc ychydig fisoedd yn gynharach. Syndod oedd ei weld o'n gwisgo crys Manchester United. Syndod mwy fyth oedd clywed fod Letsoha wedi bod ym Mhwllheli, tra oedd ar ymweliad wedi'i drefnu gan Dolen Cymru-Lesotho. Duwcs, tydi o'n fyd bach, 'dwch?

Roeddan ni'n credu mai ffilmio yn Butha-Buthe y basan ni, ond na, megis dechrau oedd y daith. Fel Cymru, mae Lesotho'n andros o wlad fach fawr, a'r lonydd rywbeth tebyg. Taith hir arall, ar hyd lonydd caregog a throellog i ganol y mynyddoedd, cyn cyrraedd clwstwr o dai cyntefig ar lethrau mynydd serth. Ac ar gopa fflat mynydd yr ochor arall i'r dyffryn gwyrdd – cae ffwtbol ac arno ddwsinau o bobol. Yn disgwyl amdanon ni!

Roedd timau a chefnogwyr y Royal Tigers o Lepatoa a'r Fast XI o'r pentref drws nesaf, Mokotjela, wedi bod yn aros amdanom ers ben bora. Bellach, roedd hi'n ganol pnawn a doedd neb 'di pwdu a mynd adref. Ymhell o bobman, heb drydan na ffôn na dŵr tap, roedd hi'n amlwg nad oedd amser iddyn nhw hanner mor bwysig ag y mae o yn ein bywydau prysur-yn-gwneud-dim ni.

Mae'n rhaid ei fod o'n dipyn o achlysur, gan fod y bugeiliaid bach deg oed wedi gadael eu praidd am y diwrnod i wylio'r gêm ddarbi fawr. Fel arfer, roedd yr hogia yma'n treulio diwrnodau caled, hir ac unig yn y mynyddoedd, gyda neb na dim ond y defaid yn gwmni iddynt.

Wel am sioe! Roedd y plant eraill, yn eu gwisgoedd ysgol twt, wrth eu boddau'n arddangos eu doniau o flaen y camera. Doedd 'na ddim swildod yn perthyn iddynt – yn canu, dawnsio, chwerthin a thynnu coes am awr a hanner.

Ar ddiwedd y gêm holodd Prifathro'r ysgol a fyddai modd i ni helpu'r plant rywsut. Nid gofyn am bres oedd y gŵr bonheddig, ond holi am unrhyw beth fyddai'n rhoi cyfle i'r plant. Ro'n i'n teimlo mor rhwystredig wrth esbonio, drwy Thabang, ein bod ni wedi bwriadu dod â pheli iddynt, ond bod y rheiny wedi mynd ar goll yn Johannesburg. Gwenodd y Prifathro cwrtais, a deud 'diolch ichi am ddwad, beth bynnag'.

★ ★ ★

Mi gymrodd hi bron i hanner cant o alwadau ffôn o'r gwesty, a 'dwn i'm sawl galwad ffôn symudol, cyn i'r bagiau bondigrybwyll gyrraedd – deirawr cyn i ni hedfan am adra! Dim ond un o'r ddau fag gyrhaeddodd Maseru, cofiwch, ond o leiaf roedd y peli wedi cyrraedd eu cyrchfan. Rhoddais un i Thabang (oedd yn ddagreuol ddiolchgar) a chyn ffarwelio â Lineo gofynnais iddi hi ddosbarthu'r lleill.

Roedd y bag trowsus-a-thrôns yn dal ym Maputo, ond mi fasa fo'n cael ei yrru ar ffleit SA145 i Jo'burg y pnawn hwnnw, meddai Dora o South African Airways. Chafodd o ddim. Ciw i fyll go iawn gan mein aps – a mwy o alwadau blin.

'Don't worry, your bag is safe here in my office,' medd

Antoinette yn swyddfa Air France ym Maputo. Roedd Charlie ar ei wyliau!

Holais (mor gwrtais ac y gallai dyn oedd bellach wedi hen basio pen ei dennyn) sut a pham ei fod o'n dal yno.

'*I don't know. We'll send it again tomorrow,*' meddai hitha'n ddigon swta.

Duw a'n gwaredo ni! Sut ddiawl oedd y rhain yn llwyddo i gael eu hawyrennau i'r awyr?

Roedd gen i ddau ddewis – lladd rhywun, neu fynd adra. Doeddwn i ddim yn disgwyl gweld y bag na'i gynnwys byth eto. O'r herwydd, roedd y sgwrs a gefais gyda'r ferch ar ddesg Air France braidd yn annisgwyl:

'*Mr Jones. Have you collected your bag?*'

'*Don't you start. It's still in Ma-blydi-puto!*'

'*No, sir, it's been in our office since yesterday*'!

★ ★ ★

Haf 2002. Galwad annisgwyl gan Lineo. Roedd hi isio diolch imi am yrru copi VHS o'r rhaglen ati. Dywedodd ei bod hi wedi'i mwynhau'n arw, cyn ychwanegu bod y peli ffwtbol wedi'u dosbarthu'n ddiogel i'r ysgol yn Mohale's Hoek ac i blant bach Mokotjela a Lepatoa.

'Mond gobeithio na 'nan nhw ddim byrstio.

Tiwna mewn Tuniau

Ydach chi wedi meddwl ryw dro pa bryd yn union mae rhywun sy'n yfed i geisio anghofio rhywbeth yn anghofio be'n union oeddan nhw isio'i anghofio yn y lle cyntaf?

Wel, does unlle gwell i osgoi realiti bywyd nag Amsterdam. Os na lwyddith y cwrw, maen nhw'n deud bod y mŵg drwg yn llawn cystal anesthetig.

Tachwedd 1996. Roeddan ni newydd ddychwelyd ar drên wib i Amsterdam wedi'r gêm yn Eindhoven. Y rheolwr? Bobby Gould. Y capten? Vinny Jones. Y sgôr derfynol? Saith gôl i un – iddyn nhw.

Roedd y bar, yn ardal fwyaf 'diwylliannol' y ddinas, yn llawn dop. Y lle delfrydol i gefnogwyr Cymru geisio anghofio'r gwarth Gouldaidd. Mi all'san ni fod wedi mynd yn ôl i'r gwesty i bwdu, ond teithiau diflas ar y naw fasan nhw petaen ni'n gorfod dibynnu ar *ganlyniadau* am ysbrydoliaeth i gymdeithasu. Felly, er gwaetha'r trallodion tactegol, roedd yn rhaid i ni fwynhau'n hunain, yn doedd?

Roedd gweld cefnogwyr Cymru'n bloeddio canu a dawnsio ar ben byrddau yn achosi cur pen a hanner i'r hipi Iseldirol oedd yn smocio rhywbeth wrth y bar:

'Heeyyy maaaaaannn! You guyshhhhh are shhoooooo craaaaazzzzy. What are you being like when you do win?'

Sut ddiawl fasan ni'n gwybod?

★ ★ ★

Fel yna'n union mae cefnogwyr tîm pêl-droed American Samoa'n teimlo, synnwn i fawr. Ym mis Ebrill 2001, fe gollon nhw yn erbyn Awstralia – yn Awstralia – yn rowndiau rhagbrofol Cwpan y Byd.

Doedd 'na fawr ddim rhwng y timau, a deud y gwir – yn ystod yr anthemau! Ond am yr awr a hanner a ddilynodd roedd 'na gefnfor o wahaniaeth mewn safon rhwng chwaraewyr proffesiynol Awstralia a'r 'sgotwyr tiwna o Pago Pago. Record byd o sgôr – Awstralia 31, American Samoa 0 – ac roeddan ni'n llygaid-dystion i gyflafan ar gae ffwtbol.

★ ★ ★

Gydag Afghanistan wedi dewis alltudiaeth ffwndamentalaidd, American Samoa fyddai ar frig rhestr detholion FIFA, yn ôl trefn y wyddor. Ond ar sail safon, doedd neb gwaeth. Y bwriad oedd dilyn y wlad waethaf ar wyneb daear ar antur i'w cystadleuaeth ryngwladol gyntaf, er mwyn gweld yn union pa mor wael oedd gwael. Chafon ni mo'n siomi.

Doedd hi ddim yn sioc bod American Samoa wedi cael cymaint o gweir gan Awstralia. Wedi'r cwbwl, roeddan nhw wedi colli'r gêm gyntaf yn erbyn Fiji o dair gôl ar ddeg i ddim, cyn gwella'n aruthrol yn erbyn eu cymdogion o Manu Samoa ddeuddydd yn ddiweddarach. Dim ond wyth gôl sgoriodd y rheiny!

Cweir gan Manu Samoa felly – gwlad oedd eisoes wedi colli yn erbyn Tonga. Roedd y rheiny, yn eu tro, wedi ildio dwy gôl ar hugain yn erbyn Awstralia. Record byd newydd sbon. Record byd dros dro, er hynny.

Pa mor sâl oeddan nhw, 'ta? Wel, roeddan nhw hyd yn oed yn waeth na hogia Llanaelhaearn gafodd gweir a hanner – fforti wan thri – yn erbyn sêr disglair Y Ffôr chwarter canrif a mwy yn ôl. Roedd ambell un o'r Samoaid yn methu cicio pêl ar draws y cae, hyd yn oed. Rheoli'r bêl? Dim ffiars o beryg. Rhedeg? Dim ond os oedd *raid!*

Ond wyddoch chi be? Chwrddais i rioed â phobol gleniach, hapusach a mwy diffuant na charfan bêl-droed American Samoa. Roedd hi'n fraint ac yn bleser cadw cwmni iddyn nhw ar eu hantur fythgofiadwy.

Mewn oes o gyflogau gwirion bost a heip hurt *Sky Sports*, a chyda'r hobi wedi troi'n waith (yr hufen wedi troi'n fara menyn, os liciwch chi), mae hi'n anodd bod yn angerddol frwdfrydig ar hyd yr adeg. Ond llwyddodd pythefnos yng nghwmni gonest hogia American Samoa i ailgynnau fy mrwdfrydedd tuag at bêl-droed. Hogia'n chwarae i fwynhau, nid i wneud pres.

Efallai nad oedd rhai ohonynt yn gallu cicio pêl fawr pellach na'r mab dwyflwydd oed acw, ond bois bach, roedd y creaduriaid diniwed wedi cael gwireddu breuddwyd – roeddan nhw'n cael teithio i Awstralia i gystadlu yng Nghwpan y Byd.

Ynys Fach (American Samoa)

Wel, *mwy* nag un ynys, mewn gwirionedd! Y parsal o bump ynys folcanig a dwy atol (neu gylchynys) cwrel sy'n ffurfio American Samoa ydi unig diriogaeth yr Unol Daleithiau i'r de o'r Cyhydedd. Rhowch nhw'i gyd at eu gilydd ac maen nhw'n llai na chwarter maint Môn. Ond lle'n union ma' nhw? Wel, tasach chi'n tynnu llinell syth ar fap o Hawaii i Seland Newydd, mi fasach chi'n ffeindio ynysoedd American Samoa ryw ddwy ran o dair o'r ffordd i lawr y lein.

Samoaid ydi'r hanner can mil o ynyswyr o ran hil. Tydyn nhw ddim yn ddinasyddion yr Unol Daleithiau a does ganddyn nhw ddim hawl pledleisio mewn etholiadau Americanaidd, ond er eu bod yn falch iawn o'u tras Samoaidd maen nhw hefyd yn eu hystyried eu hunain yn Americanwyr i'r carn. Bum mil o filltiroedd i'r gogledd ddwyrain y mae tir mawr y Famwlad. Partneriaeth unigryw, felly – dwy faner, dwy anthem, dwy iaith a dau ddiwylliant ochor yn ochor.

Tydi hi ddim yn hawdd troedio llwybr cydbwysol rhwng manteision bywyd modern cyfalafol a diogelu'r 'fa'asamoa' – hen ffordd draddodiadol o fyw yr ynyswyr. Anodd dirnad sut mae pobol mor hanesyddol falch â'r Samoaid yn gallu dod ynghyd i gynnal *Flag Day* ar yr ail ar bymtheg o Ebrill bob blwyddyn – parti i ddathlu cyfeddiant eu hynysoedd gan yr Unol Daleithiau yn 1900.

Tydyn nhw ddim isio efelychu gor-Americaniaeth ynysoedd Hawaii, ond ar y llaw arall tydyn nhw ddim isio annibyniaeth lwyr ychwaith – wedi'r cwbwl, mawr yw dyled y Samoaid i Yncl Sam. Meddyliwch am yr wyth deng miliwn doler o sybsidi blynyddol o Washington D.C. i gychwyn...

O'r herwydd, mae safon byw American Samoa gymaint yn uwch na gweddill ynysoedd bychan Polynesia. A thra mae nifer helaeth o'r Samoaid Americanaidd yn troi eu golygon am addysg, gwaith a chyfoeth at Hawaii, Seattle a Chaliffornia, mae'r ynysoedd yn llwyddo i ddenu'r cymdogion o Manu Samoa rif y gwlith i lenwi'r bylchau yn y gweithlu.

Ynys Fawr (Awstralia)

Ro'n i'n eithriadol o bryderus a blinedig pan gyrhaeddon ni dref glan môr Coffs Harbour, ar ôl gyrru am wyth awr solat ar y Pacific Highway o Sydney. Ro'n i wedi bod yn trafod y prosiect hwn efo Victor Stanley, Llywydd Cymdeithas Bêl-droed American Samoa, ers wythnosau, ond rhyw gyfathrebu unochrog oedd o braidd. Dwsinau o ffacsys, ebyst a galwadau ffôn ganol nos gen i – *un* ffacs yn deud 'ella' ganddo fo! A'r noson cyn i ni gychwyn am Awstralia, soniodd nad oedd o am fod yn Coffs Harbour i weld yr hogia'n torri cwys newydd i'w gwlad.

Yn hytrach, roedd ganddo gyfarfod pwysig Ffederasiwn Pêl-droed Oceania yn Sydney drwy gydol yr wythnos. Am bethau slei ydi'r gweinyddwyr pêl-droed yma, ynde? Hel y chwaraewyr i dref fach ddi-nod ymhell i'r gogledd, tra oedd y byddigion siwtiol yn gwledda a chynadledda reit yng nghanol un o ddinasoedd mwyaf atyniadol y byd.

Ynys Fach

Mae'n siwr mai anghytuno â hyn wnai'r 'sgotwyr a'r pacwyr tiwna, ond dwi ddim yn meddwl y basa unrhyw un yn cynnwys Pago Pago yn ei restr o lefydd mwyaf atyniadol y byd. Mae prifddinas American Samoa yn gartref i un o borthladdoedd naturiol dyfnaf y Môr Tawel – porthladd a fu, am rai blynyddoedd, yn lleoliad strategol-bwysig i Lynges yr Unol Daleithiau, ond sydd bellach yn gartref i ddiwydiant tiwna enfawr. Diwydiant yw hwn sy'n werth mwy na thri chan miliwn o ddoleri Americanaidd bob blwyddyn ac yn cyflogi traean o'r boblogaeth (rhwng y llongau 'sgota a ffatrioedd enfawr Starkist a'r Samoa Packing Company ar y cei), a

218

diwydiant sy'n cyflenwi oddeutu hanner yr holl diwna gaiff ei fwyta yn yr Unol Daleithiau yn flynyddol.

Hwb i'r economi, heb os – ond mae pris i'w dalu, wrth gwrs. Mae'r cwmnïau byth a beunydd yn bygwth gadael os na chânt delerau trethiant ffafriol a gweithlu diolchgar, rhad. Does 'na ddim o'r fath beth ag isafswm cyflog yn American Samoa, heb sôn am hawliau undebol.

Ac yn amgylcheddol, mae'r ffatrioedd canio tiwna enfawr a llygredig wedi difetha harddwch naturiol porthladd Pago Pago, islaw gwyrddni mynyddoedd Matafao, Alava a North Piao. Ar ddiwrnod gwael – ac mae hyd at ddau gan modfedd o law trwm yn disgyn ar yr ynys bob blwyddyn – haws ogleuo na gweld y porthladd.

Ynys Fawr
Tra oedd hi'n haws cael gwaed o garreg nag ateb pendant gan Victor Stanley, doedd dim byd yn ormod o drafferth i'w ddirpwy Tony Langkilde. Gŵr bonheddig, gwlad-garol, oedd yn eithriadol o falch ein bod ni wedi teithio mor bell 'mond i'w ffilmio nhw.

Roedd cydweithrediad Tony'n allweddol i holl lwyddiant y rhaglen, ond yr un mor bwysig oedd cymorth parod pwtyn pengoch boliog o Sunderland.

Ar ôl dechrau fel prentis gyda chlwb Sunderland ar ddiwedd y chwedegau, bu'n rhaid i Dave Smith a'i wraig feichiog godi pac a symud i fyw i Adelaide yn 1974 er mwyn ennill bywoliaeth fel pêl-droediwr. Bellach, roedd o'n ŵr busnes canol oed llwyddiannus yn cadw siop garpedi *Hendersons* yn Coffs Harbour.

Bywoliaeth daclus, teulu parchus a bywyd digon

cyfforddus. Ond efallai fod popeth wedi dechrau mynd braidd yn ddiflas, braidd yn rhy undonog i ddyn oedd yn adfywio'n llwyr ar faes pêl-droed. Roedd Dave angen ychydig o gynnwrf yn ei fywyd, angen cicio yn erbyn y tresi ryw fymryn.

Pan gadarnhawyd mai Coffs Harbour fyddai'n cynnal y gemau rhagbrofol, a bod y trefnwyr lleol yn chwilio am wirfoddolwyr i weithio fel swyddogion cyswllt gyda Manu Samoa, Fiji, Tonga a'n hogia ni o American Samoa, bachodd Dave ar y cyfle i gyfrannu o'i amser a'i brofiad.

Yn y bôn, Dave oedd fficsar y Samoaid. Fo oedd yn trefnu'r sesiynau ymarfer, y bysus, y prydau bwyd, cyfarfodydd FIFA, ymholiadau'r wasg a phopeth arall dan haul ar ran carfan American Samoa.

Doedd hynny ddim hanner digon i Dave. Pan welodd pa mor naïf, diniwed a di-brofiad oedd ei braidd newydd, ymrwymodd yn y fan a'r lle i wneud popeth yn ei allu i amddiffyn y Samoaid di-glem. Ac roedd gwir angen gwarchod y rhain. Tra oedd gwledydd eraill yn fwy hyddysg yn y pethau, roedd Tony, Tunoa Lui (y cawr o hyfforddwr) a'r hogia'n troedio tir newydd sbon danlli.

Cafwyd cyfarfod anffurfiol ar y noson gyntaf er mwyn i Dave gael amcan o be oedd angen ei wneud. Roedd hi'n werth bod yn yr ystafell i weld ei wyneb o wrth iddo sylweddoli'n raddol nad carfan genedlaethol gyffredin mo hon.

Yng nghanol y sgwrs, gofynnodd Tony a fyddai modd trefnu bws ben bora er mwyn iddyn nhw gael mynd i siopa cyn cynnal sesiwn ymarfer. Brathodd Dave yn galed ar ei feiro wrth ofyn pam oeddan nhw mor awyddus i fynd i siopa.

Gollyngodd ei feiro ar y llawr pan atebodd Tony ei fod o angen prynu sgidiau ffwtbol. I'r garfan gyfan! Roeddan nhw wedi dod i gystadlu yng Nghwpan y Byd heb sgidiau!

Wrth i'r sgwrs fynd yn ei blaen, roedd hi'n gwbwl glir i ni, ac i Dave, y byddai angen gofal dwys ar ein ffrindiau newydd:

Dave: *'What about your meals after the matches?'*
Tony: *'Well, we'd like to come back here to wash and get changed before going to a restaurant.'*
Dave: *'Actually, you can take a shower at the stadium.'*
Tony: *'They have showers at the stadium? Well, if we could do that, gee it would be great!'*

Ynys Fach

Roedd y garfan wedi bod wrthi'n ymarfer yn ddygn am fis cyfan pan ddarganfuwyd nad oedd ambell un ohonynt yn gymwys i gynrychioli'r ynysoedd yn ôl rheolau FIFA. Wel, mwy nag ambell un, mewn gwirionedd – doedd pedwar ar bymtheg allan o'r ugain gwreiddiol ddim yn gymwys! Bechgyn o dras Manu Samoaidd oedd y rhain – yn byw ac yn gweithio yn y ffatrioedd prosesu tiwna yn Pago Pago. Bechgyn nad oedd yn meddu ar y gwaith papur na'r pasport cywir.

Megis dechrau oedd cur pen Tunoa Lui, yr hyfforddwr, wrth iddo enwi ei garfan ail-ddewis. Roedd tri yn gorfod gweithio, tra oedd pedwar arall wedi gorfod tynnu'n ôl oherwydd arholiadau ysgol!

Roedd 'na dri llanc pymtheg oed yng ngharfan

derfynol Tunoa, yn ogystal â phedwar chwaraewr nad oeddan nhw gant y cant yn sicir os oeddan nhw'n gymwys i gynrychioli American Samoa. Amser croesi bysedd.

Ynys Fawr

Ofer fu'r croesi bysedd. Roedd stafell Tony'n llawn tensiwn wrth i'r chwaraewyr a'u pasportau gael eu cyflwyno un ar ôl y llall i'r camera ac i swyddogion llygatgraff FIFA. Roedd Tony, Dave a ninnau yn gwybod pa rai oedd ar dir peryglus. Roedd pobol FIFA wedi synhwyro bod anghysonderau ymhlith y dogfennau. Ac mewn llys cangarŵ oeraidd, penderfynodd swyddogion FIFA nad oedd Ioane Kaio, David Crichton, Avele Iofi Mauga ac Uinifareti Aliva yn gymwys i gynrychioli American Samoa yn y gystadleuaeth.

Ergyd drom i Tunoa, gan mai'r rhain oedd goreuon y garfan, ond roedd hi'n waeth o lawer i'r pedwar nad oedd am gael chwarae. Roedd David Crichton druan wedi cymryd pythefnos o wyliau di-dâl o'i waith ac wedi ffarwelio â'i wraig a'i bum mab ifanc er mwyn cael cystadlu yng Nghwpan y Byd. Yn dri deg pum mlwydd oed, fasa na ddim cyfle arall.

Ynys Fach

Haws oedd deall y perfformiadau trychinebus yn Awstralia ar ôl treulio pnawn yn gwylio gêm Uwch Gynghrair o'r safon isaf yn American Samoa. Tîm cymysg y Nu'uuli Barbarians yn erbyn Adfentyddion y Seithfed Dydd o Taputimu. Ar gae'r drws nesaf i'r eglwys!

Roedd y gic gyntaf am hanner awr wedi pedwar – i

fod! Rhaid oedd chwarae'r gêm ganol yr wythnos gan
nad oedd daliadau crefyddol yr Adfentyddion yn
caniatáu iddynt chwarae ar Sadyrnau, a golygai traddod-
iadau crefyddol yr ynysoedd nad oedd hi'n bosib cynnal
gemau ar y Sul. Wedi'r cwbwl, 'Let God be First' yw'r
arwyddair ar arfbais American Samoa.

Maen nhw'n bobol tu hwnt o grefyddol. Rhy
grefyddol ar brydiau. Oni fasa hi wedi bod yn fwy
buddiol treulio llai o amser yn gweddïo a chanu emynau
yn y gwesty, yn y bwytai, ar y bws ac yn yr ystafelloedd
newid, a mwy o amser yn ymarfer sut i daclo diawliaid
Fiji ac Awstralia?

Wna'th yr Adfentyddion ddim cyrraedd tan chwarter
wedi pump! Problem arall. Roedd yna gyrffiw yn y
pentref yn cychwyn am hanner awr wedi chwech. Rhwng
hanner awr wedi chwech a hanner awr wedi saith roedd
disgwyl i bawb fod yn eu tai'n gweddïo a synfyfyrio'n
dawel.

'Sgen i ddim syniad be oedd y sgôr terfynol, gyda llaw
– ro'n i wedi colli'r awydd i gyfrif ar ôl seithfed gôl y
barbariaid yn yr hanner cyntaf. A ta beth, rhaid oedd
rhoi'r gorau i'r gêm yn gynnar yn yr ail hanner er mwyn
sicrhau bod pawb tu ôl i ddrysau caeëdig mewn da bryd.

Ynys Fawr
Rhywbeth i lenwi twll rhwng prydau bwyd oedd
sesiynau ymarfer i bêl-droedwyr rhyngwladol American
Samoa yn Awstralia. Roeddan nhw'n edrych fel pêl-
droedwyr yn eu sgidiau sgleiniog newydd sbon – yn y
siop, hynny yw. Ond ar y maes ymarfer? Fasach chi'n
taeru nad oedd ambell un wedi cicio pêl yn ei fywyd.

A hwythau'n cael eu hystyried (yn nhermau pêl-

droed) y wlad wannaf yn y byd mawr crwn, mi fasach chi
'di hanner disgwyl iddyn nhw ymarfer tactegau
amddiffynnol bob cyfle posib, i drio cadw'r sgôr yn
barchus. Ond nid felly'r oedd y Samoaid Americanaidd
yn gweld pethau.

Yn hytrach, treuliodd carfan bêl-droed waetha'r byd y
rhan fwyaf o'u hunig sesiwn ymgynefino yn Stadiwm
Rhyngwladol Coffs Harbour yn ymarfer cymryd ciciau
cornel. Y fath hyder. Y fath optimistiaeth. Y fath broffes-
iynoldeb.

Drannoeth, ar barc cyhoeddus, nid nepell o'r gwesty,
cafodd Dave gyfle i gynnal sesiwn efo'r garfan.
Ffrwydrodd Dave pan welodd o ddau o'r hogia fenga,
Travis a Ben, yn sleifio i ffwrdd i fflyrtio efo criw o genod
ysgol lleol.

Ar y cae drws nesaf, roedd plant yr ysgol gynradd leol
yn rheoli a phasio'r bêl. Ar ein cae ni, roedd y bêl yn
bownsio i bob cyfeiriad (ond yr un cywir) oddi ar
bengliniau a chrimogau'r chwaraewyr rhyngwladol.
Digon i godi gwrychyn Dave unwaith yn rhagor, a digon
i godi cywilydd ar unrhyw un. Heblaw'r Samoaid wrth
gwrs! Dyma beth oedd gwrthdaro diwylliannol – y
Geordie brwdfrydig, diflewyn ar dafod yn brwydro yn
erbyn agwedd gwbwl ddi-daro y Samoaid.

Ynys Fach

Doedd gwesty'r Samoaid, y Golden Glow Motel, ddim
cweit mor foethus â'r Pacific Bay Resort – canolfan
swyddogol tîm rygbi'r Wallabies a thîm pêl-droed y
Socceroos. Cofiwch, fedrwch chi'm disgwyl gormod o
ddandwn am hanner can doler Awstralaidd (sef deunaw

punt) y noson am stafell i dri. O leiaf doedd o ddim yn hwrdy...

Dylswn bwysleisio rwan hyn nad y ni ddewisodd *Duke and Evalani's Motu o Fiafiaga Motel* fel gwesty yn Pago Pago – roedd Tony Langkilde wedi cynnig trefnu llety inni. A chan mai pethau prin iawn ydi gwestai da yn American Samoa (er enghraifft, mae'r llyfrau teithio yn cyfeirio at y gwesty mwyaf, y Rainmaker Hotel, fel gwesty gwaetha'r Môr Tawel), roedd 'na groeso cynnes i'w gynnig clên.

Mae'n rhaid bod y Rainmaker yn uffernol os oedd o'n waeth na fama. Twll o le go iawn, ond gan mai Tony a'r Gymdeithas Bêl-droed oedd yn talu, doedd hi ddim yn hawdd cwyno.

Yn ôl y lluniau ar waliau'r gwesty roedd Evalani wedi bod yn enwog unwaith. *'Evalani and her South Sea Islanders... featuring Larry Lau'* oedd prif atyniad gwesty a chasino'r Showboat yn Las Vegas – yn 1971. Dwi'n amau nad oeddan nhw wedi llnau'r gwesty ers y cyfnod euraid hwnnw.

Dwi'n gwybod fod hyn yn swnio'n hurt braidd, ond anodd deud pryd yn union wnaethon ni sylweddoli be'n union oedd yn digwydd yn y *Motu o Fiafiaga Motel*. Y pamffledi hyrwyddo yn cyfeirio at *'shared baths'* efallai? Evalani yn sôn am 'y genod' o bosib? Ond ar ôl treulio noson gyfan yn gwylio merched lleol llachar yn fflyrtio'n rhemp gyda llongwyr rhwystredig o San Diego yn *Evalani's Cabaret Nightclub,* roedd hi'n eithaf amlwg bod gan rai o'r staff seidlein go lewyrchus wrth gynnig tipyn mwy na gwely a brecwast.

Ynys Fawr

Ers talwm roedd 'na ŵr Asiaidd o'r enw Mohammed Khaku yn chwarae criced i Bwllheli. Roedd y capten wedi taro un golwg arno cyn meddwl:

Mae'n rhaid bod hwn yn gricedwr a hanner. Troellwr cyfrwys, reit siwr.

Wna'th Mohammed Khaku ddim chwarae ryw lawer i Bwllheli – yn bennaf oherwydd ei fod o'n un sobor o sâl. Yn anffodus, roedd clwy ystrydebaeth wedi taro capten y clwb. Dwi'n amau mai dyna be oedd hanes Ismael Urieta Hererra hefyd. Roedd ganddo deitl crand iawn – hyfforddwr technegol cenedlaethol – ond 'sgotwr tiwna o Panama oedd Ismael druan, wedi'r cwbl.

Dim ond dau reswm oedd 'na pam bod Ismael wedi cael swydd mor bwysig. Y cyntaf oedd ei fod o wedi digwydd docio yn Pago Pago, wedi digwydd cwrdd â merch leol (yng nghlwb nos Evalani?) ac wedi digwydd ei phriodi hi – merch y *matai*, sef pennaeth traddodiadol y gymuned leol. A'r ail reswm oedd ei fod o'n hannu o Dde America. Bron iawn.

Roedd Ismael yn frwdfrydig iawn ynglŷn â'r gêm, ond efo'i wallt cyrliog du a'i fodrwyau a'i tsieniau aur roedd o'n edrych yn fwy fel canwr cefndir i Gloria Estefan na hyfforddwr pêl-droed. Efallai mai'r diffyg gallu a'r diffyg hygrededd oedd yn esbonio presenoldeb Pacifico Giron Abadia gyda'r garfan yn Coffs Harbour. Mêt Ismael o adra oedd Pacifico, a rhaid deud ei *fod* o'n edrych fel pêl-droediwr. Ei broblem o oedd nad oedd o'n siarad ond y nesaf peth i ddim Americaneg. Nid bod hynny'n gymaint o broblem wrth hyfforddi tîm American Samoa

– doeddan nhw ddim yn dallt ffwtbol mewn unrhyw iaith!

Roedd 'na densiwn amlwg o fewn y tîm hyfforddi – tensiwn diwylliannol yn fwy na dim. Fel roedd Dave wedi darganfod ar y parc lleol, roedd hi'n bur amlwg bod Ismael a Pacifico yn teimlo'n rhwystredig iawn. Roeddan nhw isio bod yn fwy proffesiynol a disgybledig, ond doedd hi ddim yn natur Tunoa i godi stŵr, sgyrnygu a bygwth.

Fawr o syndod, felly, gweld y garfan yn sglaffio plateidiau o sglodion a byrgyrs hanner pwys brin awr cyn ymarfer, gyda Coca-Cola a 7-Up – nid dŵr – i dorri syched.

Hunllef ddietegol, ond gan mai Tunoa oedd y Samoad, roedd yn rhaid i Ismael a Pacifico o Panama gamu'n ôl sawl tro, a chyfrif i *diez*.

★ ★ ★

Nicky Salapu oedd unig seren American Samoa. Fo oedd y golwr. Fo oedd y capten. A fo oedd yn cymryd y ciciau rhydd hefyd. A deud y gwir, Nicky oedd yr unig un yn y garfan oedd i weld fel 'tasa fo'n gwybod be oedd o'n 'i 'neud.

Roedd gweddill y garfan yn edmygu Nicky – ei allu a'i ddewrder arwrol. Roedd o'n gleisiau a chreithiau drosto ar ddiwedd y gêm gyntaf yn erbyn Fiji. Nid bod Nicky yn cofio ryw lawer am y gêm – roedd o wedi cael cic hegar i'w ben yn yr hanner cyntaf. Gan un o'i amddiffyn-wyr ei hun, yn digwydd bod! (Cofiwch, ella mai'r wefr o chwarae ar gae maint llawn ac o dan lifoleuadau am y tro cynta' rioed wna'th iddo deimlo'n ben ysgafn!)

Petai gan American Samoa golwr arall, efallai na

fyddai Nicky wedi wynebu cewri Awstralia. Petai Nicky heb chwarae, mi fasa'r Socceroos wedi sgorio hanner cant – wir i chi. Mi sgorion nhw un ar ddeg gôl ar hugain ar waethaf campau rhyfeddol Nicky Salapu, ond fe gawson nhw bymtheg cynnig ar hugain arall, yn ogystal â sgorio dwy na chaniatawyd gan y dyfarnwr trugarog.

Roedd hi'n gêm ryfeddol. Roedd yr Awstraliaid isio profi pwynt i FIFA – gwastraff amser llwyr oedd cynnal gemau mor unochrog, yn ôl rheolwr y Socceroos. Ac er ei bod hi'n ergyd i falchder cenedlaethol, roedd swyddogion American Samoa hefyd yn eithaf balch o gael chwip din a hanner. Wedi'r cwbwl, byddai record byd newydd yn dangos i FIFA bod gwledydd bach fel nhw wir angen cymorth technegol ac ariannol i ddatblygu.

Ac ar ôl deng munud yn Coffs Harbour, sioc. Roedd Awstralia heb sgorio! Roedd Nicky wedi arbed cynnig ar ôl cynnig ar ôl cynnig, tra oedd Travis a Ben yn brysur yn chwilio am eu cariadon newydd yn yr eisteddle.

★ ★ ★

Roedd yr Awstraliaid wedi cyrraedd ugain pan benderfynais i ddianc i stafell newid yr hogia. Yn ôl y rheolau, doedd ganddon ni ddim hawl bod yno ond erbyn hyn roedd Dave Smith yn diystyru pob rheol a luniwyd erioed gan FIFA. Rhwng gwrthod gadael i David Crichton a'r lleill gystadlu, gwrthod cais Tony i godi baner a chanu anthem yr Unol Daleithiau yn ogystal ag American Samoa, triniaeth nawddoglyd y wasg Awstralaidd ac absenoldeb Victor Stanley, roedd Dave yn teimlo nad oedd carfan American Samoa wedi cael ryw lawer o chwarae teg.

Teimlad od oedd eistedd mewn stafell newid wag yn gwrando ar y dorf yn bloeddio bob ryw dri munud. Doedd gen i ddim clem be oedd y sgôr derfynol, ond ro'n i'n gwybod bod yr hen record wedi'i chwalu'n siwrwd. Pwrpas llechu yn yr ystafell newid oedd i gael ymateb unionsyth y chwaraewyr wrth iddyn nhw gyrraedd yn ôl ar ddiwedd y gêm.

A be oedd ymateb greddfol hogia'r Môr Tawel? Siom? Embaras? Dagrau? Wel, dim cweit. Chwerthin, clapio, canu a llond lle o *high-fives*. Yna gweddi dawel, mwy o ganu, newid ac yna allan am homar o bryd o fwyd.

* * *

'Tydw i rioed wedi rhedeg y can medr o'r blaen' oedd sylw byr-o-wynt Trevor 'Y Tortois' Misapeka ar ôl iddo gwblhau'r can medr arafaf erioed ym Mhencampwriaethau Athletau'r Byd yn Edmonton ym mis Awst 2001. Roedd Maurice Greene eisoes wedi gorffen y ras cyn i Trevor druan gyrraedd hanner ffordd i lawr y trac yn ei bymps cyffredin a chrys T di-lewys.

Fawr o syndod ei fod o mor ara' deg – wedi'r cwbwl, roedd o'n pwyso dwy stôn ar hugain, a'r unig reswm ei fod o'n cystadlu oedd oherwydd ei fod o heb gyrraedd y safon angenrheidiol i gystadlu yn y taflu maen. Y can medr oedd yr unig gamp lle nad oedd angen cyrraedd ryw safon arbennig i gael cystadlu.

Roedd hi'n anorfod rywsut mai un o American Samoa oedd Trevor Misapeka, yn doedd? Ymdrech lew naïf, a record byd arall i'r ynysoedd. Ond ys dywedodd Trevor, pan gafodd o'i wynt ato: *'I think they'll be proud of me back in American Samoa, because I was out there competing and doing my best.'*

Mae Trevor yn iawn, yn tydi? Fe brofodd y Samoaid Americanaidd, yn Edmonton a Coffs Harbour, fod yr hen ystrydeb yn wir – nid yr ennill sy'n bwysig ond y cymryd rhan.

Ond rydan ni gyd yn gwybod lle gorffennodd y crwban ar ddiwedd y ras!

Diwedd y Daith

Tydw i ddim wedi methu – 'mond wedi darganfod
deng mil o ffyrdd sydd ddim yn gweithio.

Geiriau doeth a phositif Thomas Edison. Geiriau sy'
wedi cynnal y twpsyn o gefnogwr Cymru yma am
hydoedd reit rownd Ewrop. Ond doedd y geiriau uchod
ddim yn awgrymu be ddylai rhywun ei 'neud petai'n
harwyr tangyflawnol yn digwydd llwyddo ryw ddydd.

Teg fyddai deud fy mod i wedi mopio'n llwyr ar ddilyn
Cymru ers degawd a hanner. Ond bellach (hyd yn oed ar
canlyniadau calonogol ac annisgwyl ein timau'n
ddiweddar), dwi ddim yn disgwyl rhyw lawer ganddynt.
Erbyn hyn, mae siomedigaethau'r gorffennol wedi
f'imiwneiddio'n llwyr rhag optimistiaeth rhemp –
emosiwn sy'n arwain, yn anorfod o 'mhrofiad i, at
dorcalon rhyngwladol.

Ond coeliwch fi, joban andros o anodd ydi cadw masg
difaterwch rhag llithro o bryd i'w gilydd...

Dydd Gwyl Dewi 2002. Stadiwm Ryngwladol Seoul
yng Nghorea. Un cwmwl yn yr awyr. Cwmwl du bitsh.
Reit uwch fy mhen i. Er bod y stadiwm yn gwbwl wag, a
bod 'na'r nesaf peth at dri mis cyn cic gyntaf gêm
agoriadol Cwpan y Byd, roedd hi'n union fel 'tasa
rhywun wedi'm waldio â gordd. Doedd Cymru ddim am
fod yno. Doeddwn i ddim am fod yno. Eto!

A lle roeddan ni am fod, felly? Adra, siwr iawn, yn

gwylio cystadleuaeth chwaraeon fwya'r byd drwy lygaid ein cymdogion cul ac unllygeidiog.

Os oedd Senegal fach am gael camu'n falch i sylw'r holl fyd, pam ddim Cymru? Jyst unwaith, plîs. *Plîs*. Meddyliwch am yr effaith fyddai cyrraedd y rowndiau terfynol yn ei gael ar hunanhyder ein gwlad ac ar enaid ein cenedl! Dychmygwch broffil Cymru ledled y byd! Fel cenedl, rydan ni'n despret am lwyddiant a chydna-byddiaeth – onid braf fyddai cyflawni hynny mewn gêm fyd-eang go iawn? Yn wahanol i'r gêm fonedd ddwy a dima 'na, mae'r byd i gyd yn chwarae ffwtbol. Ystyriwch bobol y Dwyrain Pell yn cyfeirio at *Ryan Giggs, Wales* yn hytrach na *Ryan Giggs. Manchester United* – fel ag yr oedd hi yn Yokohama, Lesotho, Svalbard, Seoul a phob man arall dan haul.

Ond ar isafbwynt y fath iselder, mi fydda i'n meddwl am eiriau Edison, ac yn gwybod y daw y dydd. Rywbryd. 'Mond gobeithio y bydda i'n dal yn fyw pan ddaw o!

Stadiwm Olympaidd Berlin yn 2006. Gêm agoriadol rowndiau terfynol Cwpan y Byd. Cymru yn erbyn y deiliaid Brasil. Gallwch fentro y bydda i a miloedd o rai tebyg imi yno. Yn canu 'Hen Wlad fy Nhadau'. Yn tynnu llun ar ôl llun ar ôl llun. Ac yn gwenu fel giât drwy'r dagrau…

Ac yna? Hawdd. Dod adra i chwilio am hobi callach o beth coblyn – ella!